NomosPraxis

Dr. Jens Peter Schmidt | Dr. Fabian Hübener [Hrsg.]

Das neue Recht der digitalen Märkte

Digital Markets Act (DMA)

Markus Brösamle, Rechtsanwalt, Berlin | **Prof. Dr. Oliver Budzinski**, Technische Universität Ilmenau | **Emilia Etz**, Maître en Droit, Rechtsanwältin, Brüssel | **Dr. Lucas Gasser**, Rechtsanwalt, Berlin | **Dr. Jochen Hegener**, LL.M. (Columbia University), Rechtsanwalt, München | **Dr. Fabian Hübener**, LL.M. (Georgetown), Rechtsanwalt, Brüssel | **Johanna Krauskopf**, LL.M. (Universiteit van Amsterdam), Rechtsanwältin, Frankfurt a.M. | **Jun.-Prof. Dr. Juliane Mendelsohn**, Technische Universität Ilmenau | **Robert Pahlen**, Rechtsanwalt, Berlin | **Dr. Raphael Reims**, LL.M. (LSE), Rechtsanwalt, München | **Dr. Henner Schläfke**, Rechtsanwalt, Berlin | **Dr. Jens Peter Schmidt**, Rechtsanwalt, Brüssel | **Immo Schuler**, LL.M. (Univ. of North Carolina), Rechtsanwalt, München | **Miriam Swamy-von Zastrow**, Rechtsanwältin, München

Nomos

Zitiervorschlag: Schmidt/Hübener Der neue DMA/Bearbeiter § ... Rn. ...

Die Deutsche Nationalbibliothek verzeichnet diese Publikation in der Deutschen Nationalbibliografie; detaillierte bibliografische Daten sind im Internet über http://dnb.d-nb.de abrufbar.

ISBN 978-3-8487-7412-8 (Print)
ISBN 978-3-7489-7412-3 (ePDF)

1. Auflage 2023

Vorwort

Die EU-Kommission ist entschlossen, das kommende Jahrzehnt zur digitalen Dekade Europas zu machen. Unter der Losung „Ein Europa für das digitale Zeitalter“ bündelt die Behörde in Brüssel Maßnahmen, welche die digitale Souveränität ausbauen und eigene Standards setzen sollen.

Das am 1.11.2022 in Kraft getretene Gesetz über digitale Märkte (Digital Markets Act, DMA) ist ein Meilenstein der Unionsgesetzgebung im Bereich Digitalwirtschaft und gemeinsam mit dem Gesetz über digitale Dienste eines der Kernelemente der EU-Digitalstrategie. In Rekordzeit verabschiedet, zielt der DMA darauf ab, unlauteren Praktiken großer Online-Plattformen, die gewerblichen Nutzern einen wichtigen Zugang zu Verbrauchern ermöglichen, entgegenzuwirken. Die vom DMA erfassten Plattformen unterliegen einer Reihe von Verpflichtungen, die faire und offene digitale Märkte gewährleisten sollen.

Das vorliegende Handbuch bietet einen umfassenden, nutzerfreundlichen Einstieg in die komplexe Materie. Thematisch werden Hintergründe und Ziele des DMA beleuchtet sowie die umfangreichen Ge- und Verbote dargestellt, welche die vom DMA als „Torwächter“ identifizierten Online-Plattformen einhalten müssen. Die Rechte der gewerblichen Nutzer und Endnutzer von digitalen Plattformen werden ebenso praxisnah aufbereitet wie die Untersuchungs- und Durchsetzungsbefugnisse der EU-Kommission sowie die Rolle der mitgliedstaatlichen Behörden und der Gerichte, deren Bedeutung für das zukünftige Private Enforcement des DMA nicht hoch genug eingeschätzt werden kann.

Die Herausgeber bedanken sich bei allen Mitautorinnen und -autoren herzlich für ihre Mitarbeit.

Brüssel, im Dezember 2022 *Jens Peter Schmidt* *Fabian Hübener*

Inhaltsverzeichnis

Bearbeiterverzeichnis

Markus Brösamle Rechtsanwalt, Berlin	Glossar (zs. mit *Pahlen*) § 4 (zs. mit *Krauskopf*) § 5 (zs. mit *Swamy-von Zastrow*) § 8 (zs. mit *Krauskopf*) § 11 (zs. mit *Etz*)
Prof. Dr. Oliver Budzinski Technische Universität Ilmenau	§ 2 (zs. mit *Mendelsohn*)
Emilia Etz, Maître en Droit Rechtsanwältin, Brüssel	§ 11 (zs. mit *Brösamle*)
Dr. Lucas Gasser Rechtsanwalt, Berlin	§ 6 (zs. mit *Hegener*)
Dr. Jochen Hegener, LL.M. (Columbia University) Rechtsanwalt, München	§ 6 (zs. mit *Gasser*)
Dr. Fabian Hübener, LL.M. (Georgetown) Rechtsanwalt, Brüssel	§ 10 (zs. mit *Reims*)
Johanna Krauskopf, LL.M. (Universiteit van Amsterdam) Rechtsanwältin, Frankfurt a. M.	§ 4 (zs. mit *Brösamle*) § 8 (zs. mit *Brösamle*)
Jun.-Prof. Dr. Juliane Mendelsohn Technische Universität Ilmenau	§ 2 (zs. mit *Budzinski*)
Robert Pahlen Rechtsanwalt, Berlin	Glossar (zs. mit *Brösamle*) § 3 (zs. mit *Swamy-von Zastrow*)
Dr. Raphael Reims, LL.M. (LSE) Rechtsanwalt, München	§ 10 (zs. mit *Hübener*)
Dr. Henner Schläfke Rechtsanwalt, Berlin	§ 13 (zs. mit *Schuler*)

Dr. Jens Peter Schmidt Rechtsanwalt, Brüssel	§ 1 § 7 § 9 § 12
Immo Schuler, LL.M. (Univ. of North Carolina) Rechtsanwalt, München	§ 13 (zs. mit *Schläfke*)
Miriam Swamy-von Zastrow Rechtsanwältin, München	§ 3 (zs. mit *Pahlen*) § 5 (zs. mit *Brösamle*)

Abkürzungsverzeichnis

aA	andere(r) Ansicht/Auffassung
AA	Auswärtiges Amt
Abb.	Abbildung
Abk.	Abkommen
ABl.	Amtsblatt
abl.	ablehnend
Abs.	Absatz
abschl.	abschließend
Abschn.	Abschnitt
abw.	abweichend
abwM	abweichende Meinung
abzgl.	abzüglich
aE	am Ende
AEUV	Vertrag über die Arbeitsweise der Europäischen Union
aF	alte Fassung
AG	Amtsgericht
allg.	allgemein
allgA	allgemeine Ansicht
allgM	allgemeine Meinung
Alt.	Alternative
aM	andere Meinung
amtl.	amtlich
Änd.	Änderung
ÄndG	Änderungsgesetz
Anh.	Anhang
Anl.	Anlage
Anm.	Anmerkung
API	Application Programming Interface (Anwendungsprogrammierschnittstelle)
Arch.	Archiv
Arg.	Argumentation
Art.	Artikel
Auff.	Auffassung
aufgeh.	aufgehoben
Aufl.	Auflage
ausdr.	ausdrücklich
ausf.	ausführlich
ausl.	ausländisch
ausschl.	ausschließlich
Az.	Aktenzeichen
BAnz.	Bundesanzeiger
BB	Betriebs-Berater (Zeitschrift)

Bd.	Band
Bde.	Bände
bearb.	bearbeitet
BeckRS	beck-online.RECHTSPRECHUNG
begr.	begründet
Beil.	Beilage
Bek.	Bekanntmachung
ber.	berichtigt
bes.	besonders
Beschl.	Beschluss
bespr.	besprochen
BGB	Bürgerliches Gesetzbuch
BGBl.	Bundesgesetzblatt
BGH	Bundesgerichtshof
bish.	bisher(iger)
Bl.	Blatt
BMWK	Bundesministerium für Wirtschaft und Klimaschutz
BR	Bundesrat
BR-Drs.	Bundesrats-Drucksache
BR-Prot.	Bundesrats-Protokoll
Bsp.	Beispiel
bspw.	beispielsweise
BT	Bundestag
BT-Drs.	Bundestags-Drucksache
BT-Prot.	Bundestags-Protokoll
BVerfG	Bundesverfassungsgericht
bzgl.	bezüglich
bzw.	beziehungsweise
ca.	circa
CMA	Competition and Markets Authority
CMLR	Common Market Law Review (Zeitschrift)
CPS	Core Platform Service
Darst.	Darstellung
DB	Der Betrieb (Zeitschrift)
DG COMP	Directorate-General Competition (Generaldirektion Wettbewerb)
DG Connect	Directorate-General Communications Networks, Content and Technology (Generaldirektion Kommunikationsnetze, Inhalte und Technologien)
dgl.	dergleichen, desgleichen
dh	das heißt
diesbzgl.	diesbezüglich
diff.	differenziert, differenzierend
div.	diverse

DMA	Digital Markets Act – Verordnung (EU) 2022/1925 des Europäischen Parlaments und des Rates vom 14. September 2022 über bestreitbare und faire Märkte im digitalen Sektor und zur Änderung der Richtlinien (EU) 2019/1937 und (EU) 2020/1828 (Gesetz über digitale Märkte)
Dok.	Dokument
Drs.	Drucksache
DSA	Digital Services Act – Verordnung (EU) 2022/2065 des Europäisschen Parlaments und des Rates vom 19. Oktober 2022 über einen Binnenmarkt für digitale Dienste und zur Änderung der Richtlinie 2000/31/EG (Gesetz über digitale Dienste)
DS-GVO	Verordnung (EU) 2016/679 des Europäischen Parlaments und des Rates vom 27. April 2016 zum Schutz natürlicher Personen bei der Verarbeitung personenbezogener Daten, zum freien Datenverkehr und zur Aufhebung der Richtlinie 95/46/EG (Datenschutz-Grundverordnung)
dt.	deutsch
E	Entwurf
eV	eingetragener Verein
ECN	European Competition Network (Netzwerk der Europäischen Wettbewerbsbehörden)
Ed.	Edition
EGMR	Europäischer Gerichtshof für Menschenrechte
ehem.	ehemalig/e/er/es
Einf.	Einführung
einf.	einführend
eing.	eingehend
eingef.	eingefügt
einhM	einhellige Meinung
Einl.	Einleitung
einschl.	einschließlich
EL	Ergänzungslieferung
Empf.	Empfehlung
endg.	endgültig
engl.	englisch
Entsch.	Entscheidung
Entschl.	Entschluss
entspr.	entspricht, entsprechend
EnWZ	Zeitschrift für das gesamte Recht der Energiewirtschaft
Erg.	Ergebnis, Ergänzung
erg.	ergänzend
Ergbd.	Ergänzungsband
Erkl.	Erklärung
Erl.	Erlass, Erläuterung

Erwgr.	Erwägungsgrund
etc	et cetera (und so weiter)
EuCML	Journal of European Consumer and Market Law (Zeitschrift)
EuG	Gericht (Teil des Gerichtshofs der Europäischen Union)
EuGH	Gerichtshof (Teil des Gerichtshofs der Europäischen Union)
EuGH-Satzung	Protokoll über die Satzung des Gerichtshofs der Europäischen Union
EuG-VerfO	Verfahrensordnung des Gerichts
EuGVVO	Verordnung (EU) Nr. 1215/2012 des Europäischen Parlaments und des Rates vom 12. Dezember 2012 über die gerichtliche Zuständigkeit und die Anerkennung und Vollstreckung von Entscheidungen in Zivil- und Handelssachen
eur.	europäisch
EUV	Vertrag über die Europäische Union
EuZW	Europäische Zeitschrift für Wirtschafsrecht
evtl.	eventuell
EWG	Europäische Wirtschaftsgemeinschaft
EWR	Europäischer Wirtschaftsraum
f., ff.	folgende Seite bzw. Seiten
FKVO	Verordnung (EG) Nr. 139/2004 des Rates vom 20. Januar 2004 über die Kontrolle von Unternehmenszusammenschlüssen („EG-Fusionskontrollverordnung")
Fn.	Fußnote
FS	Festschrift
G	Gesetz
GA	Generalanwältin/Generalanwalt
GAFMA	Google, Apple, Facebook, Microsoft und Amazon
GBl.	Gesetzblatt
GD	Generaldirektion
geänd.	geändert
geb.	geboren
gem.	gemäß
ges.	gesetzlich
gewöhnl.	gewöhnlich
ggf.	gegebenenfalls
ggü.	gegenüber
GLE	Gleichlautendende Ländererlasse
GO	Geschäftsordnung/Gemeindeordnung
GRCh	Charta der Grundrechte der Europäischen Union
Grdl.	Grundlage
grdl.	grundlegend
grds.	grundsätzlich

GRUR-Int	Gewerblicher Rechtsschutz und Urheberrecht – Internationale (Zeitschrift)
GS	Gedenkschrift, Gedächtnisschrift
GVBl.	Gesetz- und Verordnungsblatt
GWB	Gesetz gegen Wettbewerbsbeschränkungen
GWB-RefE	Referentenentwurf zur 11. GWB-Novelle
GWR	Gesellschafts- und Wirtschaftsrecht (Zeitschrift)
hA	herrschende Ansicht/Auffassung
HdB	Handbuch
hins.	hinsichtlich
hL	herrschende Lehre
hM	herrschende Meinung
Hrsg.	Herausgeber
hrsg.	herausgegeben
Hs.	Halbsatz
idF	in der Fassung
idR	in der Regel
idS	in diesem Sinne
iE	im Einzelnen
iErg	im Ergebnis
ieS	im engeren Sinne
iHd	in Höhe des/der
iHv	in Höhe von
IIC	International Review of Intellectual Property and Competition Law (Zeitschrift)
insbes.	insbesondere
insges.	insgesamt
int.	international
IoT	Internet of Things
iRd	im Rahmen des/der
iRv	im Rahmen von
iS	im Sinne
iSd	im Sinne des/der
iSv	im Sinne von
iÜ	im Übrigen
iVm	in Verbindung mit
iW	im Wesentlichen
iwS	im weiteren Sinne
JECLAP	Journal of European Competition Law & Practice
jew.	jeweils
JIPITEC	Journal of Intellectual Property, Information Technology and Electronic Commerce Law (Zeitschrift)
JTÖR	Junge Tagung Öffentliches Recht
jur.	juristisch
Kap.	Kapitel, Kapital

KI	Künstliche Intelligenz
Kom.	Komitee, Kommission
krit.	kritisch
lfd.	laufend
Lfg.	Lieferung
LG	Landgericht
Lit.	Literatur
lit.	litera
Ls.	Leitsatz
lt.	laut
LT-Drs.	Landtags-Drucksache
LT-Prot.	Landtags-Protokoll
M&A	Mergers & Acquisitions
mablAnm	mit ablehnender Anmerkung
mÄnd	mit Änderungen
mAnm	mit Anmerkung
Mat.	Materialien
maW	mit anderen Worten
max.	maximal
mBespr	mit Besprechung
mE	meines Erachtens
mind.	mindestens
Mio.	Million(en)
Mitt.	Mitteilung(en)
mkritAnm	mit kritischer Anmerkung
MMR	MultiMedia und Recht (Zeitschrift)
mN	mit Nachweisen
Mrd.	Milliarde(n)
mtl.	monatlich
mwN	mit weiteren Nachweisen
mWv	mit Wirkung vom
mzustAnm	mit zustimmender Anmerkung
nachf.	nachfolgend
Nachw.	Nachweise
neu gef.	neu gefasst
nF	neue Fassung
NJOZ	Neue Juristische Online-Zeitschrift
Nov.	Novelle
Nr.	Nummer
nrkr	nicht rechtskräftig
nv	nicht veröffentlicht
NZA	Neue Zeitschrift für Arbeits- und Sozialrecht
NZI	Neue Zeitschrift für das Recht der Insolvenz und Sanierung
NZKart	Neue Zeitschrift für Kartellrecht

NZWiSt	Neue Zeitschrift für Wirtschafts-, Steuer- und Unternehmensstrafrecht
o.	oben, oder
o.a.	oben angegeben(e/es/er)
o.g.	oben genannte(r, s)
oÄ	oder Ähnliche/s
öffentl.	öffentlich
OLG	Oberlandesgericht
PHi	Produkthaftpflicht international (Zeitschrift)
Prot.	Protokoll
RA	Rechtsanwalt
rd.	rund
RdErl.	Runderlass
RDi	Recht Digital (Zeitschrift)
RefE	Referentenentwurf
RegE	Regierungsentwurf
RFI	request for information
rkr.	rechtskräftig
RL	Richtlinie
Rn.	Randnummer
Rs.	Rechtssache
Rspr.	Rechtsprechung
S.	Seite(n), Satz
s.	siehe
s. auch	siehe auch
s. oben	siehe oben
s. unten	siehe unten
Slg.	Sammlung
sog.	sogenannt
st.	ständig
Stellungn.	Stellungnahme
str.	streitig, strittig
stRspr	ständige Rechtsprechung
teilw.	teilweise
tvA	teilweise vertretene Ansicht
Tz.	Textziffer
u.	und, unter, unten
u.a.	und andere, unter anderem
uÄ	und Ähnliches
UAbs.	Unterabsatz
UAbschn.	Unterabschnitt
uam	und anderes mehr
uÄm	und Ähnliches mehr
überarb.	überarbeitet
Überbl.	Überblick

überw.	überwiegend
Übk.	Übereinkommen
uE	unseres Erachtens
UGP-RL	Richtlinie 2005/29/EG des Europäischen Parlaments und des Rates vom 11. Mai 2005 über unlautere Geschäftspraktiken von Unternehmen gegenüber Verbrauchern im Binnenmarkt und zur Änderung der Richtlinie 84/450/EWG des Rates, der Richtlinien 97/7/EG, 98/27/EG und 2002/65/EG des Europäischen Parlaments und des Rates sowie der Verordnung (EG) Nr. 2006/2004 des Europäischen Parlaments und des Rates (Richtlinie über unlautere Geschäftspraktiken)
umstr.	umstritten
unstr.	unstreitig
unv.	unverändert, unveränderte Auflage
unveröff.	unveröffentlicht
unzutr.	unzutreffend
Urk.	Urkunde
Urt.	Urteil
usw	und so weiter
uU	unter Umständen
uvam	und vieles anderes mehr
uvm	und viele mehr
UWG	Gesetz gegen den unlauteren Wettbewerb
v.	vom, von
v.a.	vor allem
Var.	Variante
Verf.	Verfasser, Verfassung, Verfahren
Veröff.	Veröffentlichung
vgl.	vergleiche
vH	von Hundert
VO	Verordnung
Vol., vol.	volume (Band)
Vorauf l.	Vorauflage
Vorb.	Vorbemerkung
vorl.	vorläufig
vs.	versus
VuR	Verbraucher und Recht (Zeitschrift)
wN	weitere Nachweise
WRP	Wettbewerb in Recht und Praxis (Zeitschrift)
WuW	Wirtschaft und Wettbewerb (Zeitschrift)
ZAG	Zahlungsdiensteaufsichtsgesetz
zB	zum Beispiel
ZD	Zeitschrift für Datenschutz
ZEuP	Zeitschrift für europäisches Privatrecht

ZfDR	Zeitschrift für Digitalisierung und Recht
Ziff.	Ziffer
zit.	zitiert
ZPO	Zivilprozessordnung
zT	zum Teil
zul.	zuletzt
ZUM	Zeitschrift für Urheber- und Medienrecht
zusf.	zusammenfassend
zust.	zustimmend
zutr.	zutreffend
zw.	zweifelhaft
ZWeR	Zeitschrift für Wettbewerbsrecht
zzgl.	zuzüglich
zzt.	zurzeit

Allgemeines Literaturverzeichnis

Auer-Reinsdorff/Conrad IT- und DatenschutzR-HdB	Auer-Reinsdorff/Conrad, Handbuch IT- und Datenschutzrecht, 3. Aufl. 2019
Bechtold/Bosch	Bechtold/Bosch, GWB, 10. Aufl. 2021
BeckOK BGB	Hau/Poseck, BeckOK BGB, 63. Ed. 1.8.2022
BKKKO 10. GWB-Novelle	Bien/Käseberg/Klumpe/Körber/Ost, Die 10. GWB-Novelle, 2021
Bundeskartellamt Hintergrundpapier DMA	Bundeskartellamt, Digital Markets Act: Perspektiven des (inter)nationalen Wettbewerbsrechts. Tagung des Arbeitskreises Kartellrecht. Hintergrundpapier, 7.10.2021, abrufbar unter https://www.bundeskartellamt.de/SharedDocs/Publikation/DE/Diskussions_Hintergrundpapier/AK_Kartellrecht_2021_Hintergrundpapier.pdf
Bunte	Bunte, Kartellrecht, 14. Aufl. 2021
Calliess/Ruffert	Calliess/Ruffert, EUV/AEUV, 6. Aufl. 2022
Fezer/Büscher/Obergfell	Fezer/Büscher/Obergfell, UWG, 3. Aufl. 2016
FK-KartellR	Jaeger/Kokott/Pohlmann/Schroeder/Kulka, Frankfurter Kommentar zum Kartellrecht, 103. EL September 2022
Grabitz/Hilf/Nettesheim	Grabitz/Hilf/Nettesheim, Das Recht der Europäischen Union, 76. EL Mai 2022
Grützner/Jakob Compliance A–Z	Grützner/Jakob, Compliance von A–Z, 2. Aufl. 2015
Hoeren/Sieber/Holznagel MMR-HdB	Hoeren/Sieber/Holznagel, Handbuch Multimedia-Recht, 58. EL März 2022
Immenga/Mestmäcker	Immenga/Mestmäcker, Wettbewerbsrecht, 6. Aufl. 2019–2022
Jarass GRCh	Jarass, Charta der Grundrechte der Europäischen Union: GRCh, 4. Aufl. 2021
Kersting/Podszun 9. GWB-Novelle	Kersting/Podszun, Die 9. GWB-Novelle, 2017

Köhler/Bornkamm/Feddersen	Köhler/Bornkamm/Feddersen, UWG, 40. Aufl. 2022
Leupold/Wiebe/Glossner IT-R	Leupold/Wiebe/Glossner, IT-Recht, 4. Aufl. 2021
LMRKM	Loewenheim/Meessen/Riesenkampff/Kersting/Meyer-Lindemann, Kartellrecht, 4. Aufl. 2020
MHdB GesR I	Gummert/Weipert, Münchener Handbuch des Gesellschaftsrechts, Band 1: BGB-Gesellschaft, Offene Handelsgesellschaft, Partnerschaftsgesellschaft, Partenreederei, EWIV, 5. Aufl. 2019
MüKoBGB	Säcker/Rixecker/Oetker/Limperg, Münchener Kommentar zum Bürgerlichen Gesetzbuch, Band 1, 2, 3, 9, 11, 9. Aufl. 2021
MüKoUWG	Heermann/Schlingloff, Münchener Kommentar zum Lauterkeitsrecht, 3. Aufl. 2020/2022
MüKoWettbR	Säcker/Bien/Meier-Beck/Montag/Bardong, Münchener Kommentar zum Wettbewerbsrecht, Band 1: Europäisches Wettbewerbsrecht, 3. Aufl. 2020
	Bien/Meier-Beck/Montag/Säcker, Münchener Kommentar zum Wettbewerbsrecht, Band 2, 3, 4, 5, 4. Aufl. 2022
MüKoZPO	Krüger/Rauscher, Münchener Kommentar zur ZPO, 6. Aufl. 2020/2022
Musielak/Voit	Musielak/Voit, ZPO, 19. Aufl. 2022
Ohly/Sosnitza	Ohly/Sosnitza, Gesetz gegen den unlauteren Wettbewerb, 7. Aufl. 2016
Staudinger	Staudinger, BGB – J. von Staudingers Kommentar zum Bürgerlichen Gesetzbuch mit Einführungsgesetz, 18. Aufl. 2018
Streinz	Streinz, EUV/AEUV, 3. Aufl. 2018
Vögele Immaterielle Werte	Vögele, Intangibles – Immaterielle Werte, 2. Aufl. 2021
von der Groeben/Schwarze/Hatje	von der Groeben/Schwarze/Hatje, Europäisches Unionsrecht, 7. Aufl. 2015

Weber Rechtswörterbuch	Weber, Rechtswörterbuch, 29. Ed. 1.10.2022
Wiedemann KartellR-HdB	Wiedemann, Handbuch des Kartellrechts, 4. Aufl. 2020

Glossar

A. Definition zentraler Begriffe des DMA

Der DMA soll digitale Märkte und insbesondere dort durchgeführte digitale Dienste fair gestalten, diese offenhalten für neue Wettbewerber und zugleich den Verbraucher schützen. Dabei weisen digitale Märkte und digitale Dienste im Allgemeinen sowie Online-Plattformen im Besonderen typische, charakteristische Merkmale auf. Die folgenden (alphabetisch sortierten) Begriffe sollen einen Überblick über die wesentlichen Charakteristika digitaler Märkte bzw. digitaler Dienste im wettbewerbsrechtlichen Kontext geben und zugleich als Nachschlagewerk dienen: 1

■ Algorithmen

Plattformen verarbeiten Nutzerdaten und verwenden hierfür Algorithmen, die beeinflussen, welche Inhalte den Nutzern im Verlauf der Plattformnutzung angezeigt werden. Es handelt sich um einen automatisierten Auswahlvorgang, der Vorlieben ermitteln und Inhalte individualisieren soll.[1] In Art. 21 Abs. 1 S. 2 DMA ist vorgesehen, dass die EU-Kommission die Offenlegung der durch die Unternehmen verwendeten Algorithmen verlangen kann. 2

■ Big Data

Big Data beschreibt sowohl große Mengen an Daten als auch moderne, digitale Verfahren und Technologien, um diese Massendaten nutzbringend auszuwerten, was überwiegend zum Erlangen von Wettbewerbsvorteilen genutzt wird.[2] Big Data ist gekennzeichnet durch vier wesentliche Merkmale: (i) Datenmenge, (ii) Datenvielfalt, (iii) Übertragungsgeschwindigkeit und (iv) Analyse.[3] 3

■ Big Tech

Big Tech erfasst Unternehmen, die auf digitalen Märkten besonders dominant agieren.[4] Diese werden häufig auch unter dem Akronym „GAFA“ (Google bzw. Alphabet, Apple, Facebook bzw. Meta und Amazon)[5] bzw. „GAFAM“ (unter zusätzlicher Einbeziehung von Microsoft) zusammengefasst. 4

■ Binnenmarkt

Der europäische Binnenmarkt umfasst gem. Art. 26 Abs. 2 AEUV zunächst einen Wirtschaftsraum ohne Binnengrenzen, in dem der freie Verkehr von Waren, Dienstleistungen und Kapital gewährleistet wird. Dieses Konzept soll auch auf digitale Märkte übertragen werden. Durch eine europäische Digitalstrategie – der DMA ist ein Teil davon – soll die Dominanz großer Internetplattformen kontrolliert werden.[6] 5

1 Gersdorf MMR 2017, 439 (444).
2 Auer-Reinsdorff/Conrad IT- und DatenschutzR-HdB/Sarre/Pruß § 2 Rn. 186 ff.
3 Vögele Immaterielle Werte/Bodenmüller § 7 Rn. 10.
4 Gielen/Uphues EuZW 2021, 627 f.
5 Grünwald MMR 2020, 822.
6 Gielen/Uphues EuZW 2021, 627.

Bottleneck

6 Bottleneck ist der sogenannte Flaschenhalseffekt, der aus der besonderen Verantwortung der Torwächter resultiert. Wer auf einem Markt aktiv sein will, muss durch diesen Flaschenhals. Torwächter kontrollieren den Zugang zu dem jeweiligen Markt und haben die Möglichkeit, eine Vorauswahl der jeweiligen Nutzer zu treffen. Der DMA soll sie dazu verpflichten, dennoch den Wettbewerb zu wahren und Marktzugänge zu vereinfachen.[7]

Delegierter Rechtsakt

7 Bei delegierten Rechtsakten handelt es sich um Rechtsakte ohne Gesetzescharakter zur Ergänzung und Abänderung nicht wesentlicher Vorschriften eines Gesetzgebungsaktes durch die EU-Kommission (Art. 290 AEUV). Hierdurch soll der Unionsgesetzgeber von Detailregelungen entlastet werden.[8] Beispielsweise erlaubt der DMA in Art. 12 eine Aktualisierung der Verpflichtungen der Torwächter durch einen delegierten Rechtsakt der EU-Kommission.

Designation/Benennung

8 Die Einordnung eines Unternehmens als Torwächter nach Art. 3 DMA erfolgt durch Benennung (auch Designation, → § 3 Rn. 11 ff.). Ob eine Einordnung erfolgt, richtet sich insbesondere nach den festgelegten Schwellenwerten.[9]

Digitalökonomie

9 Digitalökonomie erfasst internetbasierten Handel und Industrie. Diese verändert zunehmend das Konsumverhalten der Verbraucher, indem sich Online-Handel beispielsweise gegenüber stationärem Handel immer mehr durchsetzt.[10] Die Dynamik der Digitalökonomie wird durch Digitalkonzerne geprägt, deren wirtschaftliche Bedeutung zunimmt.[11]

Durchführungsrechtsakt

10 Der EU-Kommission oder dem Rat können „Durchführungsbefugnisse“ übertragen werden (Art. 291 Abs. 2, 3 AEUV), wo ein Bedürfnis nach zusätzlicher Steuerung der Durchführung eines verbindlichen Unionsrechtsaktes sowie nach einheitlichen Bedingungen hierfür besteht. Zur Umsetzung einer Verordnung kann die EU-Kommission durch einen Durchführungsrechtsakt (Art. 291 Abs. 2 AEUV) einheitliche Regeln festsetzen. Die EU-Kommission kann bspw. Durchführungsrechtsakte erlassen, in denen Maßnahmen festgelegt werden, die der betreffende Torwächter zu ergreifen hat, um den Verpflichtungen aus Art. 6 und Art. 7 DMA wirksam nachzukommen (vgl. Art. 8 Abs. 2 und Art. 13 DMA, sollte der Torwächter versuchen, den DMA zu umgehen). Ebenso kann die EU-Kommission hierüber bestimmte Pflichten für bestimmte Torwächter aussetzen, wenn außergewöhnliche Umstände (Art. 9 Abs. 1

7 Podszun/Bongartz/Langenstein EuCML 2021, 60 (62).
8 Calliess/Ruffert/Ruffert AEUV Art. 290 Rn. 10.
9 Kerber ZD 2021, 544 (545).
10 MüKoWettbR/Wolf AEUV Art. 101 Rn. 432.
11 Karbaum/Schulz NZKart 2022, 107 (108).

DMA) oder die öffentliche Gesundheit oder Sicherheit (Art. 10 Abs. 1, Abs. 3 DMA) dies erfordern.[12]

- **Dynamische Märkte**

Digitale Märkte weisen eine besondere und schnelllebige Dynamik auf, da sie durch ein innovatives Wettbewerbsumfeld und Wechselbeziehungen mehrerer Marktseiten geprägt sind. Die Innovationsdynamik kann damit grundsätzlich auch Monopolisten in ihrer Position bedrohen.[13] Zugleich erschwert dies die Regulierung, da sich das Marktumfeld häufig verändert. 11

- **Ex-ante**

Der DMA trifft ex-ante Regeln. Ex-ante ist die Beurteilung eines Ereignisses im Voraus. Das heißt, der DMA legt den Torwächtern Regeln im Voraus auf – also bevor es zu einen Verstoß kommt, mithin gewissermaßen „präventiv“. Durch die Verhaltenspflichten, welche den Torwächtern im DMA ex-ante auferlegt werden, soll das reibungslose Funktionieren des Binnenmarkts gewährleistet und sollen Verstöße nicht erst nachträglich sanktioniert werden (Erwgr. 7 DMA). 12

- **Ex-post**

Ex-post bedeutet „nachträglich“. Im Wettbewerbsrecht wird diese Formulierung verwendet, um zu beschreiben, dass ein verbotenes Verhalten erst im Nachhinein sanktioniert wird. Die ex-post Kontrolle liegt insbesondere der Missbrauchsaufsicht der EU-Kommission aus Art. 102 AEUV zugrunde.[14] Das rechtswidrige Verhalten hat also bereits stattgefunden oder dauert an und wird erst nachträglich beurteilt und ggf. verfolgt bzw. bebußt. 13

- **Gatekeeper (Torwächter)**

Gatekeeper (in der deutschen Textfassung: Torwächter) kontrollieren den Zugang zu besonders großen Nutzergruppen, so dass die Inanspruchnahme ihrer Dienste für Unternehmen und Verbraucher nahezu unausweichlich wird. Voraussetzung für den Marktzugang und die Teilnahme an wirtschaftlichen oder sozialen Interaktionen ist für den jeweiligen Nutzer die Zulassung durch den Torwächter.[15] Art. 2 DMA definiert, wer Torwächter ist (→ § 3 Rn. 3 f.). 14

- **Gewerblicher Nutzer**

Der gewerbliche Nutzer (gem. Art. 2 Nr. 21 DMA) ist eine natürliche oder juristische Person, die Plattformen zum Zwecke oder im Zuge der Bereitstellung von Waren oder Dienstleistungen für Endnutzer nutzt. 15

---

12 Grabitz/Hilf/Nettesheim/Nettesheim AEUV Art. 291 Rn. 21; weitere Durchführungsrechtsakte sind in den Art. 15, 17, 18, 24, 25, 29, 31, 38 und 46 DMA vorgesehen.
13 Immenga/Mestmäcker/Körber FKVO Art. 2 Rn. 24.
14 Jovanovic/Geiner MMR 2021, 678 (680).
15 Podszun/Bongartz/Langenstein EuCML 2021, 60 (61).

Hochrangige Gruppe

16 Die von der EU-Kommission eingerichtete hochrangige Gruppe (Art. 40 DMA) setzt sich aus dem Gremium europäischer Regulierungsstellen für elektronische Kommunikation, dem Europäischen Datenschutzbeauftragten sowie dem Europäischen Datenschutzausschuss, dem Europäischen Wettbewerbsnetz, dem Netzwerk für die Zusammenarbeit im Verbraucherschutz und der Gruppe europäischer Regulierungsstellen für audiovisuelle Mediendienste zusammen. Die hochrangige Gruppe soll insbesondere den Austausch von sektorspezifischem Fachwissen mit der EU-Kommission gewährleisten.[16]

Horizontalverhältnis

17 Im Gegensatz zum Vertikalverhältnis stehen Unternehmen in einem horizontalen Verhältnis zueinander, wenn sie sich auf derselben Ebene der Produktions- oder Vertriebskette befinden. Da die Unternehmen auf derselben Ebene der Produktions- oder Vertriebskette tätig sind, sind sie Wettbewerber.[17]

Innovationsdruck

18 Digitale Märkte sind schnelllebigen Veränderungen unterworfen, die beispielsweise auf Innovationssprüngen im Bereich der Rechenleistung, Speicherkapazitäten, Fertigungstechnik und Übertragungskapazitäten beruhen. Marktteilnehmer befinden sich untereinander im Innovationswettbewerb, um auch den sich ändernden Bedürfnissen der Nutzer gerecht werden zu können. Das wirkt sich insbesondere auf Märkten mit unentgeltlichen Leistungen aus, da jedenfalls gegenüber einer Nutzergruppe der Preiswettbewerb keine Rolle spielt.[18] Innovationsdruck zeichnet sich dadurch aus, dass bei disruptiven Innovationen innerhalb kurzer Zeit auch überragende Marktpositionen relativiert werden müssen und etablierte Unternehmen ihre Marktpositionen verlieren können.[19]

Intermediationsmacht

19 Digitale Plattformen sind auch Informationsintermediäre, indem sie die im Internet verfügbaren Informationen für die Nutzer bündeln und organisieren.[20] Daraus kann erheblicher wettbewerbsrechtlicher Einfluss erwachsen, indem der Zugang zu Informationen oder Absatzmärkten kontrolliert wird.[21]

Internet of Things (IoT)

20 Die EU-Kommission bezeichnet das Internet of Things (IoT) als die vierte Entwicklungsstufe des Internets.[22] Unter diesen Sammelbegriff fallen alle Technologien, die

16 Paal/Kieß ZfDR 2022, 1 (30).
17 Leitlinien zur Anwendbarkeit von Artikel 101 des Vertrags über die Arbeitsweise der Europäischen Union auf Vereinbarungen über horizontale Zusammenarbeit vom 14. Januar 2011 (ABl. 2011 C 11, 1, berichtigt ABl. 2011 C 33, 20 und ABl. 2011 C 172, 22) Rn. 1.
18 Immenga/Mestmäcker/Fuchs GWB § 18 Rn. 149.
19 Immenga/Mestmäcker/Fuchs GWB § 18 Rn. 149.
20 LMRKM/Bergmann/Fiedler AEUV Art. 102 Rn. 44a.
21 Immenga/Mestmäcker/Körber FKVO Art. 2 Rn. 281.
22 EU-Kommission, Advancing the Internet of Things in Europe, SWD(2016) 110 final, Abb. 1 (Figure 1); Leupold/Wiebe/Glossner IT-R/Wiesner Teil 10.6 Rn. 1.

physische und virtuelle Systeme miteinander vernetzen und sie durch Informations- und Kommunikationstechniken (wie beispielsweise SIM-Karten) zusammenarbeiten lassen.[23]

- **Interoperabilität**

Interoperabilität beschreibt grundsätzlich die Fähigkeit von Hard- oder Software- 21 komponenten, Informationen auszutauschen und ausgetauschte Informationen zu verarbeiten, was wiederum über Hilfsprogramme in Form von Schnittstellen ermöglicht wird.[24] Gem. Art. 6 Abs. 4 und 7 DMA soll die Interoperabilität von Betriebssystemen, Hardware- oder Softwarefunktionen sowie Applikationen künftig gesichert sein.

- **Kartellrecht**

Das Ziel des Kartellrechts ist der Schutz unverfälschten Wettbewerbs (insbes. durch 22 die Vermeidung von Wettbewerbsbeschränkungen und Marktmachtmissbrauch (beides Verhaltenskontrolle) sowie die Zusammenschlusskontrolle (Strukturkontrolle)) und damit eine bestmögliche Versorgung der Verbraucher durch Unterbindung schädlicher privater Wettbewerbsbeschränkungen bzw. missbräuchlicher Praktiken oder von Zusammenschlüssen, die schädlich für den Wettbewerb sind.[25]

- **Lock-in-Effekt**

Lock-in-Effekte entstehen, wenn mangels Datenportabilität ein „Umzug" eines Platt- 23 formnutzers auf eine andere Plattform nicht möglich ist und er praktisch an die bisher genutzte Plattform gebunden bleibt (weil der Wechselaufwand zu hoch ist und der Nutzer diesen tendenziell vermeidet).[26] Neue und kleine Anbieter können so wiederum kaum Nutzer gewinnen. Abhilfe könnte Interoperabilität zum Austausch der Nutzerdaten schaffen.[27]

- **Marktmacht (im kartellrechtlichen Sinne)**

Im europäischen Kartellrecht kann wirtschaftliche Macht nur in Relation zu einem 24 bestimmten Markt festgestellt werden. Ob ein Unternehmen eine beherrschende Stellung innehat, bemisst sich nach der Stellung des Unternehmens auf dem sachlich und räumlich relevanten Markt. Eine Bewertung der Unternehmensgröße losgelöst von einem definierten Markt ist nicht möglich.[28]

- **Marktuntersuchung**

Bei systematischem Verstoß gegen die Vorschriften des DMA und in Bezug auf neue 25 Praktiken, die auftreten und sich genauso negativ auswirken wie die bereits von den Handlungspflichten erfassten Praktiken, kann die EU-Kommission Marktuntersuchungen zur Ermittlung von Torwächtern einleiten (Art. 16 bis 19 DMA, hierzu § 8).

23 Leupold/Wiebe/Glossner IT-R/Wiesner Teil 10.6 Rn. 1 f.
24 MüKoBGB/Metzger BGB § 327e Rn. 16.
25 MüKoWettbR/Säcker 1. Teil Grundlagen Rn. 3.
26 Krause NZA 2022, 521 (533).
27 Kalbhenn ZUM 2022, 266 (276).
28 Grabitz/Hilf/Nettesheim/Jung AEUV Art. 102 Rn. 33.

Die EU-Kommission nutzt das Werkzeug der Marktuntersuchung, um einen detaillierten und umfassenden Überblick über einen Markt zu gewinnen und ggf. entsprechende (Abhilfe-)Maßnahmen einzuleiten.[29]

Mehrseitige Märkte

26 Zwei- bzw. mehrseitige Märkte zeichnen sich durch starke Netzwerkeffekte aus. Ein zweiseitiger Markt liegt vor, wenn ein Unternehmen (bspw. ein Online-Vermittler) zwei verschiedene Produkte oder Dienstleistungen verschiedenen Gruppen von Abnehmern anbietet, also eine digitale Plattform schafft und für jede Seite ein eigener Markt existiert (hierunter fallen u.a. Suchmaschinen, Hotelbuchungsplattformen und Auktionsplattformen).[30] Mehrseitige Märkte treten auch in analoger Form auf (werbefinanzierte Anzeigenblätter oder Kreditkarten), sind aber wesentlich typischer für die Internetwirtschaft. Üblicherweise erhält mindestens eine Nutzergruppe Leistungen der Plattform monetär kostenfrei.[31] Das ist insbesondere bei Transaktionsplattformen der Fall, die für den Endkunden frei zugänglich sind, während die andere Nutzergruppe ein Entgelt zu entrichten hat.[32]

Meinungsbildung

27 Digitale Plattformen, insbesondere solche mit Schwerpunkt in den sozialen Medien, haben aufgrund ihrer Nutzerzahlen erheblichen Einfluss auf die Meinungsbildung in der Bevölkerung, so dass auch von Meinungsmacht der Plattformen gesprochen wird. Um diese einzuhegen, entsteht parallel zum DMA u.a. auch der Digital Services Act (DSA).[33]

Multi-Homing

28 Bei Multi-Homing verwendet der Nutzer mehrere gleichartige Dienste parallel, beispielsweise mehrere Messenger-Dienste.[34] Multi-Homing tritt vor allem dann auf, wenn die Plattformen differenziertere Produkte oder Dienstleistungen anbieten.[35]

Nachprüfung

29 Nachprüfungen (inspections, Art. 23 DMA, → § 8 Rn. 35) sind ein Instrument, das die EU-Kommission zur Erfüllung ihrer Aufgaben einsetzen kann. Dabei können die Bediensteten der EU-Kommission und die anderen von ihr ermächtigten Begleitpersonen beispielsweise alle Räumlichkeiten eines Unternehmens betreten, die Bücher prüfen oder Kopien von Geschäftsunterlagen verlangen.[36]

29 Zober NZKart 2021, 611 (612).
30 LMRKM/Bergmann/Fiedler AEUV Art. 102 Rn. 44, 45.
31 Immenga/Mestmäcker/Körber FKVO Art. 2 Rn. 24.
32 LMRKM/Kühnen GWB § 18 Rn. 106.
33 Gielen/Uphues EuZW 2021, 627 (632).
34 Immenga/Mestmäcker/Körber FKVO Art. 2 Rn. 24.
35 Podszun/Schwalbe NZKart 2017, 98 (100).
36 Dannecker NZWiSt 2022, 85 (95).

■ **Netzwerkeffekte**

Netzwerkeffekte können unterschiedlicher Natur sein, so dass zwischen folgenden Kategorien differenziert wird: 30

Direkte Netzwerkeffekte treten zwischen gleichartigen Nutzern auf.[37] Direkte Netzwerkeffekte entstehen, wenn der Anstieg oder der Rückgang der Nutzerzahl unmittelbar (sowohl positive als auch negative) Auswirkungen auf die Nützlichkeit des Produkts oder seine Leistung für den einzelnen Nutzer hat. Da diese Effekte die Nutzer einer einheitlichen Gruppe betreffen, handelt es sich um direkte Effekte.[38] Beobachten kann man dies unter anderem bei Kommunikationsdiensten, die attraktiver werden, je mehr Nutzer darüber erreicht werden können.[39]

Indirekte Netzwerkeffekte treten primär zwischen verschiedenen Nutzergruppen auf.[40] Bei indirekten Netzwerkeffekten profitieren mehrere Nutzergruppen ein- oder wechselseitig voneinander. Auch hier sind positive Effekte möglich, bspw. wenn eine größere Anzahl an Nutzern (zB Endverbraucher) dazu führt, dass mehr Werbetreibende die Suchmaschine (werbende Unternehmen als andere Nutzergruppe) nutzen; ebenso kann es auch zu negativen indirekten Netzwerkeffekten kommen, sobald die steigende Anzahl an Werbeanzeigen den Nutzen der Suchmaschine für Nutzer einschränkt.[41]

■ **Nutzerdaten**

Plattformen sammeln Daten ihrer Nutzer, sei es in Form der unmittelbar zur Verfügung gestellten Daten oder in Form von Analysedaten. Der DMA enthält insbes. in seinen Art. 5 und 6 Gebote und Verbote im Hinblick darauf, wie Plattformen mit diesen Nutzerdaten umgehen dürfen.[42] 31

■ **Offene Märkte**

Wettbewerb setzt voraus, dass Marktteilnehmer Zugang zu dem jeweiligen Markt haben, dieser also offen für neue Wettbewerber ist.[43] Die EU-Kommission beabsichtigt, digitale Märkte offenzuhalten.[44] 32

■ **Paying with Data**

Werden einer Nutzergruppe digitale Dienste ohne monetäre Gegenleistung angeboten, sammelt der Plattformbetreiber in der Regel personenbezogene Informationen und Daten, die anschließend ausgewertet werden.[45] Es handelt sich um datengetriebene Wirtschaftsmodelle, die erst bei einer Vielzahl gewonnener Datensätze profitabel werden, da so bspw. gezielt personalisierte Werbung eingesetzt und die Daten auf 33

37 MüKoWettbR/Wolf GWB § 18 Rn. 52.
38 LMRKM/Kühnen GWB § 18 Rn. 106.
39 Immenga/Mestmäcker/Körber FKVO Art. 2 Rn. 24.
40 MüKoWettbR/Wolf GWB § 18 Rn. 52.
41 Schwintowski NJOZ 2018, 841 (843).
42 Gielen/Uphues EuZW 2021, 627 (630).
43 Körber NZKart 2021, 379 (380).
44 Gielen/Uphues EuZW 2021, 627 (628).
45 Kerber GRUR-Int 2016, 639 (644).

diese Weise monetarisiert werden können.[46] Nutzer sind sich dieses kommerziellen Einsatzes ihrer Daten weit über die Plattform hinaus, der sie ihre Daten zur Verfügung gestellt haben, nicht immer bewusst, da die Plattformen mit „kostenfreien" Angeboten werben.[47]

■ Plattformen

34 Plattformen sind Akteure, die als Intermediäre die direkte Interaktion zwischen zwei oder mehreren Nutzerseiten ermöglichen, so dass teilweise dieser Begriff als Synonym für mehrseitige Märkte verwendet wird.[48] Der DMA erfordert, dass ein Torwächter einen „zentralen Plattformdienst" bereitstellt (Art. 3 Abs. 1 DMA), und bestimmt solche Dienste per Legaldefinition (Art. 2 Nr. 2 DMA).

■ Private Enforcement

35 Private Enforcement beschreibt die Rechtsdurchsetzung durch einen privaten Kläger (→ § 13) bspw. im Wege eines Schadensersatzanspruchs vor einem Zivilgericht (etwa wenn ein Kartellgeschädigter Schadensersatzansprüche gegen die Kartellanten geltend macht). Der primäre Zweck des Private Enforcement ist nicht der Schutz wirksamen Wettbewerbs, sondern die Durchsetzung subjektiver Rechte (insbes. Beseitigungs-, Unterlassungs-, und Schadensersatzansprüche).[49] Dennoch dient das Private Enforcement auch der Durchsetzung des Rechts insgesamt, da Unternehmen, die private Klagen zu befürchten haben, sich eher rechtstreu verhalten dürften.

■ Public Enforcement

36 Im Gegensatz zum Private Enforcement ist das Public Enforcement die behördliche Verfolgung und Sanktionierung von Verstößen (etwa von Kartellverstößen, bspw. durch die EU-Kommission oder das Bundeskartellamt zum Schutz wirksamen Wettbewerbs).[50]

■ Regulierungsrecht

37 Das Regulierungsrecht ist ein durch ex-ante Kontrollen gekennzeichnetes Teilgebiet des Wettbewerbsrechts.[51] Die Regulierungsbehörden wenden sektorspezifisches Regulierungsrecht und kein allgemeines Wettbewerbsrecht an. Bspw. wendet die Bundesnetzagentur das jeweils sektorspezifische Regulierungsrecht (aus dem Post-, Telekommunikations-, Strom- oder Gasnetz- oder Bahnnetzbereich) an.[52]

■ Sharing Economy

38 Sharing Economy bezeichnet allgemein Geschäftsmodelle, in denen Plattformen mehrseitige Märkte zur vorübergehenden Nutzung von Waren oder Dienstleistungen bereitstellen. Vertragspartner sind dabei häufig Privatpersonen, die auf den Plattformen bspw. vorübergehend privaten Wohnraum oder Mitfahrgelegenheiten anbie-

46 Schmitz/Buschuew MMR 2022, 171.
47 Podszun GRUR-Int 2022, 197 (203).
48 Hoeren/Sieber/Holznagel MMR-HdB/Uphues Teil 15.3 Rn. 6.
49 Erwgr. 3 RL 2014/104/EU (ABl. 2014 L 349, 1).
50 Mäger NZKart 2018, 3.
51 Säcker EnWZ 2015, 531.
52 MüKoWettbR/Bardong/Mühle VO Nr. 1/2003 Art. 3 Rn. 46.

ten.[53] Diese können durch die Verbraucher genutzt werden, ihre Nutzung wird also „geteilt" (sharing).

- **Skaleneffekte**

Ein Skaleneffekt beschreibt den Zusammenhang zwischen der Produktionsmenge und den eingesetzten Produktionsfaktoren und liegt dann vor, wenn sich die durchschnittlichen Kosten bei einer höheren Produktionsmenge reduzieren. Bei Plattformen sind die anfänglichen Kosten durch Investitionen in Hard- und Software hoch. Etabliert sich jedoch die Plattform im konkreten Markt, fallen nur noch marginale Kosten an und Prozesse können automatisiert werden.[54] Plattformbetreiber streben daher an, die kritische Masse an Nutzern zu erreichen, mit der sich die hohen Investitionskosten amortisieren.[55] 39

- **Tipping/Tipping Point**

Der Tipping Point beschreibt den Moment, in dem ein Unternehmen eine gewisse Marktmacht erreicht, die den weiteren Wettbewerb auf dem jeweiligen Markt ausschließt, und dieser zugunsten des Monopolisten „kippt" (tipping).[56] Andere Plattformen werden verdrängt und in Folge der Winner-Takes-It-All-Situation fallen der verbleibenden Plattform hohe Marktanteile zu.[57] Die Monopolisierung wird anschließend durch Verbund- und Größeneffekte aufrechterhalten.[58] 40

- **Verbundeffekte**

Verbundeffekte entstehen, wenn Nutzer eine Plattform möglichst vielseitig nutzen und so Datensätze und wertvolle Informationen preisgeben, wie das Unternehmen für weitere Nutzer attraktiv werden kann.[59] Ein Unternehmen kann aber auch in mehreren Märkten gleichzeitig tätig sein und seinen Datenvorrat aus verschiedenen Quellen speisen.[60] Verbundeffekte wirken sich zum Vorteil marktdominierender Wettbewerber aus, so dass diese neben Netzwerk- und Größeneffekten beeinflussen, wie erfolgreich ein Marktteilnehmer seine Position festigen kann.[61] 41

- **Verhaltenspflichten/Dos and Don'ts**

Sofern ein Unternehmen als Torwächter benannt worden ist, unterliegt dieses bestimmten Pflichten und Verboten nach Art. 5 und 6 DMA (sowie uU – je nach Torwächter – nach Art. 7 DMA) (→ § 6 Rn. 11 ff., 42 ff., 89 ff.). Diese Verhaltenspflichten sind als „self executing" konzipiert. Das heißt, dass die Verhaltenspflichten bereits ohne eine vorhergehende Konkretisierungsentscheidung Wirkung entfalten (sie wirken ex-ante).[62] 42

53 Meller-Hannich/Krausbeck/Wittke VuR 2019, 403 f.
54 Hoeren/Sieber/Holznagel MMR-HdB/Uphues Teil 15.3 Rn. 12.
55 Körber ZUM 2017, 93 (94).
56 Zober NZKart 2021, 611 (612).
57 Podszun/Offergeld ZEuP 2022, 244 (255).
58 Immenga/Mestmäcker/Körber FKVO Art. 2 Rn. 24.
59 Weck/Fetzer NZKart 2019, 588 (589).
60 Immenga/Mestmäcker/Fuchs GWB § 18 Rn. 148b.
61 Gerpott NZKart 2021, 273.
62 Kumkar RDi 2022, 347 Rn. 11.

Vertikale Integration

43 Wenn sich ein Unternehmen mit seinem Zulieferer (vorgelagerter Markt) oder Abnehmer (nachgelagerter Markt) zusammenschließt, ist es auf zwei aufeinanderfolgenden Märkten tätig, die zueinander in einem Käufer-/Verkäuferverhältnis stehen. Der Zustand, dass das Unternehmen auf zwei aufeinanderfolgenden Märkten tätig ist oder die Herbeiführung dieses Zustands beabsichtigt, wird als vertikale Integration bezeichnet. Dies kann auch ohne einen Zusammenschluss dadurch entstehen, dass ein Unternehmen die Tätigkeit auf dem vor- oder nachgelagerten Markt selbst aufnimmt.[63]

Vertikalverhältnis

44 Das Vertikalverhältnis beschreibt die verschiedenen Stufen der Produktions- oder Vertriebskette. Zwei oder mehr Unternehmen befinden sich in einem Vertikalverhältnis, wenn sie jeweils auf einer anderen Stufe der Produktions- oder Vertriebskette tätig sind, zB Hersteller zu Großhändler.[64]

Wechselkosten

45 Wechselkosten entstehen, wenn es schwierig oder sogar unmöglich ist, die akkumulierten Informationen und Daten eines Netzwerks in einem anderen einzusetzen. Zu beobachten ist dies bspw. bei sozialen Netzwerken, bei denen geknüpfte Kontakte, Nachrichten und Postings nicht übertragbar sind.[65]

Wettbewerb

46 Wettbewerb ist gegeben, wenn Unternehmen auf demselben Markt tätig sind und aus Sicht der Nachfrager austauschbare Produkte oder Dienstleistungen anbieten.[66] Auf digitalen Märkten konzentriert sich die Marktmacht üblicherweise auf einige wenige Akteure, so dass einzelne Anbieter den jeweiligen Plattformmarkt dominieren. Die große Nutzerzahl ist wiederum für den einzelnen Nutzer wichtig, so dass auf solchen Winner-Takes-It-All-Märkten regelmäßig kaum Wettbewerb herrscht.[67] Was für das konkrete Unternehmen reizvoll ist, verhindert aber den Wettbewerb um den konkreten Markt und um Innovationen. Der DMA soll diese Märkte fairer gestalten und der Machtkonzentration entgegenwirken.[68]

Wettbewerbsbehörde

47 Die Wettbewerbsbehörden sind für die Verfolgung von Verstößen gegen das Wettbewerbsrecht zuständig. Auf Unionsebene ist die EU-Kommission nach Art. 17 EUV und dort die Generaldirektion (GD) Wettbewerb (engl. Abkürzung DG COMP) zuständig. Die nationalen Wettbewerbsbehörden in Deutschland sind bspw. gem. § 48

63 Immenga/Mestmäcker/Thomas GWB § 36 Rn. 160.
64 Art. 1 Abs. 1 lit. a VO (EU) 2022/720 der EU-Kommission.
65 Podszun/Schwalbe NZKart 2017, 98 (100).
66 MHdB GesR I/Mattfeld § 52 Rn. 12.
67 Kalbhenn ZUM 2022, 266 (276).
68 Gielen/Uphues EuZW 2021, 627 f.

Abs. 1 GWB das Bundeskartellamt, das Bundesministerium für Wirtschaft und die nach Landesrecht zuständigen obersten Landesbehörden.[69]

■ **Wettbewerbsrecht/Kartellrecht**

Während das Kartellrecht in erster Linie das Kartellverbot, Missbrauchsverbot und die Vorschriften der Fusionskontrolle umfasst, ist das Wettbewerbsrecht der Überbegriff für die Rechtsgebiete des Kartell-, Vergabe-, Beihilfen- und Lauterkeitsrechts.[70] 48

■ **Winner-Takes-It-All-Prinzip**

Die aufgrund der Skalen- und Netzwerkeffekte stark ausgeprägte Marktdynamik in der Digitalwirtschaft führt dazu, dass ein Anbieter (winner), der den (Innovations-)Wettbewerb für sich entscheidet, häufig in vergleichsweise kurzer Zeit einen Wechsel der Marktführerschaft herbeiführen kann. Während es zunächst zu einem regen Wettbewerb auf diesen Märkten kommen kann, sind nach Festigung der Marktposition häufig eine abnehmende Entwicklung innovativer Dienste und eine zunehmende Erfassung personenbezogener Daten die Folge.[71] 49

■ **Zentraler Plattformdienst**

Um als Torwächter klassifiziert zu werden, muss das jeweilige Unternehmen gem. Art. 3 Abs. 1 lit. b DMA einen zentralen Plattformdienst anbieten, der für andere Unternehmen einen entscheidenden Zugang zu Endnutzern darstellt. 50

B. Legaldefinitionen des Art. 2 DMA

Im Folgenden sollen die Begriffsbestimmungen (Legaldefinitionen) des Art. 2 DMA verständlich dargestellt werden, indem bei jenen Ziffern, die Verweise auf EU-Verordnungen enthalten, die jeweilige Definition der entsprechenden EU-Verordnung eingesetzt wird; die eingefügte Definition ist je *kursiv* geschrieben. Der Originaltext des DMA findet sich hinter der jeweiligen Definition in eckigen Klammern. 51

Artikel 2 52
Begriffsbestimmungen

Für die Zwecke dieser Verordnung bezeichnet der Ausdruck

[…]

3. **„Dienst der Informationsgesellschaft"** *jede in der Regel gegen Entgelt elektronisch im Fernabsatz und auf individuellen Abruf eines Empfängers erbrachte Dienstleistung* [einen Dienst im Sinne des Artikels 1 Absatz 1 Buchstabe b der Richtlinie (EU) 2015/1535]; 53

[…]

69 Immenga/Mestmäcker/Ritter/Wirtz VO 1/2003 Art. 35 Rn. 1.
70 Grützner/Jakob Compliance A–Z Kartellrecht.
71 Gielen/Uphues EuZW 2021, 627 (628).

54 5. **„Online-Vermittlungsdienste"** *Dienste, die alle nachstehenden Anforderungen erfüllen:*
a) *Es handelt sich um Dienste der Informationsgesellschaft* [im Sinne des Artikels 1 Absatz 1 Buchstabe b der Richtlinie (EU) 2015/1535 des Europäischen Parlaments und des Rates – vgl. oben unter Nr. 3].
b) *Sie ermöglichen es gewerblichen Nutzern, Verbrauchern Waren oder Dienstleistungen anzubieten, indem sie die Einleitung direkter Transaktionen zwischen diesen gewerblichen Nutzern und Verbrauchern vermitteln, unabhängig davon, wo diese Transaktionen letztlich abgeschlossen werden.*
c) *Sie werden gewerblichen Nutzern auf der Grundlage eines Vertragsverhältnisses zwischen dem Anbieter dieser Dienste und den gewerblichen Nutzern, die den Verbrauchern Waren oder Dienstleistungen anbieten, bereitgestellt*
[Online-Vermittlungsdienste im Sinne des Artikels 2 Nummer 2 der Verordnung (EU) 2019/1150];

55 6. **„Online-Suchmaschine"** *einen digitalen Dienst, der es Nutzern ermöglicht, in Form eines Stichworts, einer Spracheingabe, einer Wortgruppe oder einer anderen Eingabe Anfragen einzugeben, um prinzipiell auf allen Websites oder auf allen Websites in einer bestimmten Sprache eine Suche zu einem beliebigen Thema vorzunehmen und Ergebnisse in einem beliebigen Format angezeigt zu bekommen, über die sie Informationen im Zusammenhang mit dem angeforderten Inhalt finden können* [eine Online-Suchmaschine im Sinne des Artikels 2 Nummer 5 der Verordnung (EU) 2019/1150];

[...]

56 8. **„Video-Sharing-Plattform-Dienst"** *eine Leistung, die in der Regel gegen Entgelt erbracht wird, soweit sie nicht den Vorschriften über den freien Waren- und Kapitalverkehr und über die Freizügigkeit der Personen unterliegt [Dienstleistung im Sinne der Artikel 56 und 57 des Vertrags über die Arbeitsweise der Europäischen Union], bei der der Hauptzweck der Dienstleistung oder eines trennbaren Teils der Dienstleistung oder eine wesentliche Funktion der Dienstleistung darin besteht, Sendungen oder nutzergenerierte Videos, für die der Video-Sharing-Plattform-Anbieter keine redaktionelle Verantwortung trägt, der Allgemeinheit über Übertragungssysteme und gegebenenfalls Vermittlungs- und Leitwegeinrichtungen sowie anderweitige Ressourcen – einschließlich der nicht aktiven Netzbestandteile –, die die Übertragung von Signalen über Kabel, Funk, optische oder andere elektromagnetische Einrichtungen ermöglichen, einschließlich Satellitennetze, feste (leitungs- und paketvermittelte, einschließlich Internet) und mobile terrestrische Netze, Stromleitungssysteme, soweit sie zur Signalübertragung genutzt werden, Netze für Hör- und Fernsehfunk sowie Kabelfernsehnetze, unabhängig von der Art der übertragenen Informationen [elektronische Kommunikationsnetze im Sinne des Artikels 2 Buchstabe a der Richtlinie 2002/21/EG zur Information, Unterhaltung oder Bildung] bereitzustellen, und deren Organisation vom Video-Sharing-Plattform-Anbieter bestimmt wird, auch mit automatischen Mitteln oder Algorithmen, insbesondere durch Anzeigen, Tagging und Festlegung*

der Abfolge [einen Video-Sharing-Plattform-Dienst im Sinne des Artikels 1 Absatz 1 Buchstabe aa der Richtlinie 2010/13/EU];

9. **„nummernunabhängiger interpersoneller Kommunikationsdienst"** *einen gewöhnlich gegen Entgelt erbrachten Dienst, der einen direkten interpersonellen und interaktiven Informationsaustausch über elektronische Kommunikationsnetze zwischen einer endlichen Zahl von Personen ermöglicht, wobei die Empfänger von den Personen bestimmt werden, die die Kommunikation veranlassen oder daran beteiligt sind – dazu zählen keine Dienste, die eine interpersonelle und interaktive Kommunikation lediglich als untrennbar mit einem anderen Dienst verbundene untergeordnete Nebenfunktion ermöglichen, wobei der nummernunabhängige interpersonelle Kommunikationsdienst weder eine Verbindung zu öffentlich zugeteilten Nummerierungsressourcen (Nummern nationaler oder internationaler Nummerierungspläne) herstellt, noch die Kommunikation mit Nummern nationaler oder internationaler Nummerierungspläne ermöglicht, also nicht an das öffentliche Fernsprechnetz angebunden ist* [einen nummernunabhängigen interpersonellen Kommunikationsdienst im Sinne des Artikels 2 Nummer 7 der Richtlinie (EU) 2018/1972]; 57

[...]

13. **„Cloud-Computing-Dienst"** *einen digitalen Dienst, der den Zugang zu einem skalierbaren und elastischen Pool gemeinsam nutzbarer Rechenressourcen ermöglicht* [einen Cloud-Computing-Dienst im Sinne des Artikels 4 Nummer 19 der Richtlinie (EU) 2016/1148 des Europäischen Parlaments und des Rates]; 58

[...]

16. **„Zahlungsdienst"** *eine oder mehrere der in Anhang I* [der Richtlinie (EU) 2015/2366] *aufgeführten gewerblichen Tätigkeiten:* 59
    a) *Dienste, mit denen Bareinzahlungen auf ein Zahlungskonto ermöglicht werden, sowie alle für die Führung eines Zahlungskontos erforderlichen Vorgänge*
    b) *Dienste, mit denen Barabhebungen von einem Zahlungskonto ermöglicht werden, sowie alle für die Führung eines Zahlungskontos erforderlichen Vorgänge*
    c) *Ausführung von Zahlungsvorgängen einschließlich des Transfers von Geldbeträgen auf ein Zahlungskonto beim Zahlungsdienstleister des Nutzers oder bei einem anderen Zahlungsdienstleister:*
        i) *Ausführung von Lastschriften einschließlich einmaliger Lastschriften;*
        ii) *Ausführung von Zahlungsvorgängen mittels einer Zahlungskarte oder eines ähnlichen Instruments;*
        iii) *Ausführung von Überweisungen einschließlich Daueraufträgen.*
    d) *Ausführung von Zahlungsvorgängen, wenn die Beträge durch einen Kreditrahmen für einen Zahlungsdienstnutzer gedeckt sind:*

i) Ausführung von Lastschriften einschließlich einmaliger Lastschriften;
ii) Ausführung von Zahlungsvorgängen mittels einer Zahlungskarte oder eines ähnlichen Instruments;
iii) Ausführung von Überweisungen einschließlich Daueraufträgen.
e) Ausgabe von Zahlungsinstrumenten und/oder Annahme und Abrechnung („Acquiring") von Zahlungsvorgängen
f) Finanztransfer
g) Zahlungsauslösedienste
h) Kontoinformationsdienste
[einen Zahlungsdienst im Sinne des Artikels 4 Nummer 3 der Richtlinie (EU) 2015/2366];

60 17. **„technischer Dienst zur Unterstützung von Zahlungsdiensten"** *Dienste, die von technischen Dienstleistern erbracht werden, die zwar zur Erbringung der Zahlungsdienste beitragen, jedoch zu keiner Zeit in den Besitz der zu transferierenden Geldbeträge gelangen, wie die Verarbeitung und Speicherung von Daten, vertrauensbildende Maßnahmen und Dienste zum Schutz der Privatsphäre, Nachrichten- und Instanzenauthentisierung, Bereitstellung von Informationstechnologie- (IT-) und Kommunikationsnetzen sowie Bereitstellung und Wartung der für Zahlungsdienste genutzten Endgeräte und Einrichtungen mit Ausnahme von Zahlungsauslösediensten und Kontoinformationsdiensten* [einen Dienst im Sinne des Artikels 3 Buchstabe j der Richtlinie (EU) 2015/2366];

[...]

61 25. **„personenbezogene Daten"** *alle Informationen, die sich auf eine identifizierte oder identifizierbare natürliche Person (im Folgenden „betroffene Person") beziehen; als identifizierbar wird eine natürliche Person angesehen, die direkt oder indirekt, insbesondere mittels Zuordnung zu einer Kennung wie einem Namen, zu einer Kennnummer, zu Standortdaten, zu einer Online-Kennung oder zu einem oder mehreren besonderen Merkmalen, die Ausdruck der physischen, physiologischen, genetischen, psychischen, wirtschaftlichen, kulturellen oder sozialen Identität dieser natürlichen Person sind, identifiziert werden kann* [personenbezogene Daten im Sinne des Artikels 4 Nummer 1 der Verordnung (EU) 2016/679];

[...]

62 28. **„Kontrolle"** *die durch Rechte, Verträge oder andere Mittel begründete Kontrolle, die einzeln oder zusammen unter Berücksichtigung aller tatsächlichen oder rechtlichen Umstände die Möglichkeit gewähren, einen bestimmenden Einfluss auf die Tätigkeit eines Unternehmens auszuüben, insbesondere durch: Eigentums- oder Nutzungsrechte an der Gesamtheit oder an Teilen des Vermögens des Unternehmens; Rechte oder Verträge, die einen bestimmenden Einfluss auf die Zusammensetzung, die Beratungen oder Beschlüsse der Organe des Unternehmens gewähren* [die Möglichkeit, im Sinne des Artikels 3 Absatz 2 der Verordnung (EG) Nr. 139/2004 bestimmenden Einfluss auf ein Unternehmen auszuüben];

[...]

30. **„Umsatz“**, *dass für die Berechnung des Gesamtumsatzes [...] die Umsätze zusammenzuzählen [sind], welche die beteiligten Unternehmen im letzten Geschäftsjahr mit Waren und Dienstleistungen erzielt haben und die dem normalen geschäftlichen Tätigkeitsbereich der Unternehmen zuzuordnen sind, unter Abzug von Erlösschmälerungen, der Mehrwertsteuer und anderer unmittelbar auf den Umsatz bezogener Steuern. Bei der Berechnung des Gesamtumsatzes eines beteiligten Unternehmens werden Umsätze zwischen Unternehmen, die untechnisch gesprochen „zusammengehören“* [zwischen den in Artikel 5 Absatz 4 der Verordnung (EG) Nr. 139/2004 genannten Unternehmen], *nicht berücksichtigt* [den von einem Unternehmen erzielten Umsatz im Sinne des Artikels 5 Absatz 1 der Verordnung (EG) Nr. 139/2004]; 63

31. **„Profiling“** *jede Art der automatisierten Verarbeitung personenbezogener Daten, die darin besteht, dass diese personenbezogenen Daten verwendet werden, um bestimmte persönliche Aspekte, die sich auf eine natürliche Person beziehen, zu bewerten, insbesondere um Aspekte bezüglich Arbeitsleistung, wirtschaftliche Lage, Gesundheit, persönliche Vorlieben, Interessen, Zuverlässigkeit, Verhalten, Aufenthaltsort oder Ortswechsel dieser natürlichen Person zu analysieren oder vorherzusagen* [ein Profiling im Sinne des Artikels 4 Nummer 4 der Verordnung (EU) 2016/679]; 64

32. **„Einwilligung“** *der betroffenen Person jede freiwillig für den bestimmten Fall, in informierter Weise und unmissverständlich abgegebene Willensbekundung in Form einer Erklärung oder einer sonstigen eindeutigen bestätigenden Handlung, mit der die betroffene Person zu verstehen gibt, dass sie mit der Verarbeitung der sie betreffenden personenbezogenen Daten einverstanden ist* [eine Einwilligung im Sinne des Artikels 4 Nummer 11 der Verordnung (EU) 2016/679]. 65

§ 1 Der DMA auf einen Blick

Der Digital Markets Act (DMA)[1] ist gemeinsam mit dem Gesetz über digitale Dienste (Digital Services Act, DSA)[2] einer der **Grundpfeiler** der **europäischen Digitalstrategie**, mit der die EU dafür sorgen möchte, dass der durch digitale Technologien verursachte Wandel Menschen und Unternehmen zugutekommt und einen Beitrag zur Klimaneutralität leistet. Der DMA soll die **Bestreitbarkeit** und **Fairness** von **Märkten** im **Digitalsektor** sicherstellen, für mehr Innovation sorgen und einen besseren Schutz der Verbraucher gewährleisten. Das bestehende rechtliche Instrumentarium, namentlich die kartellrechtliche ex-post Missbrauchsaufsicht nach Art. 102 AEUV, erachtete die EU für nicht ausreichend, um die systemischen Online-Plattformen der großen Internetkonzerne adäquat zu überwachen. 1

Der politisch letztlich unkontroverse und zügig verabschiedete DMA adressiert die großen **Online-Plattformen**, die sog. Gatekeeper (Torwächter), denen neue **Verhaltenspflichten** auferlegt werden. Torwächter sind Unternehmen, die zentrale Plattformdienste bereithalten, die für gewerbliche Nutzer einen **essenziellen Zugang** zu Endnutzern darstellen. Beispiele für die insgesamt zehn statuierten zentralen Plattformdienste sind Online-Suchmaschinen (Google), Betriebssysteme (Microsoft), Webbrowser (Explorer), virtuelle Assistenten (Alexa) und Online-Dienste sozialer Netzwerke (Facebook). Torwächter haben darüber hinaus eine bestimmte **Größe** und **Bedeutung** im EWR, die grundsätzlich anhand objektiver quantitativer Parameter (zB Umsatz, Anzahl der Nutzer) bemessen werden. **Allein** der **EU-Kommission** obliegt es, ein Unternehmen als Torwächter zu benennen. Voraussichtlich werden zunächst ca. 15 Unternehmen den Status eines Torwächters haben. 2

Kernpunkte des DMA sind 21 neue **Verhaltenspflichten**, die unfaire oder die Bestreitbarkeit beschränkende Praktiken in Bezug auf jeden zentralen Plattformdienst der Torwächter verhindern sollen. Das Gesetz normiert **ex-ante** unmittelbar anwendbare **Ge- und Verbote** sowie solche, die zukünftig noch näher zu bestimmen sind. Damit wird der DMA die bestehenden Geschäftsmodelle der großen Digitalunternehmen auf den Prüfstand stellen. Bei der Identifizierung der Ge- und Verbote hat der Verordnungsgeber auf die bei der Durchsetzung des europäischen Wettbewerbsrechts gesammelten Erfahrungen zurückgegriffen. Die Verhaltenspflichten werden durch Compliance-, Monitoring- und Berichtspflichten des Torwächters flankiert. Weitreichende **Untersuchungs-**, **Nachprüfungs-** und **Entscheidungskompetenzen** der EU-Kommission sollen den Zielen des DMA ebenso Wirksamkeit verschaffen wie die Sanktionsmöglichkeiten (zB Bußgelder bis zu 20 % des weltweiten Umsatzes oder Abhilfemaßnahmen). 3

1 Verordnung (EU) 2022/1925 des Europäischen Parlaments und des Rates vom 14. September 2022 über bestreitbare und faire Märkte im digitalen Sektor und zur Änderung der Richtlinien (EU) 2019/1937 und (EU) 2020/1828 (Gesetz über digitale Märkte) (ABl. 2022 L 265, 1).

2 Verordnung (EU) 2022/2065 des Europäischen Parlaments und des Rates vom 19. Oktober 2022 über einen Binnenmarkt für digitale Dienste und zur Änderung der Richtlinie 2000/31/EG (Gesetz über digitale Dienste) (ABl. 2022 L 277, 1).

4 Die EU-Kommission ist ermächtigt, die Verpflichtungen der Torwächter unter bestimmten Umständen zu ergänzen, um sie „up to date“ zu halten. Zudem kann die EU-Kommission eine **Marktuntersuchung** einleiten, wenn sie (i) ein Unternehmen außerhalb des regulären Verfahrens als Torwächter designieren, (ii) eine systematische Nichterfüllung der Verpflichtungen untersuchen oder (iii) neue zentrale Plattformdienste in den Anwendungsbereich des DMA einbeziehen möchte.

5 Nationale Wettbewerbsbehörden setzen den DMA gegenüber den Torwächtern nicht unmittelbar durch. Sie sind aber zur Kooperation aufgerufen und können Untersuchungen gegen Torwächter bzgl. möglicher Verstöße im jeweiligen Mitgliedstaat gegen die DMA-Verpflichtungen einleiten. Allerdings ist **allein** die **EU-Kommission** – mittels bestehender Ressourcen der Generaldirektionen Wettbewerb und Connect sowie noch zu besetzender Stellen einschließlich eines Chief Technology Officers – zu Entscheidungen befugt. **Nationale Gerichte** wenden den DMA an, vermeiden aber Entscheidungen, die mit denen der EU-Kommission divergieren. **Dritten** verleiht der DMA eine Reihe von **Mitwirkungsrechten** und **indirekten Beschwerdemöglichkeiten**, die bei der EU-Kommission, nationalen Wettbewerbsbehörden und nationalen Gerichten geltend gemacht werden können. Alle auf Grundlage des DMA getroffenen Entscheidungen der EU-Kommission unterliegen der **gerichtlichen Prüfung** – im Hinblick auf Geldbußen oder Zwangsgelder im Rahmen einer unbeschränkten Ermessensnachprüfung.

6 Der DMA ist am 12.10.2022 im Amtsblatt veröffentlicht worden und 20 Tage später, am 1.11.2022, in Kraft getreten. Die Regelungen des DMA finden ab dem 2.5.2023 Anwendung. Nach mindestens weiteren sechs Monaten benennt die EU-Kommission die Torwächter, die wiederum spätestens sechs Monate nach Designation die Verpflichtungen aus dem DMA zu erfüllen haben.

§ 2 Hintergrund, Ziele und wettbewerbspolitische Einordnung des DMA

Literatur: *Acquisti/Taylor/Wagman*, The Economics of Privacy, Journal of Economic Literature 54 (2016), 442; *Akman*, Regulating Competition in Digital Platform Markets: A Critical Assessment of the Framework and Approach of the EU Digital Markets Act, European Law Review 47 (2022), 85; *Armstrong*, Competition in Two-Sided Markets, Rand Journal of Economics 37 (2006), 668; *Audretsch/Baumol/Burke*, Competition Policy in Dynamic Markets, International Journal of Industrial Organization 19 (2001), 613; *Basedow*, Das Rad neu erfunden: Zum Vorschlag für einen Digital Markets Act, ZEuP 2021, 217; *Baumol*, Contestable Markets – An Uprising in the Theory of Industry Structure, American Economic Review 72 (1982), 1; *Baumol/Panzar/Willig*, Contestable Markets and the Theory of Industry Structure, 1982; *BMWK et al.*, Gemeinsames Positionspapier DMA 2021, 27.5.2021, abrufbar unter https://www.bmwk.de/Redaktion/DE/Downloads/M-O/non-paper-friends-of-an-effective-digital-markets-act.html; *Botta*, Sector Regulation of Digital Platforms in Europe: Uno, Nessuno e Centomila, JECLAP 12 (2021), 500; *Bougette/Budzinski/Marty*, Exploitive Abuse and Abuse of Economic Dependence: What can we learn from an Industrial Organization Approach?, Revue d'Economie Politique 129 (2019), 261; *Bougette/Budzinski/Marty*, Self-Preferencing and Competitive Damages: A Focus on Exploitative Abuses, The Antitrust Bulletin 67 (2022), 190; *Budzinski*, „Wettbewerbsfreiheit" und „More Economic Approach": Wohin steuert die europäische Wettbewerbspolitik?, in Grusevaja (Hrsg.), Quo vadis Wirtschaftspolitik? Festschrift für Norbert Eickhof, 2008, S. 15; *Budzinski*, An Institutional Analysis of the Enforcement Problems in Merger Control, European Competition Journal 6 (2010), 445; *Budzinski*, Zur Bedeutung der Ordnungsökonomik für eine moderne, ökonomiebasierte Wettbewerbspolitik, in Pies (Hrsg.), Das weite Feld der Ökonomik. Festschrift zu Ehren von Karl-Hans Hartwig, 2013, S. 145; *Budzinski*, Wettbewerbsordnung online: Aktuelle Herausforderungen durch Marktplätze im Internet, ORDO 67 (2016), 385; *Budzinski*, Gatekeeping in the Audiovisual Sector: Economic Background, Competition, and Regulation, in Cappello (Hrsg.), Unravelling the Digital Services Act Package, 2021, S. 94 (zit.: Cappello Unravelling the Digital Services Act Package/Budzinski); *Budzinski*, Wettbewerbsordnung und digitale Medienmärkte, WuW 2021, 396; *Budzinski*, The Economics of International Competition Policy: New Challenges in Light of Digitization?, in Anderson/Lugard (Hrsg.), The International Competition Network at Twenty: Origins, Accomplishments and Aspirations, 2022, S. 429 (zit.: Anderson/Lugard International Competition Network/Budzinski); *Budzinski*, Lobbyismus und Medienwirtschaft – Strategische Beeinflussung von Informationsflüssen, in Mause/Polk (Hrsg.) Handbuch Lobbyismus, 2022 (im Erscheinen) (zit.: Mause/Polk HdB Lobbyismus/Budzinski); *Budzinski/Gaenssle/Stöhr*, Outstanding Relevance across Markets: A New Concept of Market Power?, Concurrences 17 (2020), 38; *Budzinski/Gaenssle/Stöhr*, Der Entwurf zur 10. GWB Novelle: Interventionismus oder Laissez-faire?, List Forum 46 (2020), 157; *Budzinski/Gaenssle/Lindstädt-Dreusicke*, Data (R)Evolution – The Economics of Algorithmic Search & Recommender Services, in Baumann (Hrsg.), Handbook of Digital Business Ecosystems, 2022, S. 349 (zit.: Baumann Handbook of Digital Business Ecosystems/Budzinski/Gaenssle/Lindstädt-Dreusicke); *Budzinski/Kuchinke*, Industrial Organization of Media Markets and Competition Policy, in von Rimscha (Hrsg.), Management and Economics of Communication, 2020, S. 21 (zit.: v. Rimscha Management and Economics of Communication/Budzinski/Kuchinke); *Budzinski/Mendelsohn*, Regulating Big Tech: From Competition Policy to Sector Regulation?, Ilmenau Economics Discussion Papers 27/168, 2022, abrufbar unter https://ssrn.com/abstract=4248116 (zit.: Budzinski/Mendelsohn Ilmenau Economics Discussion Papers 27/168); *Budzinski/Noskova*, Prospects and Limits of Merger Simulations as a Computational Antitrust Tool, Stanford Computational Antitrust Journal 2 (2022), 44; *Budzinski/Stöhr*, Competition Policy Reform in Europe and Germany – Institutional Change in the Light of Digitization, European Competition Journal 15 (2019), 15; *Cabral/Haucap/Parker/Petropoulos/Valletti/Van Alstyne*, The Digital Markets Act: A Report from a Panel of Economic

Experts, Boston University Questrom School of Business Research Paper No. 3783436, 2021, abrufbar unter https://econpapers.repec.org/paper/iptiptwpa/jrc122910.htm; *Caffarra/Scott Morton*, The European Commission Digital Markets Act: A translation, 5.1.2021, abrufbar unter https://voxeu.org/article/european-commission-digital-markets-act-translation (zit.: Caffarra/Scott Morton The DMA: A translation); *Caffarra/Scott Morton*, How Will the Digital Markets Act Regulate Big Tech?, ProMarket, 11.1.2021, abrufbar unter https://www.promarket.org/2021/01/11/digital-markets-act-obligations-big-tech-uk-dmu/; *Caillaud/Jullien*, Chicken and Egg: Competition among Intermediation Service Providers, Rand Journal of Economics 34 (2003), 309; *Canaris*, Wandlungen des Schuldvertragsrechts – Tendenzen zu seiner „Materialisierung", AcP 200 (2000), 273; *Colino*, The Antitrust F Word: Fairness Considerations in Competition Law, Journal of Business Law 2019, 329; *Crane*, How much brandeis do the neo-brandeisians want?, The Antitrust Bulletin 64 (2019), 531; *Crémer/de Montjoye/Schweitzer*, Competition Policy for the Digital Era, 2019, abrufbar unter https://ec.europa.eu/competition/publications/reports/kd0419345enn.pdf (zit.: Crémer/de Montjoye/Schweitzer Competition Policy for the Digital Era); *Demsetz*, Why Regulate Utilities?, Journal of Law and Economics 11 (1968), 55; *Dewenter/Rösch*, Einführung in die neue Ökonomie der Medienmärkte, 2015; *Eifert/Metzger/Schweitzer/Wagner*, Taming the Tech Giants: The DSA/DMA Package, CMLR 2021, 987; *Farrell/Saloner*, Standardization, Compatibility, and Innovation, Rand Journal of Economics 16 (1985), 70; *Fox*, Against Goals, Fordham Law Review 81 (2013), 2157; *Franck/Peitz*, Digital Platforms and the new 19a Tool in the German Competition Act, JECLAP 12 (2021), 513; *Gerard*, Fairness in EU Competition Policy: Significance and Implications, JECLAP 9 (2018), 211; *Haucap*, Plattformökonomie: Neue Wettbewerbsregeln – Renaissance der Missbrauchsaufsicht, Wirtschaftsdienst 100 (2020), 20; *Haucap/Heimeshoff*, Google, Facebook, Amazon, eBay: Is the Internet driving competition or market monopolization?, International Economics and Economic Policy 11 (2014), 49; *Haucap/Stühmeier*, Competition and Antitrust in Internet Markets, in Bauer/Latzer (Hrsg.), Handbook on the Economics of the Internet, 2016, S. 183 (zit.: Bauer/Latzer Handbook on the Economics of the Internet/Haucap/Stühmeier); *Heinderyckx/Vos*, Reformed Gatekeeping, Communication & Media 11 (2016), 29; *Hellwig*, Effizienz oder Wettbewerbsfreiheit? Zur normativen Grundlegung der Wirtschaftspolitik, in Engel/Möschel (Hrsg.), Recht und spontane Ordnung, 2006, S. 231 (Engel/Möschel Recht und spontane Ordnung/Hellwig); *Jacobides/Lianos*, Regulating Platforms and Ecosystems: An introduction, Industrial and Corporate Change 30 (2021), 1199; *Kades/Scott Morton*, Interoperability as a Competition Remedy for Digital Networks, 2021, abrufbar unter https://papers.ssrn.com/abstract=3808372; *Karg*, Marktmacht und Meinungsbildung in der Digitalindustrie, JTÖR 62 (2022), 68; *Katz/Shapiro*, Network Externalities, Competition, and Compatibility, American Economic Review 75 (1985), 424; *Katz/Shapiro*, Systems Competition and Network Effects, Journal of Economic Perspectives 8 (1994), 93; *Kerber/Budzinski*, Towards a Differentiated Analysis of Competition of Competition Laws, ZWeR 1 (2003), 411; *Kerber/Schweitzer*, Interoperability in the Digital Economy, JIPITEC 8 (2017), 39; *Kersting/Podszun*, Die 9. GWB-Novelle, 2017 (zit.: Kersting/Podszun 9. GWB-Novelle); *Khan*, Amazon's Antitrust Paradox, Yale Law Journal 126 (2017), 564; *Lane*, Distributive Justice: A Social-Psychological Perspective, American Political Science Review 80 (1986), 383; *Leistner*, The Commission's vision for Europe's digital future: Proposals for the Data Governance Act, the Digital Markets Act and the Digital Services Act – a critical primer, Journal of Intellectual Property Law and Practice 16 (2021), 778; *Marsden/Podszun*, Restoring Balance to Digital Competition – Sensible Rules, Effective Enforcement, Gutachten für die KAS, 2020, abrufbar unter https://www.kas.de/de/einzeltitel/-/content/restoring-balance-to-digital-competition (zit.: Marsden/Podszun Restoring Balance to Digital Competition); *Mendelsohn*, Systemrisiko und Wirtschaftsordnung, 2018; *Monopolkommission*, Sondergutachten 82: Empfehlungen für einen effektiven und effizienten Digital Markets Act, 5.10.2021, abrufbar unter https://www.monopolkommission.de/images/PDF/SG/sg_dma_volltext.pdf; *Monti*, The Digital Markets Act – Institutional Design and Suggestions for Improvement, TILEC Discussion Paper No. 2021–04, 2021, abrufbar unter https://papers.ssrn.com/abstract=3797730; *Petit*, The Proposed Digital Markets Act (DMA): A Legal and Policy Review, JECLAP 12 (2021), 529; *Podszun*, Empfiehlt sich eine stärkere Regulierung von Online-Plattformen und anderen Digitalunternehmen?, Gutachten F zum 73. Deutschen Juristentag, 2020; *Podszun/Bongartz/Langenstein*, Proposals on How to Improve the Digital Markets Act, 18.2.2021, abrufbar unter http://dx.doi.org/10.2139/ssrn.3788571; *Rahman*, Regulating Informational Infrastructure: Internet Platforms as the New Public Utilities, Georgetown Law Technology Review 2 (2018), 234; *Rahman*, Infrastructure Regulation and the New Utilities, Yale Journal of Regulation 35 (2018), 911; *Rochet/Tirole*, Two-sided Markets: A Progress Report, Rand Journal of Economics 37 (2006), 645; *Schmidt*, Ordnungsökonomische Wettbewerbskonzepte: Die Wettbewerbspolitik im Spannungsfeld zwischen Freiheit und Effizienz, ORDO 59 (2008), 209; *Schrepel*, Antitrust Without Romance, NYU Journal of Law & Liberty 13 (2020), 326; *Schweitzer*, The Art to make Gatekeeper Positions Contestable and the Challenge to know what is fair, ZEuP 2021, 1; *Schweitzer/Haucap/Kerber/Welker*, Modernising the Law on Abuse of Market Power: Report for the Federal Ministry for Economic Affairs and Energy (Germany) 2018, 17.9.2018, abrufbar unter https://dx.doi.org/10.2139/ssrn.3250742; *Scott Morton/Crawford/Crémer/Dinielli/Fletcher/Heidhues/Schnitzer/Seim*, Equitable Interoperability: The "Super Tool" of Digital Platform Governance, Tobin Center Policy Discussion Paper, 13.7.2021, abrufbar unter https://tobin.yale.edu/sites/default/files/Digital%20Regulation%20Project%20Papers/Digital%20Regulation%20Project%20-%20Equitable%20Interoperability%20-%20Discussion%20Paper%20No%204.pdf; *Shapiro* International Journal of Industrial Organization 61 (2018), 714; *Stigler*, The Law and Economics of Public Policy: A Plea to the Scholars, Journal of Legal Studies 1 (1972), 1; *Vanberg*, Consumer Welfare, Total Welfare and Economic Freedom – On the Normative Foundations of Competition Policy, in Drexl/Kerber/Podszun (Hrsg.), Competition Policy and the Economic Approach, 2011, S. 44 (zit.: Drexl/Kerber/Podszun Competition Policy/Vanberg); *Wielsch*, Private Law Regulation of Digital Intermediaries, Tilburg Private Law Working Paper Series No. 2/2019, 2019, abrufbar unter https://papers.ssrn.com/abstract=3369592; *Wu*, The Curse of Bigness, 2018; *Yeung/Morgan*, An Introduction to Regulation, 2007; *Zimmer/Göhsl*, Vom New Competition Tool zum Digital Markets Act: Die geplante EU-Regulierung für digitale Gatekeeper, ZWeR 2021, 29.

Als Einleitung konzipiert, beinhaltet dieses Kapitel eine Übersicht über die wirtschaftspolitischen und ökonomischen Hintergründe und die Entwicklung des DMA. Zudem werden die Rechtsnatur und die Ziele des DMA besprochen und das Verhältnis zu verwandten Bestandteilen der (digitalen) europäischen Wirtschaftsordnung diskutiert. 1

A. Hintergrund

I. Digitale Plattformen und Ökosysteme als neue Herausforderung für die Wirtschaftspolitik

2 Digitale Ökosysteme beschreiben, vereinfacht formuliert, Netzwerke unterschiedlicher (Online-)Märkte, die durch einen digitalen Informationsdienstleistungsmarkt miteinander verbunden sind.[1] Dieser Informationsdienstleistungsmarkt nimmt dabei typischerweise die Stellung eines Gatekeepers bzw. Torwächters ein. Oft hat er die Form bzw. das Geschäftsmodell einer Plattform, welche, vereinfacht gesprochen, als Intermediär eine **ökonomische Vermittlungsleistung** zwischen unterschiedlichen Gruppen von Akteuren organisiert.[2] Ein gutes Beispiel ist die Dienstleistung der Bereitstellung eines „digitalen Marktplatzes", welche es Händlern und Produzenten unterschiedlicher (physischer und digitaler) Güter (Waren und Dienstleistungen) ermöglicht, ihre Güter feilzubieten. Somit werden eine Vielzahl von Gütermärkten über diesen virtuellen Marktplatz miteinander verknüpft. Hinzu kommen Dienstleistungen, welche die Transaktionskosten des Tausches auf diesem Marktplatz verringern, wie Zahlungssysteme, Sicherheitsdienstleistungen, Such- und Empfehlungssysteme, Werbung, Versicherungs-, Konfliktschlichtungs- und Reklamationsdienstleistungen etc, welche vom Marktplatzdienstleister oder auch von Dritten angeboten werden können. Beispiele für umfassende, allgemeine **digitale Marktplätze** sind Amazon Marketplace oder Ebay, spezialisierte digitale Marktplätze sind bspw. App Stores (Marktplätze für Smartphonesoftware wie der App Store von Apple oder Google Play), Streamingdienste (Marktplätze für audio- und audiovisuelle Inhalte wie YouTube, Netflix, Disney+, Spotify, AppleMusic etc) oder Dienste für die Organisation und Platzierung von Onlinewerbung (wie Google AdWords and AdSense). In ähnlicher Weise werden auch zentrale **Suchmaschinen** (bspw. GoogleSearch) und **Kommunikationsdienstleistungen** (bspw. die zusammengehörenden Dienste Facebook, Instagram und WhatsApp), aber auch **Datennetzwerke** im sog. Internet of Things (IoT) als digitale Ökosysteme bezeichnet. Die Abgrenzung von digitalen Ökosystemen ist dabei oft fließend und wenig genau.

3 Auffällig ist, dass manche dieser digitalen Ökosysteme von einem Unternehmen geprägt werden, das innerhalb des Ökosystems über erhebliche **wirtschaftliche Macht** verfügt und darüber hinaus auch **gesellschaftliche Macht** akkumuliert. Beispiele sind der Alphabet-Konzern, der mit Google Search den Suchmaschinenmarkt der meisten Länder der Welt dominiert, teilweise mit Marktanteilen jenseits von 80 und 90 %.[3] Der Meta-Konzern bestimmt mit seinen Diensten Facebook, Instagram und WhatsApp vielerorts die sozialen Netzwerke und Online-Kommunikationsnetzwerke, wenngleich hier mit TikTok ein neuer Konkurrent an Bedeutung gewinnt. Amazon bietet den bei Weitem größten allgemeinen Marktplatz an und Apple (Apple App Store) sowie Alphabet (Google Play) dominieren jeweils „ihr" Softwareökosystem

1 Crémer/de Montjoye/Schweitzer Competition Policy for the Digital Era; Jacobides/Lianos Industrial and Corporate Change 30 (2021), 1199.

2 Eine genaue Definition des ökonomischen Begriffs „Plattform" folgt weiter unten im Kontext der Diskussion indirekter Netzwerkexternalitäten. Für die Begriffsdefinitionen des DMA im Allgemeinen wird auf das Glossar verwiesen.

3 Vgl. EU-Kommission 27.6.2017 – AT.39740 Rn. 273 ff. – Google Shopping.

von Smartphones, streng getrennt voneinander. In einigen anderen digitalen Ökosystemen ist – zumindest im Jahr 2022 – noch kein das System prägendes Unternehmen auszumachen. Bspw. herrscht in den Streamingmärkten derzeit intensiver Wettbewerb und auch die jüngst sehr populär gewordene Videotelefonie wird nicht von einem einzelnen Anbieter beherrscht.

Nachdem die beliebten und vielfach genutzten Dienste insbesondere der **GAFMA-Unternehmen**[4] sich wegen der Innovationskraft und Präferenzgerechtigkeit ihrer Angebote lange Zeit großer Beliebtheit erfreut haben und dementsprechend wettbewerbspolitische oder regulatorische Eingriffe mehrheitlich kritisch gesehen worden sind, ist in den letzten Jahren eine wachsende Unzufriedenheit mit der ökonomischen und gesellschaftlichen Macht dieser Dienste bzw. Unternehmen zu beobachten. Diese Unzufriedenheit bezieht sich auf jene Unternehmen, die „ihre" digitalen Ökosysteme dominieren und deren Position kaum mehr angreifbar erscheint. In der Folge haben sowohl die **wettbewerbsrechtlichen Verfahren** gegen die GAFMA-Unternehmen als auch die Rufe nach einer **speziellen Regulierung** dieser Plattformen zugenommen.[5] Letztgenannte Forderung speist sich auch daraus, dass die bisher zur Verfügung stehenden Eingriffsmöglichkeiten – vor allem über das Wettbewerbsrecht – als nicht hinreichend geeignet wahrgenommen wurden, da digitale Ökosysteme eine Reihe von ökonomischen Besonderheiten aufweisen, die sie von vielen traditionellen Märkten unterscheiden. Der Bedarf, entweder die Wettbewerbspolitik geeignet zu modernisieren oder eine zusätzliche Regulierung zu schaffen, wurde dabei in einer Reihe von Expertenstudien bestätigt.[6] 4

4 Gemeint sind die großen Digitalkonzerne Google bzw. Alphabet, Apple, Facebook bzw. Meta, Microsoft und Amazon.

5 Beispielhaft und mit weiteren Literaturhinweisen für die durchaus kontroverse Diskussion: Budzinski ORDO 67 (2016), 385; Schweitzer/Haucap/Kerber/Welker, Modernising the Law on Abuse of Market Power: Report for the Federal Ministry for Economic Affairs and Energy (Germany) 2018, 17.9.2018, abrufbar unter https://dx.doi.org/10.2139/ssrn.3250742; Marsden/Podszun Restoring Balance to Digital Competition; Podszun, Empfiehlt sich eine stärkere Regulierung von Online-Plattformen und anderen Digitalunternehmen?, Gutachten F zum 73. Deutschen Juristentag, 2020.

6 Ohne Anspruch auf Vollständigkeit: Schweitzer/Haucap/Kerber/Welker, Modernising the Law on Abuse of Market Power: Report for the Federal Ministry for Economic Affairs and Energy (Germany) 2018, 17.9.2018, abrufbar unter http://dx.doi.org/10.2139/ssrn.3250742; ACCC Digital Platforms Inquiry, Australian Competition and Consumer Commission Final Report 2019, 26.7.2019, abrufbar unter https://www.accc.gov.au/publications/digital-platforms-inquiry-final-report; Bundesministerium für Wirtschaft und Energie, A New Competition Framework for the Digital Economy: Report by the Commission 'Competition Law 4.0', 3.9.2019, abrufbar unter https://www.bmwk.de/Redaktion/EN/Publikationen/Wirtschaft/a-new-competition-framework-for-the-digital-economy.pdf; Crémer/de Montjoye/Schweitzer Competition Policy for the Digital Era; Furman/Coyle/Fletcher/Marsden/McAuley, Unlocking Digital Competition. Report of the Digital Competition Expert Panel, 13.3.2019, abrufbar unter https://www.gov.uk/government/publications/unlocking-digital-competition-report-of-the-digital-competition-expert-panel; Ofcom, Online Market Failures and Harms: An Economic Perspective on the Challenges and Opportunities in Regulating Online Services. UK Office of Communications Report 2019, 25.3.2022, abrufbar unter https://www.gov.uk/find-digital-market-research/online-market-failures-and-harms-an-economic-perspective-on-the-challenges-and-opportunities-in-regulating-online-services-2019-ofcom; Scott Morton/Bouvier/Ezrachi/Jullien/Katz/Kimmelman/Melamed/Morgenstern, Committee for the Study of Digital Platforms: Market Structure and Antitrust Subcommittee Report 2019, 15.5.2019, abrufbar unter https://research.chicagobooth.edu/-/media/research/stigler/pdfs/market-structure---report-as-of-15-may-2019.pd; UK Competition and Markets Authority, Online Platforms and Digital Advertising, Final Report 2020, 1.7.2020, abrufbar unter https://www.gov.uk/cma-cases/online-platforms-and-digital-advertising-market-study; US Congressional Subcommittee on Antitrust, Commercial and Administrative Law, Investigation of Competition in Digital Markets Report 2020, 2.10.2020, abrufbar unter https://judiciary.house.gov/uploadedfiles/competition_in_digital_markets.pdf?utm_campaign=4493-519. Eine vergleichende und analytische Zusammenfassung liefert Kerber,

5 Zu diesen **ökonomischen Besonderheiten**, die allerdings in verschiedenen digitalen Ökosystemen unterschiedlich stark ausgeprägt und auch keinesfalls immer auftreten, gehören insbesondere die Folgenden:

6 Erstens zeichnen sich digitale Ökosysteme durch nachfrageseitige Größenvorteile aus, welche als direkte oder indirekte Netzwerkeffekte auftreten. **Direkte Netzwerkeffekte** liegen vor, wenn der individuelle Nutzen des einzelnen Netzwerknutzers steigt, je mehr Nutzer an dem Netzwerk teilnehmen.[7] Wird bspw. ein Kommunikationsnetzwerk nur von sehr wenigen Personen genutzt, so ist der individuelle Nutzen gering, dem Netzwerk beizutreten, da nur mit sehr wenigen anderen Nutzern kommuniziert werden kann. Je größer die Menge der Netzwerknachfrager ist, umso größer werden der individuelle Nutzen eines Beitretenden (direkter Netzwerkeffekt) sowie der individuelle Nutzen aller Netzwerkmitglieder (direkte Netzwerkexternalität). Besteht keine Interoperabilität zwischen konkurrierenden Netzwerken, so hat das größte Netzwerk nachfrageseitige Größenvorteile und wird zulasten der kleineren Netzwerke weiterwachsen, möglicherweise bis hin zu einer Monopolstellung. Diese wäre kurzfristig effizient, mittelfristig würden aber sinkende Innovations- und Kosteneffizienzanreize ebenso zu Wohlfahrtsproblemen führen wie die wachsende Wirtschaftsmacht des Netzwerkmonopolisten. Bei starken direkten Netzwerkeffekten, wie sie vor allem bei Kommunikationsnetzwerken auftreten, ist nachhaltiger Wettbewerb wohl nur durch eine Regulierung möglich, die im Wege einer **Interoperabilitätspflicht** gewährleistet,[8] dass Mitglieder unterschiedlicher Kommunikationsnetzwerke wie bspw. Mobiltelefonie oder Messenger miteinander kommunizieren können. Dadurch wird der Anreiz reduziert, zum größten Netzwerk zu wechseln. Während Kommunikationsnetzwerke typischerweise von starken direkten Netzwerkeffekten gekennzeichnet sind, finden sich diese bspw. bei Marktplätzen meist deutlich schwächer ausgeprägt.

7 **Indirekte Netzwerkeffekte** liegen vor, wenn sich ein Dienstanbieter mindestens zwei unterschiedlichen Nachfragegruppen gegenübersieht, bei denen eine verstärkte Teilnahme der einen Nachfrageseite zu einem Zuwachs des individuellen Nutzens bei den Teilnehmern der anderen Nachfragegruppe führt.[9] Beispielsweise sieht sich der Anbieter eines Zahlungssystems (bspw. eine Kreditkarte) den distinkten Nachfragegruppen Konsumenten (die mit der Karte Einkäufe bezahlen wollen) und Geschäftsinhaber (welche die Karte als Zahlungsmittel akzeptieren sollen) gegenüber. Je mehr Konsumenten nun mit der Karte zahlen (wollen), umso größer ist der Nutzen der Geschäftsinhaber, die Karte zu akzeptieren – und umgekehrt (beidseitige positive indirekte Netzwerkexternalität). Charakteristisch sind somit eine Art Henne-Ei-Prob-

---

Updating Competition Policy for the Digital Economy? An Analysis of Recent Reports in Germany, UK, EU, and Australia, 24.10.2019, abrufbar unter http://dx.doi.org/10.2139/ssrn.3469624.

7 Vgl. grundlegend Farrell/Saloner Rand Journal of Economics 16 (1985), 70; Katz/Shapiro American Economic Review 75 (1985), 424; Katz/Shapiro Journal of Economic Perspectives 8 (1994), 93.

8 Scott Morton/Crawford/Crémer/Dinielli/Fletcher/Heidhues/Schnitzer/Seim, Equitable Interoperability: The "Super Tool" of Digital Platform Governance, Tobin Center Policy Discussion Paper, 13.7.2021, abrufbar unter https://tobin.yale.edu/sites/default/files/Digital%20Regulation%20Project%20Papers/Digital%20Regulation%20Project%20-%20Equitable%20Interoperability%20-%20Discussion%20Paper%20No%204.pdf.

9 Rochet/Tirole Rand Journal of Economics 37 (2006), 645; Armstrong Rand Journal of Economics 37 (2006), 668; Dewenter/Rösch, Einführung in die neue Ökonomie der Medienmärkte, 2015.

lem bei der Gewinnung von Nachfragern aus den verschiedenen Gruppen sowie relevante Transaktionskosten, die einen direkten Handel zwischen den Nachfragegruppen verhindern.[10] Dienste, die diese Bedingungen erfüllen, werden in der modernen Wirtschaftswissenschaft als **Plattformen** bezeichnet, wobei es strittig ist, ob positive indirekte Netzwerkeffekte in beide Richtungen konstitutiv sind oder Effekte in nur eine Richtung (mit möglicherweise sogar gegenläufigen Effekten) ausreichen. Plattformen sind von „normalen" vertikalen Wertschöpfungsketten zu unterscheiden, bei denen ein Händler zwar auch Mittler ist, aber selbst als Nachfrager seiner Zulieferer auftritt. Das Angebot eines Online-Marktplatzes bspw. richtet sich an die Nachfragegruppen (i) Konsumenten, die auf dem Marktplatz nach in den Geschäften angebotenen Gütern suchen, und (ii) Geschäftsinhaber, die virtuelle Ladenfläche auf dem Marktplatz nachfragen, um ihre Güter anzubieten. Beide Nachfragegruppen können weitere Dienstleistungen des Marktplatzbetreibers oder von dritter Seite wie Zahlungssysteme, Versicherungsdienstleistungen, Beschwerdemechanismen etc nachfragen. Demgegenüber kauft ein Online-Händler Güter, die ihm von Lieferanten angeboten werden, und verkauft diese an Konsumenten weiter – eventuell auf einem Online-Marktplatz.[11] Neben Marktplätzen sind meist auch Kommunikationsnetzwerke Plattformen. Reichen einseitige indirekte Netzwerkexternalitäten aus, so haben auch werbefinanzierte Dienste und Medien Plattformcharakter. Ähnlich wie direkte Netzwerkeffekte begünstigen auch indirekte Netzwerkeffekte die größte Plattform im Markt und treiben ein weiteres Wachsen dieser Plattform an, sodass dominante Plattformen entstehen können (aber nicht müssen), die wiederum kurzfristig effizient sein können, aber **mittelfristige Wohlfahrtsverluste** mit sich bringen.

Zweitens können digitale Ökosysteme zusätzlich auch durch **angebotsseitige Größenvorteile** gekennzeichnet sein. Signifikante angebotsseitige Größenvorteile (Skaleneffekte und Verbundvorteile) treten unter Umständen in Form von **Sortimentseffekten** auf, wenn Nachfrager relevante One-Stop-Shopping-Präferenzen haben, dh am liebsten alle Güter aus einer Hand erwerben wollen. Diejenigen, die das größte Gütersortiment bieten können, erfahren diese Größenvorteile und können weiter zulasten der Konkurrenz wachsen. **One-Stop-Shopping-Präferenzen** sind unterschiedlich ausgeprägt: Während manche Konsumenten gerne alle Güter über einen Marktplatz erwerben möchten, ziehen andere Nutzen aus der Diversifikation zwischen unterschiedlichen Marktplätzen. Zudem dürfte zumindest bei virtuellen Gütern die Sortimentsbreite und -tiefe kleinerer Anbieter kaum geringer ausfallen als jene des größten – aufgrund der geringen Kosten für Speicherplatz.[12] Andererseits bedeutet die massive Erosion der „Kosten der Geographie" (also der Kosten der Versorgung über die Distanz hinweg, wie Transportkosten, Kultur- und Sprachbarrieren), dass digitale Ökosysteme oftmals interkontinental oder sogar tatsächlich global agieren, sodass unter Umständen wenig Platz für lokale Nischen und lokale Konkurrenz bleibt. Digitale Ökosysteme beruhen typischerweise auf **datenbasierten Geschäftsmo-** 8

10 Caillaud/Jullien Rand Journal of Economics 34 (2003), 309.
11 Amazon Marketplace ist also eine Plattform, Amazon Retail nicht.
12 Es sei denn, andere Aspekte wie die Verfügbarkeit von (Streaming-)Rechten, die Existenz von Exklusivbedingungen (App Stores) etc stehen dem im Einzelfall entgegen.

dellen.[13] Die Verfügbarkeit über mehr (Nutzer-)Daten erlaubt dabei eine überlegene Ausgestaltung der datenbasierten Strategien, sodass die datenreichsten Unternehmen über erhebliche angebotsseitige Größenvorteile verfügen können. Allerdings gilt auch für die Nutzung von Daten das Gesetz des abnehmenden Grenznutzens, das heißt der Größenvorteil aus der Verfügbarkeit von Daten ist in den meisten Märkten nicht nachhaltig genug, um alleine die persistente Dominanz einzelner Unternehmen zu erklären. Zudem geht eine ökonomisch ambivalente Wirkung von Datennutzungseffekten auf die Privatsphäre der Nutzer aus.[14]

9 Ob Wettbewerb zwischen Plattformen und zwischen digitalen Ökosystemen nachhaltig möglich ist, hängt von einer Reihe weiterer Faktoren ab.[15] Allerdings ist aus ökonomischer Sicht nicht nur das sog. **Tipping**, also die Monopolisierung von digitalen Ökosystemen und Plattformmärkten ein gesellschaftliches Wohlfahrtsproblem, sondern auch die **Ausnutzung von relativer Marktmacht** bzw. überlegener Verhandlungsmacht auch bereits unterhalb von Monopol- oder Dominanzschwellen durch bestimmte, zentral in digitalen Ökosystemen platzierte Dienste, Plattformen und Unternehmen. Diese Ausnutzung von Marktmacht zeigt sich dabei nicht nur durch die Verdrängung von tatsächlichen oder potenziellen Wettbewerbern (sog. Kill-Zones), sondern auch in der Ausbeutung von Komplementären innerhalb der digitalen Ökosysteme, die wirtschaftlich bspw. von einem Marktplatzanbieter abhängig sind.[16] Diejenigen, die sozusagen als Torwächter (Gatekeeper) Zugang zu den Konsumenten oder Nutzern bzw. ihrer Aufmerksamkeit (welche im Informationsüberfluss des Internets zum knappen Gut wird) organisieren, verfügen dadurch auch ohne dominante Marktanteile in anderen Bereichen des digitalen Ökosystems über eine **systemische Marktmacht**, welche **Ausbeutungspotenziale** offenbart, die am Ende auch den Konsumenten und der Gesellschaft schaden.[17] Beispiele für wirtschaftlich abhängige Komplementäre können App-Entwickler von den App Stores von Apple und Google, Online-Shops von Amazon und seinen Geschäftsbedingungen oder Anbieter/Schöpfer digitaler Inhalte von YouTube und Instagram (bzw. deren Such- und Empfehlungsrankings) sein. Aus ökonomischer Sicht müssen zu den Ausbeutungspotenzialen aber **Ausbeutungsanreize** kommen, damit ein Problem entsteht. Diese treten spätestens dann auf, wenn der Anbieter eines Marktplatzes oder eines Such- und Empfehlungsrankings selbst Güter auf diesem Marktplatz anbietet bzw. Gegenstand des Rankings ist (sog. Dual Role). Hier entsteht der Anreiz zu wohlfahrtsschädlicher Selbstbevorzugung.[18] Die Kombination aus Gatekeeping-Macht und vertikaler Integration im digitalen Ökosystem schafft also ein Szenario, in welchem wettbewerbs- und wohlfahrtswidrige Handlungen wahrscheinlich werden.

---

13 Zur Datenökonomik v. Rimscha Management and Economics of Communication/Budzinski/Kuchinke S. 21–45; Baumann Handbook of Digital Business Ecosystems/Budzinski/Gaenssle/Lindstädt-Dreusicke S. 349–366.

14 Acquisti/Taylor/Wagman Journal of Economic Literature 54 (2016), 442.

15 Haucap/Heimeshoff International Economics and Economic Policy 11 (2014), 49; Bauer/Latzer Handbook on the Economics of the Internet/Haucap/Stühmeier S. 183–210; v. Rimscha Management and Economics of Communication/Budzinski/Kuchinke S. 21–45.

16 Bougette/Budzinski/Marty Revue d'Economie Politique 129 (2019), 261.

17 Budzinski/Gaenssle/Stöhr Concurrences 17 (2020), 38.

18 Bougette/Budzinski/Marty The Antitrust Bulletin 67 (2022), 190.

Die ökonomischen Besonderheiten digitaler Ökosysteme implizieren eine **Reformnotwendigkeit** bei der Regulierung von Plattformen und Diensten, die über systemische Marktmacht innerhalb dieser Systeme verfügen. Dies könnte einerseits über eine Reform des Wettbewerbsrechts durch Erweiterungen im Bereich der Kontrolle von (systemischer) Marktmacht unterhalb von Dominanzschwellen und der Verhinderung der Entstehung weiterer Vermachtung in solchen digitalen Ökosystemen geschehen (hierzu auch → Rn. 43 ff.). Andererseits kann dies über eine spezielle Verhaltensregulierung jener Plattformen und mächtigen Dienste erfolgen, die als Torwächter einzelne digitale Ökosysteme dominieren. Insbesondere Verpflichtungen zur Interoperabilität und die Unterbindung von Selbstbevorzugung müssten hier aus ökonomischer Sicht im Zentrum stehen. Der darüber hinaus vorgebrachte Vorwurf, die Wettbewerbspolitik sei zu langsam,[19] wird zwar einerseits spektakulär am Google Shopping-Verfahren der EU-Kommission illustriert, das über sechs Jahre gedauert hat.[20] Ohne diesen Ausreißer kann eine systematische Überlänge digitaler Verfahren jedoch nicht festgestellt werden[21] – und wäre wohl auch eine Frage reformbedürftiger institutioneller Bedingungen der Rechtsdurchsetzung.[22] 10

II. Entwicklung des DMA

Infolge einer zunehmend Big Tech-kritischen gesellschaftlichen und politischen Stimmung sowie der oben zitierten Expertenstudien starteten ab Mitte der 2010er Jahre eine Reihe von Reformvorhaben nationaler Wettbewerbspolitiken, die bspw. in Deutschland in die 9. (2017)[23] und 10. (2021)[24] GWB-Novelle mündeten. Alle strebten als Kernziele eine **Verbesserung der Wettbewerbsregeln für die Digitalwirtschaft** an. Weitere Reformschritte waren bereits in Arbeit. Im Februar 2020 stellte die EU-Kommission erstmals ihre Ideen zu einem DSA-Paket vor, das neben einem Digital Services Act (DSA) als neue und eigenständige Regulierung auch ein sog. **New Competition Tool** zur Erweiterung der Wettbewerbspolitik enthalten sollte. Infolge einer öffentlichen Konsultation von Interessengruppen und Experten konzentrierte sich die EU-Kommission schließlich auf die Schaffung einer neuartigen Regulierung, die gemäß ihrem Vorschlag vom Dezember 2020 aus einem modifizierten DSA[25] und dem Digital Markets Act (DMA)[26] bestehen sollte, in welchem sich die marktorientierten Teile des ursprünglichen DSA und Elemente des New Competition Tool mischen. Das Europäische Parlament stimmte dem DMA schließlich im Dezember 2021 mit erheblichen Änderungswünschen zu. Die Trilog-Verhandlungen (zwischen EU-Kommission, EU-Parlament und Rat) im Frühjahr 2022, in denen weitere Ände- 11

19 Marsden/Podszun Restoring Balance to Digital Competition S. 31.
20 EU Kommission 27.6.2017 – AT. 39740 Rn. 38 ff. – Google Shopping.
21 Karg JTÖR 62 (2022), 68 (80–81).
22 Budzinski European Competition Journal 6 (2010), 445; Budzinski/Noskova Stanford Computational Antitrust Journal 2 (2022), 44.
23 Kersting/Podszun 9. GWB-Novelle; Budzinski/Stöhr European Competition Journal 15 (2019), 15.
24 Budzinski/Gaenssle/Stöhr List Forum 46 (2020), 157; Haucap Wirtschaftsdienst 100 (2020), 20; BKKKO 10. GWB-Novelle; Franck/Peitz JECLAP 12 (2021), 513.
25 Zu Analysen s. Cappello (Hrsg,), Unravelling the Digital Services Act Package, 2021; Leistner Journal of Intellectual Property Law and Practice 16 (2021), 778; Karg JTÖR 62 (2022), 68.
26 COM(2020) 842 final.

rungen vorgenommen wurden, führten schließlich zu der finalen Version des DMA, die im Juli 2022 verabschiedet wurde.

III. Der spezifische Ansatz des DMA

12 Der DMA ist weder für alle Unternehmen in allen Märkten (wie das Wettbewerbsrecht) noch allgemein für einen definierten Sektor (wie die Sektorregulierung) anwendbar. Stattdessen werden durch den DMA **„Torwächter"** reguliert, die **„zentrale Plattformdienste"** (welche in Art. 2 Nr. 2 DMA vollständig aufgezählt werden) bereitstellen und hinsichtlich ihrer Tätigkeiten eine gefestigte und dauerhafte wirtschaftliche Position innehaben oder diese in naher Zukunft erreichen werden (Art. 2 Nr. 1, Art. 3 DMA). Zur Konkretisierung werden hierfür Umsatz- und Marktwertschwellenwerte sowie Mindestzahlen der erreichten Endnutzer und gewerblichen Nutzer definiert. Dem DMA liegt somit kein allgemeiner, von einer ökonomischen Theorie geleiteter Macht-, Markt- oder Systembegriff zugrunde. Stattdessen wird im Wesentlichen über die Größe, die Ausübung bestimmter „zentraler" Dienste und die Verfolgung eines plattformbasierten Geschäftsmodells bestimmten und von der EU-Kommission öffentlich zu benennenden Unternehmen eine Torwächterposition zugeschrieben. Der Torwächterbegriff knüpft somit auch nicht an eine in den Medienwissenschaften und der Medienwirtschaft übliche Begrifflichkeit an. Hier wird der Begriff des Torwächters bzw. Gatekeepers üblicherweise als die Fähigkeit verstanden, Informationsflüsse einzuschränken oder zu befördern, sodass Macht in dem Sinn entsteht, dass Gatekeeper den Zugang zum Publikum in Medienmärkten kontrollieren.[27] Zwar dürfte eine so verstandene Gatekeeping-Macht bei vielen der DMA-definierten Torwächter auch vorhanden sein, allerdings wohl auch bei einer ganzen Reihe weiterer, vom DMA nicht erfassten Unternehmen und digitalen Ökosystemen.[28]

13 Die DMA-gemäß definierten Torwächter werden durch die Verordnung einer Reihe von verhaltensspezifischen Verpflichtungen unterworfen (Art. 5–7 DMA, → § 6 Rn. 10–92). Dabei enthält der DMA keine Generalklausel und **keine allgemeine Verbotsformel**, wie sie im Wettbewerbs- und Unlauterkeitsrecht üblich sind. Stattdessen wird ein **Katalog von insgesamt 32 Verpflichtungen** (zuzüglich Unterpunkten) formuliert, der in ihrer Detailtiefe stark divergierende Verbote für und Pflichten der Torwächter definiert. Waren es im ersten Entwurf Ende 2020 noch 18 Verpflichtungen, so ist deren Zahl – und teilweise auch ihr Detailgrad – im Zuge des Gesetzgebungsverfahrens kontinuierlich gestiegen, mutmaßlich auch durch den Einfluss wirtschaftlicher Interessensgruppen. Die Verhaltensauflagen adressieren unter anderem die Gewährung von Datenzugang, die Kombination von Daten aus verschiedenen Quellen, strategische Inkompatibilitäten, Selbstbevorzugung, Diskriminierung von gewerblichen Nutzern sowie Exklusivitäts- und Bündelungsstrategien.

---

27 COM(2020) 825 final; Heinderyckx/Vos Communication & Media 11 (2016), 29; Cappello Unravelling the Digital Services Act Package/Budzinski S. 94–109.

28 Cappello Unravelling the Digital Services Act Package/Budzinski S. 94–109.

B. Rechtsgrundlage, Rechtsnatur und Ziele

Der Digital Markets Act dient der Kontrolle der Macht sog. Torwächter in zentralen Plattformdiensten. Der DMA verfolgt ausweislich seines Erwgr. 11 dabei ein Ziel „[...] das das im Wettbewerbsrecht definierte Ziel, den unverfälschten Wettbewerb auf bestimmten Märkten zu schützen, ergänzt, aber sich davon unterscheidet". Die **originelle Ausrichtung und Rechtsnatur des DMA** zeigt sich auch in der Ausrichtung der Verordnung, der Funktionsweise des Regulierungsinstruments, aber auch in der Wahl der Rechtsgrundlage und den normierten Zielen. 14

I. Rechtsgrundlage

Im Laufe des Gesetzgebungsverfahrens standen aufgrund der Nähe zum Wettbewerbsrecht sowohl Art. 103 AEUV wie auch Art. 114 AEUV als Rechtsgrundlage zur Auswahl. Für **Art. 103 AEUV** hätte eine Weiterentwicklung des Wettbewerbsrechts und eine Konsistenz mit den Zielen der Wettbewerbspolitik gesprochen.[29] Laut manchen Stimmen in der Literatur spricht die (weiterhin bestehende) Unschärfe der Abgrenzung zu den Zielen des Wettbewerbsrechts sogar zwingend für Art. 103 AEUV als geeignetere Rechtsgrundlage.[30] Maßnahmen, die auf der Grundlage von Art. 103 AEUV erlassen worden wären, hätten sich allerdings am Wettbewerbsrecht, insbesondere an der Reichweite des Art. 102 AEUV, orientieren müssen. Die EU-Kommission hat hingegen ein Instrument geschaffen, das über die Ziele des Art. 102 AEUV hinausgeht und auch „sicherstellen [soll], dass Märkte, auf denen Torwächter tätig sind, bestreitbar und fair sind und bleiben – ungeachtet der tatsächlichen, möglichen oder vermuteten Auswirkungen des unter diese Verordnung fallenden Verhaltens eines Torwächters auf einem Markt". Zudem wäre Art. 103 AEUV politisch heikel gewesen, da nach Art. 103 Abs. 1 AEUV dem Europäischen Parlament nur eine anhörende Rolle zugestanden hätte und sein politischer Einfluss damit beschränkt gewesen wäre.[31] 15

Die EU-Kommission begründet die Wahl von **Art. 114 AEUV** nicht nur implizit mit der Heranziehung neuer und eigener Ziele und der pauschalen Aussage, dass sich das Instrument des DMA vom Wettbewerbsrecht unterscheidet, sondern auch mit der Harmonisierungsfunktion der Verordnung, die in der Gewährleistung des reibungslosen Funktionierens des (digitalen) Binnenmarktes und dem Schutz vor Fragmentierung besteht (Erwgr. 8 DMA). Die Harmonisierungsrechtsgrundlage zieht allerdings auch gewisse Einschränkungen nach sich und muss auf „objektiven, gerichtlich nachprüfbaren Umständen" beruhen.[32] Zum Teil kritisch beurteilt werden diese Voraussetzungen von Autoren, die den DMA der Wettbewerbspolitik zuordnen und darauf hinweisen, dass bereits in einigen Mitgliedstaaten Reformen verabschiedet wurden und die Harmonisierung damit eher einen „präventiven" Charakter annimmt.[33] 16

29 Basedow ZEuP 2021, 217; Schweitzer ZEuP 2021, 1.
30 Basedow ZEuP 2021, 217 (219).
31 Eifert/Metzger/Schweitzer/Wagner CMLR 2021, 987 (1000).
32 EuGH 11.6.1991 – C-300/89, ECLI:EU:C:1991:244 Rn. 10 = BeckRS 2004, 76145 – Titandioxid; kritisch Basedow ZEuP 2021, 217 (219).
33 Eifert/Metzger/Schweitzer/Wagner CMLR 2021, 987 (1001).

II. Rechtsnatur als Regulierungsinstrument

17 Der DMA wird als asymmetrische, sektorspezifische, selbstausführende ex-ante Regulierung bezeichnet.[34]

1. Asymmetrische Regulierung

18 Die Asymmetrie ist der Erkenntnis geschuldet, dass wenige große Unternehmen zunehmend Schlüsselrollen einnehmen und digitale Märkte unter sich aufteilen. Ziel des DMA ist es, diese **Schlüsselpositionen**, aber auch benachbarte und nachgelagerte Märkte, wieder „frei“ bzw. **bestreitbar** zu machen und dafür Sorge zu tragen, dass auf den Plattformen faire Bedingungen bestehen. Die Absicht, vor allem die großen GAFMA-Unternehmen einer Regulierung zu unterwerfen, ist hierbei wenig kritisiert worden.[35] Dies entspricht der derzeitigen Entwicklung in der Wettbewerbspolitik (die teils als „Hipster-Antitrust“ bezeichnet wird[36]), die sich von der lange vorherrschenden Chicago School abwendet und sich erneut, wie einst die Harvard School (USA) oder der Ordoliberalismus (EU), dem Thema der wirtschaftlichen Macht zuwendet und diese kritisch beurteilt.[37]

2. Sektorspezifische Regulierung

19 Ob der Regulierungsansatz und Adressatenkreis des DMA sich wirklich als ein spezifischer „Sektor“ beschreiben lässt, ist umstritten und ökonomisch kaum haltbar (→ Rn. 2 ff.). Die Zugehörigkeit zum digitalen Sektor und die Integration in ähnliche Strukturen, wie etwa Plattformen und digitale Ökosysteme, dürfte nicht ausreichen, um von einem eigenständigen Arbeitsmarkt oder Produktionssektor zu sprechen.[38] Ähnlich verhält es sich hinsichtlich der Idee, der DMA sei eine Art „Utilities-Regulierung“.[39] Die Regulierung von klassischen Versorgungsunternehmen oder Infrastrukturen (Utilities) hat meist natürliche Monopole zum Gegenstand.[40] Digitale Infrastrukturen, wie Suchmaschinen, stellen hingegen trotz sehr hoher Marktanteile bestenfalls Quasi-Monopole oder monopolähnliche Marktstellungen dar.[41] Und auch der DMA geht davon aus, dass sogar die Positionen der normierten Torwächter nicht gänzlich unbestreitbar sind (Erwgr. 3 DMA). Eine weitere Besonderheit des DMA ist, dass die Adressaten zwar qualitativ und quantitativ festgelegt werden, dieser Feststellung aber, anders als im Wettbewerbsrecht, **keine Marktdefinition oder Marktanalyse** zugrunde liegt. Vielmehr werden einzelne Dienstleistungen definiert, die in den DMA einbezogen werden (Art. 2 Abs. 2 lit. a–j DMA).

34 Budzinski/Mendelsohn Ilmenau Economics Discussion Papers 27/168 S. 2 ff.
35 Caffarra/Scott Morton The DMA: A translation.
36 Khan JECLAP 9 (2018), 131; krit. Shapiro International Journal of Industrial Organization 61 (2018), 714.
37 Exemplarisch Khan Yale Law Journal 126 (2017), 564; Wu, The Curse of Bigness, 2018; kritisch hingegen Crane The Antitrust Bulletin 64 (2019), 531; Schrepel NYU Journal of Law & Liberty 13 (2020), 326.
38 S. die Definition im Lexikon der Bundeszentrale für politische Bildung: https://www.bpb.de/kurz-knapp/lexika/politiklexikon/296546/wirtschaftssektoren/.
39 Vgl. Rahman Yale Journal of Regulation 35 (2018), 911.
40 Demsetz Journal of Law and Economics 11 (1968), 55.
41 Rahman Georgetown Law Technology Review 2 (2018), 234; krit.: Eifert/Metzger/Schweitzer/Wagner CMLR 2021, 987 (995).

3. Ex-ante Regulierung

20 Der DMA legt seinen Adressaten mehr oder weniger vorformulierte Verhaltenspflichten auf, **ohne dass ein konkreter Wirk- oder Schadensnachweis verlangt wird.** Diese Pflichten beziehen sich vor allem auf die Gewährleistung von Datenzugang und Datennutzung (Art. 5 Abs. 2, 9–10, Art. 6 Abs. 2, 8–11 DMA), die Untersagung von Selbstbevorzugung und Bündelung von Diensten (Art. 5 Abs. 3–4, 6–8, Art. 6 Abs. 5 DMA), den Zugang zu fairen und diskriminierungsfreien Bedingungen (Art. 6 Abs. 12, 13 DMA) und die Herstellung von Interoperabilität (Art. 5 Abs. 5, Art. 6 Abs. 3–4, 6–7 und Art. 7 DMA). Es handelt sich daher um eine verhaltensunabhängige ex-ante Regulierung und auch eher um eine regel- als um eine prinzipien- oder risikoorientierte Regulierung.[42]

4. Selbstausführende Regulierung

21 Die Verpflichtungen wurden ferner als selbstausführende Normen angekündigt.[43] Der DMA-Entwurf unterteilte die Verpflichtungen in solche, die **ohne Weiteres anzuwenden** sind (Art. 5) und weitere, die noch der **Konkretisierung** (Art. 6) **bedürfen.** Die endgültige Fassung hält mit weitergehender Konkretisierung an dieser **Unterscheidung** fest. Die Verpflichtungen nach Art. 6 DMA werden ausweislich der Normüberschrift nunmehr „möglicherweise noch durch Artikel 8 näher ausgeführt".[44] Daraus ergibt sich Folgendes: Nach Art. 8 Abs. 1 S. 2 DMA müssen die Maßnahmen der Torwächter dazu führen, dass die Zielsetzungen des DMA und der jeweiligen Verpflichtung wirksam erreicht werden. Nach Art. 8 Abs. 2 DMA kann die EU-Kommission Durchführungsrechtsakte erlassen, in denen Maßnahmen in diesem Sinne festgelegt werden. Beispielhaft sind dafür die Verpflichtungen nach Art. 6 Abs. 11 und 12 DMA, wonach Online-Suchmaschinen (i) zu fairen, zumutbaren und diskriminierungsfreien Bedingungen Zugang zu Ranking-, Anfrage-, Klick- und Ansichtsdaten bereitstellen und (ii) gewerblichen Nutzern für ihre Software-Anwendungen, Online-Suchmaschinen und Online-Dienste sozialer Netzwerke zu fairen, zumutbaren und diskriminierungsfreien allgemeinen Bedingungen Zugang zu den einschlägigen zentralen Plattformdiensten gewähren müssen. Die Klarheit des Versprechens, selbstausführende Verpflichtungen zu schaffen, dürfte nicht nur durch die Konkretisierungen und Überprüfungen durch die EU-Kommission (Art. 6 und 8 DMA), sondern auch durch zahlreiche Unklarheiten und auslegungsbedürftige Vorgaben und Begrifflichkeiten verschwimmen. Diese Inkonsistenzen könnten wiederum die versprochene Effektivität und Durchsetzungskraft des DMA beeinträchtigen.[45] Viele Stimmen hätten sich an dieser Stelle die Normierung übergeordneter Prinzipien gewünscht.[46]

---

42 Yeung/Morgan, An Introduction to Regulation, 2007, S. 151.

43 Budzinski/Mendelsohn Ilmenau Economics Discussion Papers 27/168 S. 2.

44 Nach Art. 6 Abs. 12 S. 2 und S. 3 DMA sind diese Bedingungen allgemein zu formulieren und zu veröffentlichen und die EU Kommission prüft, ob die veröffentlichten allgemeinen Zugangsbedingungen diesen Maßstäben entsprechen. Nach Art. 8 Abs. 8 DMA prüft die EU-Kommission ferner, ob sichergestellt ist, dass kein Ungleichgewicht zwischen den Rechten und Pflichten der gewerblichen Nutzer besteht und dass die Maßnahmen den Torwächtern keinen unverhältnismäßigen Vorteil verschaffen.

45 Budzinski/Mendelsohn Ilmenau Economics Discussion Papers 27/168 S. 10 ff.

46 Petit JECLAP 12 (2021), 529; BMWK et al., Gemeinsames Positionspapier DMA 2021, 27.5.2021, abrufbar unter https://www.bmwk.de/Redaktion/DE/Downloads/M-O/non-paper-friends-of-an-effective-digital-markets-act.html.

III. Ziele

22 Das bestehende Wettbewerbsrecht und das Regulierungsrecht der Infrastruktursektoren bauen auf Konzepten und Begriffen auf, die sich seit den 1950er Jahren fortentwickelt haben. Lange galt in diesen Bereichen auch der Gedanke, dass sich die Wirtschaftsordnung durch ineinandergreifende Regelungen und Grundprinzipien steuern lässt. Dies scheint nunmehr für den Bereich der digitalen Wirtschaft nicht länger der Fall zu sein. Statt umfangreiche Reformbemühungen anzustreben, hat die EU-Kommission sich für „Gesetze" (Acts) und neuartige Instrumente entschieden. Damit ist die **Formulierung neuer Werte (Values) und Ziele (Goals)** einhergegangen. Neben Fairness und Bestreitbarkeit werden Begriffe wie Transparenz, Neutralität, Interoperabilität und Treu und Glauben herangezogen, um Fragen zu regeln, auf die es im Digitalen noch keine klaren Antworten gibt.[47] Die Werte und Ziele des neuen digitalen Rechtsrahmens sind allerdings derzeit allesamt noch **unklar** und **vage**.

23 Die Sicherstellung von **Bestreitbarkeit** und **Fairness** in digitalen Plattformen sind die zwei Ziele des DMA (s. dessen Erwgr. 11). Die Neuheit und begriffliche Unklarheit dieser Ziele wie auch ihr ungeklärtes Verhältnis zum Wettbewerbsrecht und zu dessen Zielen haben seit Veröffentlichung des DMA-Entwurfs im Dezember 2021 viel Verwirrung verursacht und Kritik geerntet.[48] Problematisch ist hierbei vor allem, dass diese vagen Ziele auf auslegungsbedürftige Verpflichtungen treffen und der EU-Kommission damit einen beachtlichen Ermessensspielraum und gleichzeitig den Torwächtern einen Argumentations- und Beeinflussungsspielraum einräumen.[49] Für viele Autoren ging damit eine unklare Grundausrichtung des DMA einher.[50] Andere konnten dem DMA zumindest eine kohärente Lesart („coherent message"[51]) entnehmen. Nur wenige kamen mit den Begriffen und dem Zusammenspiel zwischen Zielen und Verpflichtungen gut zurecht.[52]

24 Es ist davon auszugehen, dass diese Kritik zur Kenntnis genommen wurde, denn die endgültige Fassung des DMA enthält nunmehr eine (Negativ-)Definition von Fairness und eine Definition von Bestreitbarkeit. Zudem sind zahlreiche Verpflichtungen ausführlicher formuliert als im ersten Entwurf. Bei den ebenfalls neu hinzugekommenen Verpflichtungen für Messengerdienste in Art. 7 DMA stellt sich die Frage, ob **Interoperabilität** als eigenständiges Ziel zu betrachten ist. Dafür spricht die Bedeutung und individuelle Ausrichtung des Prinzips; dagegen spricht, dass der DMA dieses nicht als Ziel kennzeichnet oder definiert. Ob die erfolgten Definitionen und Ergän-

---

47 Wielsch, Private Law Regulation of Digital Intermediaries, Tilburg Private Law Working Paper Series No. 2/2019, 10.4.2019, abrufbar unter https://papers.ssrn.com/abstract=3369592.

48 Vgl. Budzinski/Mendelsohn Ilmenau Economics Discussion Papers 27/168 S. 21; Schweitzer ZEuP 2021, 1; Akman European Law Review 47 (2022), 85; Monopolkommission, Sondergutachten 82: Empfehlungen für einen effektiven und effizienten Digital Markets Act, 5.10.2021, abrufbar unter https://www.monopolkommission.de/images/PDF/SG/sg_dma_volltext.pdf.

49 Budzinski/Mendelsohn Ilmenau Economics Discussion Papers 27/168 S. 21 ff.; Budzinski WuW 2021, 396; in Verbindung mit: Mause/Polk HdB Lobbyismus/Budzinski.

50 Cabral/Haucap/Parker/Petropoulos/Valletti/Van Alstyne, The Digital Markets Act: A Report from a Panel of Economic Experts, Boston University Questrom School of Business Research Paper No. 3783436, 2021, abrufbar unter https://econpapers.repec.org/paper/iptiptwpa/jrc122910.htm; Schweitzer ZEuP 2021, 1.

51 Monti, The Digital Markets Act – Institutional Design and Suggestions for Improvement, TILEC Discussion Paper No. 2021-04, 2021, abrufbar unter https://papers.ssrn.com/abstract=3797730.

52 Wegweisend Podszun/Bongartz/Langenstein, Proposals on How to Improve the Digital Markets Act, 18.2.2021, abrufbar unter http://dx.doi.org/10.2139/ssrn.3788571.

zungen genügen, um Rechtssicherheit zu gewährleisten und weiterhin bestehende Bedenken auszuräumen, wird erst die Praxis zeigen.

1. Fairness

a) Einordnung

25 Bei dem Begriff der Fairness handelt es sich zunächst um einen **sehr weiten, kaum eingrenzbaren Begriff.** Eine Idee der Fairness, die im Recht verankert ist, geht auf die Gerechtigkeitstheorie von Aristoteles zurück und liegt der seither vorherrschenden Unterscheidung zwischen allokativer und distributiver Gerechtigkeit zugrunde.[53] Die allokative Gerechtigkeit oder Marktgerechtigkeit setzt einen fairen Marktprozess voraus, der Güter unter Privaten verteilt.[54] Die distributive oder verteilende Gerechtigkeit, die eher dem öffentlichen Recht zugeordnet wird, verteilt Güter anhand anderer, an öffentlichen Interessen und auch sozialen Zielen angelehnten Maximen.[55] Der Begriff der Fairness, wie er nunmehr verwendet wird, bezieht sich allerdings vermutlich nicht auf den historischen Begriff, sondern stellt einen **neuen Trendbegriff** dar, der in verschiedenen Bereichen des Wirtschaftsrechts anzutreffen ist.

26 Mit diesem Begriff wurde vor allem nach der Finanzkrise von 2008 versucht, Möglichkeiten für eine Wirtschafts- und Wettbewerbspolitik zu entwickeln, die sich von den Modellen der damaligen Hauptströmungen in der Finanzmarktökonomik und Wettbewerbspolitik abwendet.[56] Der Begriff der Fairness kommt aber auch in Diskussionen hinsichtlich der Ziele des Wettbewerbsrechts zum Tragen.[57] Während Fairness wegen ihrer Unberechenbarkeit im Wettbewerbsrecht lange Zeit wenig populär war und einst als „a suitcase full of bottled ethics from which one freely chooses to blend his own type of justice“[58] bezeichnet wurde, erlebt sie nun ein Comeback als Begriff, der sich gegen den effizienzorientierten Ansatz richtet, der dem Einfluss der Chicago School (und auch bestimmten Auslegungen des more economic approach[59]) zugesprochen wird. Die Befürworter behaupten, dass Begriffe wie „Gerechtigkeit, Fairness und Gleichheit [...] in der Struktur des Rechts verankert sind“[60] und dass Fairness die Wettbewerbspolitik in Einklang mit den Interessen der „Gesellschaft“ bringen könne.[61]

27 Was Fairness im Kontext der digitalen Wirtschaft bedeuten kann, wurde noch vor der Veröffentlichung des DMA-Entwurfs, insbesondere in der Studie von Marsden und Podszun, hervorgehoben. Die Autoren verorten **Fairness-Bedenken** speziell in der **Intermediationstätigkeit von Torwächtern** und sehen Macht- und Informationsasymmetrien als Ursache für Ausgleichsbedenken, die über die Effizienz der Wohlfahrts-

53 Aristoteles, Nikomachische Ethik, übersetzt von Eugen Rolfes, 2021, 1129a-1145a.
54 Lane American Political Science Review 80 (1986), 383; Smith, An Inquiry into the Nature and Causes of the Wealth of Nations, 1776.
55 Zur sog. Materialisierung des Privatrechts Canaris AcP 200 (2000), 273.
56 Mendelsohn, Systemrisiko und Wirtschaftsordnung, 2018, Kap. 2.
57 Fox Fordham Law Review 81 (2013), 2157.
58 Stigler Journal of Legal Studies 1 (1972), 1 (4).
59 Zur Diskussion um den more economic approach, Wettbewerbsfreiheit und Fairness siehe Engel/Möschel Recht und spontane Ordnung/Hellwig S. 231; Budzinski FS Eickhof, 2008, 15; Schmidt ORDO 59 (2008), 209; Drexl/Kerber/Podszun Competition Policy/Vanberg S. 44; Budzinski FS Hartwig, 2013, 145.
60 Colino Journal of Business Law 2019, 329; Gerard JECLAP 9 (2018), 211.
61 Lamadrid de Pablo JECLAP 8 (2017), 147.

produktion durch Gewinnmaximierung hinausgehen.[62] Die Autoren stellen zudem fest, dass ein gewisses Maß an gesellschaftlichem Vertrauen in das System des Wettbewerbs und seine Marktteilnehmer notwendig ist, damit die allgemeine Akzeptanz dieses Systems erhalten bleibt. Während Fairness bereits die Grundlage für Regelungen gegen unlautere Geschäftspraktiken und missbräuchliche Vertragsklauseln bildet, sollte sie demnach auch als Grundlage für „vernünftige" Marktregeln im Allgemeinen dienen.[63]

28 Neu ist die Verwendung des Begriffs der Fairness als normativ-politisches Ziel im Zusammenhang mit dem digitalen Binnenmarkt. Laut **empirischen Nachforschungen**[64] begann die Juncker-Kommission mit Margrethe Vestager als EU-Kommissarin für Wettbewerb diesen Begriff 2015 zu verwenden – allerdings nur wenige Male. Dies setzte sich in der von der Leyen-Kommission fort: Der Begriff wurde ab 2020 immer häufiger (40–120 Mal von Anfang bis Ende 2020) verwendet. Mit Verabschiedung der P2B-VO (VO (EU) 2019/1150) und den Plänen zur Einführung des DMA, des DSA und des Data Act nahm dieser Zug Fahrt auf. Zwischen Ende 2021 und Anfang 2022 wurde Fairness teilweise in einzelnen Entwürfen und anderen Konsultationsdokumenten über 100 Mal verwendet, blieb allerdings bis Mitte 2022 undefiniert. Eine etablierte Verwendung des Begriffs der Fairness, die hierbei an allgemeinem Interesse gewonnen hat, ist in den patentrechtlichen Anforderungen an sog. **„FRAND"-Bedingungen** – faire, angemessene und diskriminierungsfreie Lizenzbedingungen und -gebühren – zu finden.[65] Ähnliche Anforderungen sind zahlreich im DMA, aber auch im Entwurf des Data Acts enthalten. Allerdings bereitet dieser Begriff im Patentrecht den Parteien und Gerichten erhebliche Auslegungsschwierigkeiten, die nicht als ausgefochten gelten.[66]

b) Negativdefinition und Verortung

29 Im Laufe des Gesetzgebungsverfahrens (bzw. mit Veröffentlichung der Trilog-Fassung) wurde der Begriff der Fairness definiert. Der DMA definiert „Fairness" zunächst nur negativ und umschreibt in seinem Erwgr. 33 „unfaire" Umstände wie folgt:

„Für die Zwecke dieser Verordnung sollte sich ‚unfair' auf ein Ungleichgewicht zwischen den Rechten und Pflichten gewerblicher Nutzer beziehen, durch das der Torwächter einen unverhältnismäßigen Vorteil erlangt."

---

62 Marsden/Podszun Restoring Balance to Digital Competition S. 38.

63 Marsden/Podszun Restoring Balance to Digital Competition S. 44. Aber auch die Studie zur Wettbewerbspolitik im Digitalen von Crémer, de Montjoye und Schweitzer hebt die Bedeutung von Fairness hervor: „[P]latforms […] have a responsibility to ensure that competition on their platforms is fair, unbiased, and pro-users." (Crémer/de Montjoye/Schweitzer Competition Policy for the Digital Era S. 5).

64 Hierbei wurden insgesamt 330 veröffentlichte und über offizielle Datenbanken abrufbare Dokumente von fünf Institutionen der Europäischen Union – EU-Kommission, Europäisches Parlament, Rat der Europäischen Union, Wirtschafts- und Sozialausschuss, Generaldirektion Wettbewerb der EU-Kommission – aus den Jahren 2010–2022 auf den Begriff der Fairness durchsucht. Wir danken Lukas Breide für die Unterstützung bei dieser empirischen Nachforschung.

65 Als FRAND-Erklärung bezeichnet man die Erklärung des Patentinhabers gegenüber einer Standardisierungsorganisation, jedem Interessenten zu fairen, angemessenen und nicht diskriminierenden Bedingungen (fair, reasonable and non-discriminatory terms = FRAND) eine Lizenz zu erteilen.

66 Zuletzt BGH 5.5.2020 – KZR 36/17, GRUR 2020, 961 – Huawai/ZTE; EuGH 16.7.2015 – C-170/13, ECLI:EU:C:2015:477 – Huawei Technologies/ZTE Corp.

Mit dieser Definition wird der weite, gar uferlose Begriff der Fairness funktional begrenzt. Es geht vor allem um das **Machtgefälle** zwischen Torwächtern und gewerblichen Nutzern (also vertikalen, aber auch horizontalen Wettbewerbern), das in Konditionen und Bedingungen Ausdruck findet, die von den Torwächtern verwendet werden. Dieses Machtgefälle ist nicht nur auf den Marktversagensgrund der **„Marktmacht“** der Torwächter, sondern auch auf ihre **normative Regelsetzungsmacht** zurückzuführen: Allein die Torwächter entscheiden über die Bedingungen und Spielregeln in diesen Strukturen.[67] Der DMA verhält sich dabei ähnlich wie die P2B-VO oder die AGB-Kontrolle. Er geht davon aus, dass „schwerwiegende Ungleichgewichte bei der Verhandlungsmacht [...] zu unfairen Praktiken und Bedingungen für gewerbliche Nutzer und Endnutzer [...] führen“ (Erwgr. 4 DMA). Dies erinnert zudem stark an das Konzept der relativen und überlegenen Marktmacht in § 20 GWB.[68] Anders als das Wettbewerbsrecht ermöglicht der DMA aber das Eingreifen in ein Marktgeschehen, ohne dass ein normativer Zusammenhang zum Wettbewerbsgeschehen oder den Marktbedingungen besteht.[69] Auch wird ganz allgemein von einer überlegenen (Verhandlungs-)Macht ausgegangen und das regulatorische Eingreifen (bzw. die Annahme der Unfairness) wird, anders als im GWB, nicht auf Fälle der Abhängigkeit und mangelnden Ausweichmöglichkeiten beschränkt. 30

Verpflichtungen, die mit Fairness in Verbindung zu bringen sind, sind vor allem in Art. 5 Abs. 7–10 und Art. 6 Abs. 2 und Abs. 11–13 DMA enthalten. In diesen Regelungen geht es vor allem darum, dass trotz der Intermediationsmacht (→ Rn. 43 ff., vgl. § 18 Abs. 3b GWB) der Torwächter gerechte, neutrale und nicht-selbstbevorzugende Austauschbedingungen herrschen. Bedingungen und Parameter sollen zudem transparent gehandhabt werden, um Informationsasymmetrien abzubauen. Zudem sollen Nutzer und Verbraucher in Bezug auf die Nutzung und Weitergabe ihrer Daten nicht ausgebeutet werden. Der Inhalt einer Mehrzahl dieser Klauseln war in der Vergangenheit Gegenstand von Wettbewerbsverfahren gegen die GAFMA-Unternehmen,[70] auch wenn hier „Fairness“ keine explizite Rolle spielte. 31

Durch die nunmehr bestehende Definition wird die grundsätzliche **Zielrichtung** der Regulierung im Hinblick auf Fairness klarer. Obwohl keine Märkte, sondern (Kern-)Dienstleistungen definiert werden, geht es darum, bestehende digitale Strukturen oder Quasi-Monopole, bei denen hohe Markteintrittsschranken bestehen und kein paritätischer oder diskriminierungsfreier Konditionenwettbewerb stattfindet, aufzubrechen und hier die Macht der wenigen Konzerne einzudämmen und die zentralen Plattformdienste und nachgelagerten Märkte wieder für fairen Wettbewerb zu öffnen. 32

67 Eifert/Metzger/Schweitzer/Wagner CMLR 2021, 987 (991); Mendelsohn MMR 2021, 857.
68 Zur Anwendung bei Digitaldaten (Schnittstelleninformationen): OLG München 25.1.2021 – 21 U 145/20, WuW/E DE-R 251 (252) – Fahrzeugdaten.
69 Eifert/Metzger/Schweitzer/Wagner CMLR 2021, 987 (1000).
70 S. Caffarra/Scott Morton The DMA: A translation.

2. Bestreitbarkeit

a) Hintergründe

33 Im Gegensatz zur Fairness war die „Bestreitbarkeit" bis zum DMA-Entwurf kein gängiger Begriff in den einschlägigen wettbewerbspolitischen Diskussionen. Bekannt ist er vor allem aus der Mikroökonomik der 1980er Jahre. Die Theorie bestreitbarer Märkte, wie sie von William Baumol und anderen[71] entwickelt wurde, befasst sich mit der Idee, dass bereits **potenzieller Wettbewerb** ausreichen kann, um einen Monopolisten so zu disziplinieren, dass er sich wie im Wettbewerb verhält, also keine Marktmacht ausnutzt. Somit verursachen (Quasi-)Monopole kein Wettbewerbsproblem, solange die Märkte bestreitbar sind und ein Markteintritt zur Abschöpfung der Gewinne des Monopolisten immer und sofort möglich ist. Einerseits wurde die Theorie der bestreitbaren Märkte als Unterstützung der Chicago School angesehen, da sie die Bedeutung des potenziellen Wettbewerbs stärke und die Selbstheilungskräfte des Marktwettbewerbs betone. Andererseits entwickelt die Baumol'sche Theorie die Voraussetzungen für die Bestreitbarkeit von Märkten (insbesondere das Problem der versunkenen Kosten) sehr gründlich. Dabei zeigt sich, dass die Voraussetzungen für eine perfekte Bestreitbarkeit sehr restriktiv sind und in realen Märkten nur selten erfüllt werden. Somit zeigt die Theorie der bestreitbaren Märkte im Grunde die Grenzen des potenziellen Wettbewerbs auf und verdeutlicht, dass dieser in realen Märkten meist nicht die Ineffizienzen eines (Quasi-)Monopols heilen kann.[72] Da die Bestreitbarkeit in der realen Welt in der Regel unvollkommen ist, ist eine Wettbewerbspolitik erforderlich, um wettbewerbswidriges Verhalten zu bekämpfen und wettbewerbsfähige Marktstrukturen zu erhalten.

b) Definition und Verortung

34 Bestreitbarkeit wird in Erwgr. 32 DMA wie folgt definiert:

„Für die Zwecke dieser Verordnung sollte sich ‚Bestreitbarkeit' auf die Fähigkeit von Unternehmen beziehen, Hindernisse für einen Markteintritt oder eine Expansion wirksam zu überwinden und den Torwächter aufgrund der Vorzüge ihrer Produkte und Dienstleistungen herauszufordern."

Diese Definition bestätigt, dass der DMA, im Gegensatz zur klassischen Utilities-Regulierung nicht davon ausgeht, dass die Markt- oder Monopolmacht der Torwächter vollkommen „unbestreitbar" ist bzw. sich so weit verfestigt hat, dass kein Raum für Wettbewerb auf und um die Marktpositionen der Torwächter besteht. Vielmehr geht der DMA im Rahmen dieses Begriffs davon aus, dass Torwächter prinzipiell unter Wettbewerbsdruck gesetzt werden können, wenn auch nur mithilfe einer Regulierung. Der Legitimation des DMA lässt sich allerdings entnehmen, dass bereits von einem **gewissen Tipping** ausgegangen wird. Unklar ist jedoch, wie weit ein solches fortgeschritten ist und die Marktmacht sich verfestigt hat. Ferner kann der DMA das Tipping (→ Rn. 9) zukünftiger Torwächter nicht verhindern.[73]

71 Baumol American Economic Review 72 (1982), 1–15; Baumol/Panzar/Willig, Contestable Markets and the Theory of Industry Structure, 1982.
72 Audretsch/Baumol/Burke International Journal of Industrial Organization 19 (2001), 613.
73 Budzinski/Mendelsohn Ilmenau Economics Discussion Papers 27/168 S. 18 f.

Die in Erwgr. 32 DMA enthaltene Definition kann auch dazu beitragen, das Ziel der Bestreitbarkeit von den üblichen wettbewerbsrechtlichen Zielen abzugrenzen. In der Tat haben mehrere Autoren bereits darauf hingewiesen, dass es dem DMA nicht nur um den Schutz des Wettbewerbs auf abgrenzbaren Märkten[74] und den Wettbewerb um Märkte bzw. den Zugang zu Märkten und Diensten geht, sondern auch um **Wettbewerb auf anderen, weiteren Märkten.**[75] Mit Bezug auf die Bestreitbarkeit werden Torwächter vor allem als „Zugangstore zu gewerblichen Nutzern und Endnutzern" (Erwgr. 24 DMA) beschrieben. Obwohl der DMA auch die eigentlichen (zentralen) Torwächterdienste bestreitbar machen will, geht es vor allem darum, durch Öffnung dieser „Zugangstore" Wettbewerb auf weiteren Märkten und um weitere Dienste zu ermöglichen. Dies spiegeln auch die relevanten **Verpflichtungen** wider. Verpflichtungen, welche die Bestreitbarkeit umsetzen, sollen vor allem den Markteintritt oder den Zugang zu Daten und Diensten erleichtern; sie sollen ferner verhindern, dass Torwächter ihre Macht unkontrolliert auf andere oder benachbarte Märkte ausweiten können, sowie sicherstellen, dass der Marktgegenseite (vor allem den Nutzern) ein reibungsloser Wechsel zwischen Diensten ermöglicht wird.[76] Zum Teil erinnern diese Verpflichtungen stark an die Verfahren der EU-Kommission gegen Google[77] und Apple[78].[79] 35

Bei der Bestreitbarkeit geht es demnach nicht nur um den Schutz, sondern auch um die **Schaffung von Wettbewerb**, wo etablierte Strukturen und Praktiken diesen nicht (mehr) hervorbringen. Bewusst dienen beide Ziele auch dazu, sich vor allem von dem konsumentenwohlfahrtsorientierten Ansatz des Wettbewerbsrechts abzugrenzen und Regelungen zu etablieren, die zu einer Marktöffnung führen, ohne dass diese im Einzelfall an einen Nachweis unmittelbarer positiver Wirkungen für den Konsumenten gebunden wäre. 36

3. Interoperabilität?

Der Entwurf des DMA enthielt zunächst nur in Art. 5 und 6 Verpflichtungen. Im Laufe des Gesetzgebungsverfahrens sind allerdings weitere Verpflichtungen in Art. 7 DMA aufgenommen worden, konkret die Interoperabilitätsverpflichtung nummernunabhängiger interpersoneller Kommunikationsdienste. Hierbei geht es vor allem um **Messengerdienste** wie WhatsApp, Facebook (Messenger) und Instagram (Direct Messenger), aber auch um die Dienste von Signal/Telegram und Snapchat und möglicherweise um konkurrierende Dienste wie Zoom, MS Teams und MS Skype.[80] 37

---

74 Zimmer/Göhsl ZWeR 2021, 29.

75 Schweitzer ZEuP 2021, 1 (7): „competition for the market, competition on the market and competition on other markets".

76 Dies soll aber auch zu fairen (FRAND) Bedingungen geschehen.

77 EU-Kommission 27.6.2017 – AT.39740 – Google Shopping; EU-Kommission 18.7.2018 – AT.40099 – Google Android; EU-Kommission (laufendes Verfahren) – AT.40670 – Google Adtech.

78 EU-Kommission (laufendes Verfahren) – AT.40437 und 40716 – Apple.

79 Caffarra/Scott Morton The DMA: A translation.

80 S. Bundesnetzagentur, Interoperabilität zwischen Messengerdiensten, 2021, abrufbar unter https://www.bundesnetzagentur.de/SharedDocs/Downloads/DE/Sachgebiete/Digitales/OnlineKom/diskussionspapier_IOP.pdf, S. 4: „Die Verbraucherbefragung der Bundesnetzagentur zeigt, dass unter den deutschen Nutzern die Messengerdienste WhatsApp (93 %), Facebook Messenger (39 %) und Instagram Direct Messages (25 %) am weitesten verbreitet sind. Alle drei Dienste sind mit dem Meta-Konzern (ehemals Facebook) verbunden. Konkurrierende Dienste wie Skype (20 %), Zoom (18 %), Telegram (16 %), Microsoft Teams (14 %), Snap-

38 Grundsätzlich verspricht größere Interoperabilität erhebliche Vorteile für den Wettbewerb und wirkt Marktversagen im Digitalen entgegen.[81] So plädieren Kades und Scott Morton dafür, dass durch Interoperabilitätsbestimmungen **Netzwerkeffekte**, die zurzeit in einzelnen Unternehmen realisiert werden, sich **über den Markt verteilen** könnten.[82] Demnach könnte sich (laut den Befürwortern) „anstelle des Wettbewerbs um die größte Zahl an Nutzern ein stärkerer Wettbewerb um Funktionen oder Datenschutzniveaus entwickeln (‚Wettbewerb im Markt statt Wettbewerb um den Markt')".[83]

39 Der enge Anwendungsbereich und die Tatsache, dass Interoperabilität nicht Ziel als definiert wird, spricht wohl dagegen, sie als eigenständiges Regulierungsziel des DMA zu betrachten (→ Rn. 24). Vielmehr **dient** auch sie **der Bestreitbarkeit** dieser Kommunikationskanäle. Soweit Torwächter die für die Interoperabilität erforderlichen technischen Schnittstellen oder ähnliche Lösungen auf Antrag unentgeltlich bereitzustellen haben (Art. 7 Abs. 1 DMA), wird hierbei auch eine Art Fairness adressiert.

C. Kontext

40 Auch wenn der Anwendungsbereich des DMA sehr spezifisch ausgerichtet ist, bestehen zahlreiche Wechselwirkungen und Interdependenzen zu anderen Bereichen des (digitalen) Wirtschafts- und Regulierungsrechts. Das **Ineinandergreifen** dieser Regelungen und Instrumente ist eine zentrale Herausforderung der nächsten Jahre.

I. DMA als Baustein des digitalen Binnenmarktes

41 Die besonderen Eigenschaften der Digitalwirtschaft haben die bestehenden Wettbewerbsvorschriften und den wirtschaftlichen Ordnungsrahmen in den vergangenen Jahren vor Herausforderungen gestellt. So wird in Politik und Wissenschaft angemerkt, dass diese Regelungen, die ihren Ursprung in der Nachkriegszeit haben, dem digitalen Zeitalter nicht mehr gewachsen sind. Die Digitalwirtschaft benötige demnach nicht nur neue Regeln, sondern einen **neuen Regelungs- oder Ordnungsrahmen** samt neuer Ansätze und Instrumente.[84]

---

chat (14 %) oder Signal (13 %) sind deutlich weniger verbreitet. Im Vergleich zur Erhebung aus dem Jahr 2019 konnten die Konkurrenten Nutzungsanteile hinzugewinnen […]. WhatsApp wird mit großem Abstand weiterhin am häufigsten genutzt. Mehr als 78 % der Nutzer verwenden WhatsApp als ihren ‚Hauptdienst'."

81 Scott Morton/Crawford/Crémer/Dinielli/Fletcher/Heidhues/Schnitzer/Seim, Equitable Interoperability: The "Super Tool" of Digital Platform Governance, Tobin Center Policy Discussion Paper, 13.7.2021, abrufbar unter https://tobin.yale.edu/sites/default/files/Digital%20Regulation%20Project%20Papers/Digital%20Regulation%20Project%20-%20Equitable%20Interoperability%20-%20Discussion%20Paper%20No%204.pdf; Kerber/Schweitzer JIPITEC 8 (2017), 39.

82 Kades/Scott Morton, Interoperability as a Competition Remedy for Digital Networks, 2021, abrufbar unter https://papers.ssrn.com/sol3/papers.cfm?abstract_id=3808372, S. 30: „Having a remedy in its toolkit that removes network effects at the level of the company – and instead makes them operate at the level of the market, available to all – will be of tremendous benefit to future consumers."

83 Bundesnetzagentur, Interoperabilität zwischen Messengerdiensten, 2021, abrufbar unter https://www.bundesnetzagentur.de/SharedDocs/Downloads/DE/Sachgebiete/Digitales/OnlineKom/diskussionspapier_IOP.pdf, S. 4.

84 Marsden/Podszun Restoring Balance to Digital Competition S. 16 ff.

Mit dem DMA – und gemeinsam mit dem DSA – ist dieses Bedürfnis noch nicht gedeckt. Hinzu kommen derzeit zahlreiche weitere Verordnungen, die sich den **Besonderheiten der Digitalwirtschaft** widmen. Dazu gehören vor allem die datenbezogenen Verordnungen – der Data Governance Act und der Data Act.[85] Daneben werden digitale Dienstleistungen und Produkte (zB Chatbots) in der KI-Verordnung mit neuen Transparenz- und Erklärbarkeitsanforderungen versehen.[86] Nach der umfassenden Reform des Verbraucherprivatrechts und der Einführung des Rechts der digitalen Angebote (Produkte, Leistungen)[87] folgt nun auch der Entwurf einer neuen Produkthaftungsrichtlinie.[88] In diesem Kontext ist nicht zu vergessen, dass das klassische Wettbewerbsrecht durch eine neue Vertikal-Gruppenfreistellungsverordnung[89] eine Neuerung erfährt. 42

II. Verhältnis zum europäischen und deutschen Wettbewerbsrecht

Da der DMA aus der wettbewerbspolitischen Notwendigkeit der Neuregelung von Digitalsachverhalten entstanden ist, wird vor allem das Zusammenspiel mit dem europäischen und nationalen Wettbewerbsrecht eine wichtige Herausforderung sein. Idealerweise sollten sich die Normenkomplexe ergänzen oder gar bestärken, dafür müssten sie sich aber auch zunächst hinreichend unterscheiden. 43

Zu den bedeutsamen **Unterschieden** zwischen Wettbewerbsrecht und DMA soll neben den Zielen (→ Rn. 22 ff.) und den Adressaten (→ Rn. 18) der Wandel von einer ex-post Eingriffsverwaltung zu einer **ex-ante Regulierung** stehen.[90] Das Wettbewerbsrecht ist allerdings selbst eine Mischung aus ex-ante Regeln (Kartellverbot, Fusionskontrolle) und ex-post Kontrolle (Kartellausnahmen, Missbrauchsaufsicht). Dieser Wandel bezieht sich demnach auf das wettbewerbsrechtliche Verbot des Missbrauchs einer marktbeherrschenden Stellung (Art. 102 AEUV, § 19 GWB), das in der Tat in der Durchsetzung ex-post wirkt, dh eine stattfindende Strategie eines Marktbeherrschers wird geprüft und für missbräuchlich befunden (oder nicht). Dementgegen sollen die Verpflichtungen des DMA für die Adressaten bereits ex-ante wirken, also ohne vorige Feststellung eines rechtswidrigen Verhaltens. 44

Der – im Rahmen der Diskussion auch beklagte – **Nachteil einer ex-post Kontrolle** liegt darin, dass die missbräuchliche Strategie bereits stattfindet und Schaden anrichtet, bevor sie im Zuge eines (uU langen und komplexen) Kontrollverfahrens unterbunden (und ggf. sanktioniert) wird. Insbesondere wenn der verursachte Schaden für den Wettbewerb irreversibel sein sollte, stellt dies offensichtlich ein Problem dar. Lange Verfahrensdauern erhöhen zudem die Schäden und ggf. auch die Wahrscheinlichkeit, dass diese irreversibel sind. Der **Nachteil einer ex-ante Kontrolle** liegt wiederum darin, dass die missbräuchlichen und die gesellschaftliche Wohlfahrt schädigenden Strategien im Voraus bekannt sein müssen, um sie zu verhindern. Sind die Wirkungen 45

85 EU-Kommission, Vorschlag Data Governance Act, 25.11.2020, COM(2020) 767 final; EU-Kommission, Vorschlage Data Act, 23.2.2022, COM(2022) 68 final.
86 EU-Kommission, Vorschlag KI-Verordnung, 21.4.2021, COM(2021) 206 final.
87 Richtlinie (EU) 2019/771 (Warenkaufrichtlinie); Richtlinie (EU) 2019/770 (Digitale-Inhalte-Richtlinie).
88 EU-Kommission, Vorschlag AI Liability Directive, 28.9.2022, COM(2022) 496 final.
89 Verordnung (EU) 2022/720 über die Anwendung des Art. 101 AEUV auf vertikale Vereinbarungen.
90 Botta JECLAP 12 (2021), 500; Petit JECLAP 12 (2021), 529.

ex-ante unklar oder ist die Strategie im Voraus vielleicht gar nicht bekannt, muss eine ex-ante Kontrolle fehlschlagen. Demgegenüber kann eine ex-post Kontrolle über eine wirkungsbasierte Generalklausel auch bisher unbekannte Strategien bekämpfen und damit auch solche Verhaltensweisen adressieren, die bisher nicht als wettbewerbswidrig galten, bei denen sich aber durch neue Evidenz und Erkenntnisse die rechtliche Einschätzung ändert. Aus den spezifischen Eigenschaften von ex-ante- und ex-post Kontrolle ergibt sich, dass eine ex-ante Kontrolle dann vorteilhaft ist, wenn dem Gesetzgeber bzw. den Regulierern die den Unternehmen möglichen Strategien und die wettbewerblichen Wirkungen dieser Strategien gut bekannt sind.[91]

46 Die Digitalwirtschaft gehört zu den jüngeren und innovationsdynamischsten Industrien in der modernen Wirtschaft. Ihre führenden Unternehmen gelten als besonders innovativ und kreativ – und das gilt sowohl für prowettbewerbliche als auch für antiwettbewerbliche Strategien. Das bedeutet, dass in zahlreichen Fällen weder die Strategien digitaler Ökosysteme noch deren Wirkungen ex-ante bekannt sind. Nicht zufällig spiegeln die Verpflichtungen des DMA über weite Strecken genau die Strategien von Torwächtern wider, die bereits Gegenstand von Verfahren der wettbewerbsrechtlichen Missbrauchsaufsicht waren oder derzeit sind. Folgerichtig wird befürchtet, dass vor allem **veraltete, bereits adressierte und „verbrannte“ Verhaltensweisen** untersagt werden, die innovative und kreative Unternehmen problemlos durch neue, heute noch unbekannte antiwettbewerbliche Verhaltensweisen ersetzen können.[92] Ist dies zutreffend, kann dadurch die Wirkung des DMA geschwächt werden und die Hauptlast läge weiterhin bei der wettbewerbsrechtlichen Missbrauchsaufsicht. Der DMA enthält zwar die Möglichkeiten, den bestehenden Verpflichtungskatalog zu aktualisieren (Art. 12 DMA), allerdings wird dies vorrausichtlich mit erheblichem Verfahrensaufwand verbunden sein (ausführlicher hierzu → § 7 Rn. 42).

47 Auch bleibt abzuwarten, ob die ex-ante Regulierung des DMA zu kürzeren Verfahrensdauern führt als eine wettbewerbsrechtliche ex-post Kontrolle. Das gilt auch für die wettbewerbsrechtliche Missbrauchskontrolle selbst, denn die diagnostizierten Probleme des bisherigen Systems ließen sich ja möglicherweise durch eine **Reform der Missbrauchsaufsicht** reduzieren oder beheben. Diesen Weg geht bisher der deutsche Gesetzgeber, der mit den jüngsten sowie den derzeit geplanten Novellen des GWB insbesondere versucht, den wettbewerbsrechtlichen Durchgriff gegen marktmachtmissbräuchliche Strategien in digitalen Ökosystemen zu verbessern und zu verstärken. Dabei wird insbesondere auch eines der aus ökonomischer Sicht bestehenden Hauptprobleme des traditionellen Wettbewerbsrechts angegangen, nämlich die strikte Voraussetzung von traditionell definierter Marktmacht auf einem klar abgegrenzten Markt: **§ 19a GWB** enthält nunmehr das Konzept einer **überragenden marktübergreifenden Bedeutung**, das eine Form von systemischer Marktmacht beschreibt, wie sie in digitalen Ökosystemen besonders häufig vorzufinden ist. Die neue Vorschrift er-

91 Ausführlicher zum gesamten Absatz: Budzinski/Mendelsohn Ilmenau Economics Discussion Papers 27/168 S. 25 ff.

92 Budzinski/Mendelsohn Ilmenau Economics Discussion Papers 27/168 S. 25 ff.; Caffarra/Scott Morton, How Will the Digital Markets Act Regulate Big Tech?, ProMarket, 11.1.2021, abrufbar unter https://www.promarket.org/2021/01/11/digital-markets-act-obligations-big-tech-uk-dmu/.

möglicht nun, den Missbrauch einer überragenden marktübergreifenden Bedeutung zu sanktionieren.[93] Gleichzeitig wurden die behördlichen Möglichkeiten erweitert, einen Missbrauch überlegener Verhandlungsmacht im Sinne einer relativen Marktmacht zu kontrollieren (§ 20 GWB).[94]

Die zukünftige wettbewerbsrechtliche und regulierungsrechtliche Praxis mag dabei erst aufzeigen, welcher Weg besser funktioniert oder ob DMA und (modernisiertes und erweitertes) Wettbewerbsrecht einander ergänzen. Auch ein **institutioneller Wettbewerb** – der Wettbewerb zwischen zwei rechtlichen Systemen oder Ansätzen – kann regulatives Wissen schaffen,[95] führt aber zwangsläufig auch zu einer Divergenz der wettbewerbsrelevanten Regeln. Dies wird dadurch verstärkt, dass auch außerhalb der EU zahlreiche Jurisdiktionen ihr Wettbewerbsrecht im Bereich der Missbrauchsaufsicht erheblich reformieren und/oder zusätzliche Regulierungen einfügen, darunter auch die USA, Australien und Großbritannien. Da digitale Ökosysteme in den meisten Fällen global agieren, schafft und verstärkt eine **Inkonsistenz der Wettbewerbsregeln** in den verschiedenen Ländern wohlfahrtssenkende Friktionen und stellt die kooperativen Ansätze und die internationale Zusammenarbeit vor neue Herausforderungen.[96] 48

D. Zusammenfassung

Die Digitalwirtschaft hat große digitale Plattformen und Ökosysteme hervorgebracht. Diese zeichnen sich durch ökonomische Besonderheiten aus, die neue Strukturen und Machtkonzentrationen geschaffen haben und die Wirtschaftsordnung insgesamt, aber vor allem die Wettbewerbspolitik, vor neue Herausforderungen stellen. Neben dem Digital Services Act ist der Digital Markets Act der neue marktorientierte Ansatz, um digitale Strukturen für Wettbewerb zu öffnen und digitale Dienste in Zukunft bestreitbarer und fairer zu gestalten. Der DMA ist in vielerlei Hinsicht ein Novum. Nicht nur die **Adressaten** („Torwächter“ in digitalen Diensten statt marktmächtiger Unternehmen), sondern auch die **Ziele** (Bestreitbarkeit und Fairness) und der asymmetrische **ex-ante Ansatz** unterscheiden sich von den gängigen Methoden und Ansätze des Europäischen Wettbewerbs- und Regulierungsrechts. Um die Effektivität des DMA zu gewährleisten, müssen seine Inhalte und Ziele weiter fortentwickelt werden und eine sinnvolle **Abgrenzung zum EU- und nationalen Wettbewerbsrecht** erfolgen. 49

93 Budzinski/Gaensslе/Stöhr List Forum 46 (2020), 157; Haucap Wirtschaftsdienst 100 (2020), 20; Franck/Peitz JECLAP 12 (2021), 513.
94 Budzinski/Gaenssle/Stöhr List Forum 46 (2020), 157; Haucap Wirtschaftsdienst 100 (2020), 20.
95 Kerber/Budzinski ZWeR 1 (2003), 411.
96 Hierzu detaillierter Anderson/Lugard International Competition Network/Budzinski S. 429–443.

§ 3 Torwächter (Art. 2 DMA)

Literatur: *Achleitner*, Digital Markets Act beschlossen: Verhaltenspflichten und Rolle nationaler Wettbewerbsbehörden, NZKart 2022, 359; *Belloso*, The EU Digital Markets Act, 18.5.2022, abrufbar unter https://ssrn.com/abstract=4109299; *Caffarra/Scott Morton*, The European Commission Digital Markets Act: A translation, 5.1.2021, abrufbar unter https://voxeu.org/article/european-commission-digital-markets-act-translation; *Centre on Regulation in Europe (CERRE)*, Digital Markets Act: Making economic regulation of platforms fit for the digital age, 24.11.2020, abrufbar unter https://cerre.eu/publications/digital-markets-act-economic-regulation-platforms-digital-age/; *Franck/Peitz*, How to Challenge Big Tech, 6.9.2021, abrufbar unter https://verfassungsblog.de/dsa-dma-power-12/; *Germanwatch*, Hintergrundpapier DMA, Januar 2022, abrufbar unter https://www.germanwatch.org/sites/default/files/digital_markets_act_hintergrundpapier.pdf; *Gielen/Uphues*, Digital Markets Act und Digital Services Act – Regulierung von Markt- und Meinungsmacht durch die Europäische Union, EuZW 2021, 627; *Haus/Weusthof*, The Digital Markets Act – a Gatekeeper's Nightmare?, WuW 2021, 318; *Herbers*, Der Digital Markets Act (DMA) kommt – neue Dos und Don'ts für Gatekeeper in der Digitalwirtschaft, RDi 2022, 252; *Jovanovic/Greiner*, DMA: Überblick über die geplanten EU-Regulierungsrahmen für digitale Gatekeeper, MMR 2021, 678; *Kuß/Lehmann*, Digital Services Act – Entwurf eines einheitlichen Rechtsrahmens für die EU-Digitalwirtschaft, DB 2021, 605; *Podszun/Bongartz/Langenstein*, The Digital Markets Act: Moving from Competition Law to Regulation for Large Gatekeepers, EuCML 2021, 60; *Rodríguez de las Heras Ballell*, The Scope of the DMA, 30.8.2021, abrufbar unter https://verfassungsblog.de/power-dsa-dma-02/; *Zimmer/Göhsl*, Vom New Competition Tool zum Digital Markets Act: Die geplante EU-Regulierung für digitale Gatekeeper, ZWeR 2021, 29.

A. Überblick

1 Der DMA dient der Regulierung einiger weniger großer Unternehmen, die zentrale digitale Plattformdienste anbieten und wirtschaftliche Macht angesammelt haben. Im Zentrum des DMA steht dabei der Begriff des **Torwächters** (Gatekeeper). Grundsätzlich sind allein diese Torwächter Adressaten der besonderen Verhaltenspflichten des DMA. Von wesentlicher Bedeutung ist daher die Klärung der Frage, welche Unternehmen vom DMA überhaupt als Torwächter qualifiziert werden.

2 Art. 2 Nr. 1 DMA enthält die einschlägige Definition. Dabei ist der Begriff des Torwächters eng verknüpft mit dem Begriff der „zentralen Plattformdienste“ (Art. 2 Nr. 2 DMA, hierzu → Rn. 5 ff.). Die **Benennung** von Torwächtern (sog. Designation) durch die EU-Kommission und die hierfür erforderlichen Schwellenwerte regelt Art. 3 DMA (hierzu → Rn. 11 ff. sowie → § 4 Rn. 2 ff.).

B. Definition

I. Torwächter (Art. 2 Nr. 1 DMA)

Art. 2 Nr. 1 DMA bestimmt, dass im DMA mit dem Begriff „Torwächter“ Unternehmen bezeichnet werden, die (i) zentrale Plattformdienste iSd Art. 2 Nr. 2 DMA bereitstellen und (ii) nach Art. 3 DMA benannt worden sind. Diese Unternehmen bieten über die Plattformdienste wichtige Zugänge für gewerbliche Anwender sowie für die jeweiligen Endnutzer an und haben dadurch einen erheblichen Einfluss auf den Binnenmarkt.[1] Die Torwächter „bewachen“ die Zugangsmöglichkeiten für Nutzer der von ihnen angebotenen Dienste. Dadurch haben sie insbesondere die Möglichkeit, den Zugang anderer Teilnehmer zu einem Markt oder einem virtuellen Raum zu beeinflussen oder sogar zu verweigern.[2] Online-Vermittlungsdienste können über Online-Suchmaschinen beispielsweise eine Vorauswahl und ein gewisses Ranking unter den (Such-)Ergebnissen vornehmen, wie etwa im Fall von Google Search oder Amazon Marketplace.[3] Denn die Wahrnehmung von Webseitenbetreibern hängt etwa im Falle von Google Search maßgeblich davon ab, dass die Webseitenbetreiber es unter die ersten Einträge in den Suchergebnissen schaffen, um Nutzer durch die Weiterleitung von Suchanfragen zu gewinnen.[4] Dabei handelt es sich bei Torwächtern in der Regel um marktmächtige **Online-Plattformen**, die für die Digitalökonomie systemrelevant sind und teilweise ganze digitale Ökosysteme (→ § 2 Rn. 2 ff.) beherrschen.[5] Aus Art. 2 Nr. 1 DMA folgt, dass die betroffenen Unternehmen nicht automatisch zu Torwächtern werden, sondern es hierzu eines feststellenden Beschlusses der EU-Kommission bedarf (Art. 3 DMA). 3

Auch der mit der 10. GWB-Novelle in das deutsche Recht eingeführte § 19a GWB adressiert Unternehmen mit überragender marktübergreifender Bedeutung für den Wettbewerb auf digitalen Märkten (vgl. § 18 Abs. 3a GWB). Im Gegensatz zum DMA findet sich in § 19a GWB allerdings keine konkrete Definition eines Torwächters, und es finden sich auch keine etwaigen Schwellenwerte.[6] Dennoch versteht auch das Bundeskartellamt unter den Digitalunternehmen mit marktübergreifender Bedeutung für den Wettbewerb die vom DMA adressierten „Big Player“ wie die sog. **GAFMA-Unternehmen.** So hat das Bundeskartellamt auf Grundlage des § 19a GWB bereits Verfahren gegen Meta/Facebook,[7] Amazon,[8] Alphabet/Google[9] und kürzlich auch gegen Apple[10] eröffnet und eine marktübergreifende Bedeutung von Meta/Facebook, Amazon und Alphabet/Google iSd § 19a Abs. 1 GWB festgestellt. 4

1 Vgl. Haus/Weusthof WuW 2021, 318 (320).
2 Vgl. Germanwatch, Hintergrundpapier DMA, Januar 2022, abrufbar unter https://www.germanwatch.org/sites/default/files/digital_markets_act_hintergrundpapier.pdf, S. 2.
3 Gielen/Uphues EuZW 2021, 627 (628).
4 Gielen/Uphues EuZW 2021, 627 (628).
5 Kuß/Lehmann DB 2021, 605 (609).
6 MüKoWettbR/Wolf GWB § 19a Rn. 14 f.
7 Bundeskartellamt, Pressemitteilung v. 28.1.2021, abrufbar unter https://www.bundeskartellamt.de/SharedDocs/Meldung/DE/Pressemitteilungen/2021/28_01_2021_Facebook_Oculus.html.
8 Bundeskartellamt, Pressemitteilung v. 6.7.2022, abrufbar unter https://www.bundeskartellamt.de/SharedDocs/Meldung/DE/Pressemitteilungen/2022/06_07_2022_Amazon.html.
9 Bundeskartellamt, Pressemitteilung v. 5.1.2022, abrufbar unter https://www.bundeskartellamt.de/SharedDocs/Meldung/DE/Pressemitteilungen/2022/05_01_2022_Google_19a.html.
10 Bundeskartellamt, Pressemitteilung v. 21.6.2021, abrufbar unter https://www.bundeskartellamt.de/SharedDocs/Meldung/DE/Pressemitteilungen/2021/21_06_2021_Apple.html.

II. Zentrale Plattformdienste (Art. 2 Nr. 2 DMA)

5 Der Begriff des Torwächters ist eng verknüpft mit dem Begriff der **zentralen Plattformdienste** („core platform services“, CPS). Unternehmen unterfallen nicht per se und insgesamt dem DMA, sondern nur in Bezug auf die von ihnen angebotenen zentralen Plattformdienste, hinsichtlich derer sie als Torwächter iSd Art. 3 DMA benannt werden. Das Anbieten zentraler Plattformdienste ist somit eine notwendige Bedingung der Torwächter-Benennung, jedoch ist nicht jeder Anbieter von zentralen Plattformdiensten auch automatisch ein Torwächter im Sinne des DMA.[11]

6 Art. 2 Nr. 2 DMA definiert den Begriff des zentralen Plattformdienstes nicht grundsätzlich, sondern listet vielmehr – abschließend – (virtuelle) Dienste auf, die als zentrale Plattformdienste angesehen werden (→ Rn. 8 f.). Dies dient sicherlich der Voraussehbarkeit und Rechtssicherheit für Anbieter und Nutzer dieser Dienste. Allerdings ist die **fehlende abstrakte Definition** eines zentralen Plattformdienstes durchaus problematisch, da es mit dem raschen Wandel des Onlinemarktes naheliegt, dass sich neu entwickelnde Angebote oder Dienste von der Auflistung in Art. 2 Nr. 2 DMA nicht erfasst sein werden.[12] Fraglich ist, ob die analoge Anwendung von Art. 2 Nr. 2 DMA auf weitere neu entwickelte Plattformdienste möglich ist.

7 Die zentralen Plattformdienste müssen gewerblichen Nutzern mit **Sitz in der EU** angeboten werden oder sich an Endnutzer mit Sitz oder Aufenthalt in der EU richten. Unerheblich ist, wo der Torwächter seinen Niederlassungsort oder Standort hat, und welches Recht auf die angebotene Dienstleistung sonst anzuwenden ist (Art. 1 Abs. 2 DMA).

8 Als zentrale Plattformdienste werden insbesondere die **wesentlichen Dienste der GAFMA-Unternehmen** erfasst.[13] Der DMA listet in Art. 2 Nr. 2 die folgenden Dienste auf:

- Online-Vermittlungsdienste und Intermediäre[14] (zB Amazon Marketplace, App Store)
- Online-Suchmaschinen[15] (zB Google)
- Online-Dienste sozialer Netzwerke[16] (zB Meta/Facebook)
- Video-Sharing-Plattform-Dienste[17] (zB YouTube)
- nummernunabhängige interpersonelle Kommunikationsdienste[18] (zB Meta/WhatsApp)

---

11 Hierfür müssen die Schwellenwerte des Art. 3 Abs. 2 DMA erreicht werden, dazu sogleich → Rn. 11 ff.

12 Rodríguez de las Heras Ballell, The Scope of the DMA, 30.8.2021, abrufbar unter https://verfassungsblog.de/power-dsa-dma-02/.

13 Podszun/Bongartz/Langenstein EuCML 2021, 60 (63).

14 Die Definition entspricht gem. Art. 2 Nr. 5 DMA der Definition nach Art. 2 Nr. 2 VO (EU) 2019/1150 (P2B-Verordnung)

15 Gem. Art. 2 Nr. 6 DMA richtet sich hier die Definition ebenfalls nach Art. 2 Nr. 5 VO (EU) 2019/1150 (P2B-Verordnung).

16 Plattform, auf der Endnutzer mit unterschiedlichen Geräten insbesondere durch Unterhaltungen, Beiträge, Videos und Empfehlungen miteinander in Kontakt treten und kommunizieren sowie Inhalte teilen und andere Nutzer und Inhalte entdecken können (Art. 2 Nr. 7 DMA).

17 Die Definition richtet sich gem. Art. 2 Nr. 8 DMA nach Art. 1 Abs. 1 lit. aa RL 2010/13/EU.

18 Die Definition richtet sich gem. Art. 2 Nr. 9 DMA nach Art. 2 Nr. 7 RL (EU) 2018/1972.

- Betriebssysteme[19] (zB Android, iOS)
- Webbrowser (zB Chrome)[20]
- virtuelle Assistenten (zB Alexa, Siri)[21]
- Cloud-Computing-Dienste[22] (zB Amazon Web Services)
- Online-Werbedienste (zB Google Ads), einschließlich Werbenetzwerke, Werbebörsen und sonstige Werbevermittlungsdienste.[23]

Diese Plattformdienste zeichnen sich insbesondere durch starke **Skalenvorteile** aus, dh durch geringe Grenzkosten für die Gewinnung zusätzlicher Nutzer.[24] Insbesondere beim Anbieten digitaler Plattformen können diese Effekte beobachtet werden. Die erstmalige Erstellung der Plattform erfordert zwar erhebliche wirtschaftliche Investitionen. Die Grenzkosten sind jedoch dann gering, wenn die Plattform in der Folge von den Nutzern positiv angenommen wird und diese Prozesse überwiegend automatisiert ablaufen.[25] Zudem werden auf den vom DMA aufgelisteten Plattformdiensten starke Netzwerkeffekte, ein erhebliches Maß an Abhängigkeit, Lock-in-Effekte, eine meist fehlende Möglichkeit zum Multi-Homing, vertikale Integration und datenbasierte Vorteile deutlich (ausführlichere Erklärung zu Skalen- und Netzwerkeffekten, Lock-in-Effekten und Multi-Homing unter → *Glossar* Rn. 23, 28, 30). 9

Dabei reicht das Angebot bereits **eines der genannten Plattformdienste** grundsätzlich für die Benennung als Torwächter aus. Der Verordnungsgeber hat sich somit gegen den im Gesetzgebungsverfahren aufgekommenen Vorschlag entschieden, den DMA auf Unternehmen zu beschränken, die mindestens zwei zentrale Plattformdienste betreiben,[26] oder alternativ auf das gesamte „Ökosystem" abzustellen.[27] In die finale Fassung des DMA wurden zudem die Plattformdienste der Webbrowser und virtuellen Assistenten aufgenommen. Virtuelle Assistenten wurden insbesondere aufgrund des vorläufigen Berichtes der EU-Kommission zur Sektoruntersuchung des Internet of 10

19 Systemsoftware, die die Grundfunktionen der Hardware oder Software steuert und die Ausführung von Software-Anwendungen ermöglicht (Art. 2 Nr. 10 DMA).

20 Software-Anwendung, die Endnutzern den Zugriff auf und die Interaktion mit Web-Inhalte(n) ermöglicht, die auf Servern gehostet werden, welche mit Netzwerken wie dem Internet verbunden sind, einschließlich eigenständiger Webbrowser sowie in Software integrierter oder eingebetteter oder vergleichbarer Webbrowser (Art. 2 Nr. 11 DMA).

21 Software, die Aufträge, Aufgaben oder Fragen verarbeiten kann, auch aufgrund von Eingaben in Ton-, Bild- und Schriftform, Gesten oder Bewegungen, und die auf der Grundlage dieser Aufträge, Aufgaben oder Fragen den Zugang zu anderen Diensten ermöglicht oder angeschlossene physische Geräte steuert (Art. 2 Nr. 12 DMA), insbesondere Sprachassistenten. Insofern ergibt sich eine Schnittstelle zum „Internet of Things" (IoT), wofür die EU-Kommission jüngst den Abschlussbericht ihrer diesbezüglichen Sektoruntersuchung zum Verbraucher-IoT veröffentlicht hat, abrufbar unter https://competition-policy.ec.europa.eu/system/files/2022-01/internet-of-things_final_report_2022_de.pdf.

22 Die Definition richtet sich gem. Art. 2 Nr. 13 DMA nach Art. 4 Nr. 19 RL (EU) 2016/1148.

23 Zur Auflistung und Beispielen siehe Belloso, The EU Digital Markets Act, 18.5.2022, abrufbar unter https://ssrn.com/abstract=4109299; Achleitner NZKart 2022, 359 (360); siehe auch Jovanovic/Greiner MMR 2021, 678 (679); Kuß/Lehmann DB 2021, 605 (610).

24 Vgl. Herbers RDi 2022, 252 (253).

25 Hoeren/Sieber/Holznagel MMR-HdB Teil 15.3 Rn. 12.

26 Schwab, Draft Report on the proposal for a regulation of the European Parliament and of the Council. Contestable and fair markets in the digital sector (Digital Markets Act) (COM(2020)0842 – C9–0419/2020 – 2020/0374(COD)), 1.6.2021, abrufbar unter https://www.europarl.europa.eu/doceo/document/IMCO-PR-692792_EN.pdf, S. 79.

27 Centre on Regulation in Europe (CERRE), Digital Markets Act: Making economic regulation of platforms fit for the digital age, 24.11.2020, abrufbar unter https://cerre.eu/publications/digital-markets-act-economic-regulation-platforms-digital-age/, S. 99; Zimmer/Göhsl ZWeR 2021, 29 (37); Gielen/Uphues EuZW 2021, 627 (629).

Things für Verbraucher aufgenommen, in welchem die EU-Kommission die besondere wettbewerbliche Bedeutung dieser Dienste betonte.[28]

C. Benennung (Art. 3 DMA)

I. Größen-, Gateway- und Dauerhaftigkeitskriterium (Art. 3 Abs. 1 DMA)

11 Art. 3 Abs. 1 DMA bestimmt für die **Benennung** von Torwächtern ein Größen-, Gateway- und Dauerhaftigkeitskriterium:[29] Nach Art. 3 Abs. 1 DMA muss das jeweilige Unternehmen einen erheblichen Einfluss auf den Binnenmarkt haben (lit. a), einen zentralen Plattformdienst bereitstellen, der gewerblichen Nutzern als wichtiges Zugangstor zu Endnutzern dient (lit. b), und hinsichtlich seiner Tätigkeiten eine gefestigte und dauerhafte Position innehaben oder absehbar in naher Zukunft erlangen (lit. c).

12 Torwächter werden auf diese Weise anhand von Marktmacht, Nutzerzahlen und Netzwerkeffekten identifiziert.[30] Insbesondere die **Marktmacht** der wichtigen Digitalunternehmen beeinträchtigt die Funktionsweise des Marktes, weil sie zur ungleichen Verteilung der Verhandlungsmacht führt – Torwächter können auf diese Weise Preise, Qualität, Auswahlmöglichkeiten und Innovation nachteilig für Endnutzer und Wettbewerber der Torwächter beeinflussen.[31]

II. Umsatz- und Nutzerschwellen (Art. 3 Abs. 2 DMA)

13 Werden die in Art. 3 Abs. 2 DMA genannten Schwellenwerte erfüllt, besteht eine **widerlegbare Vermutung**, dass es sich bei dem Unternehmen um einen Torwächter handelt, der einen erheblichen Einfluss auf den Binnenmarkt hat, vgl. Erwgr. 23 DMA. In diesem Fall besteht eine Mitteilungspflicht des jeweiligen Unternehmens.

14 Damit es als Torwächter benannt werden kann, muss das Unternehmen erstens eine starke wirtschaftliche Position innehaben und in mehreren EU-Ländern aktiv sein. Erforderlich ist ein **Jahresumsatz** des Unternehmens (siehe die Definition in Art. 2 Nr. 27 DMA), dem der Betreiber angehört, in jedem der vergangenen drei Geschäftsjahre von mind. 7,5 Mrd. EUR in der EU oder eine durchschnittliche Marktkapitalisierung oder ein Marktwert im vergangenen Geschäftsjahr von mindestens 75 Mrd. EUR. Außerdem muss das Unternehmen denselben zentralen Plattformdienst in mindestens drei Mitgliedstaaten bereitstellen.

15 Zweitens muss das Unternehmen eine ebenfalls beträchtliche **Nutzerbasis** auf dem von ihm betriebenen zentralen Plattformdienst aufweisen und zwar mind. 45 Mio. monatlich aktive Endnutzer in der EU und mind. 10.000 jährlich aktive gewerbliche Nutzer mit Sitz in der EU. Dies entspricht etwa 10 % der Bevölkerung in der EU und 1 % der Gewerbetreibenden, die über den Online-Handel verkaufen.[32] Auch die-

28 Abrufbar unter https://competition-policy.ec.europa.eu/system/files/2022-01/internet-of-things_final_report_2022_de.pdf.
29 Herbers RDi 2022, 252 (254).
30 Kuß/Lehmann DB 2021, 605 (609 f.).
31 Kuß/Lehmann DB 2021, 605 (610).
32 Podszun/Bongartz/Langenstein EuCML 2021, 60 (63) mwN.

ses Kriterium muss gem. Art. 3 Abs. 2 lit. c DMA in jedem der letzten drei Geschäftsjahre erfüllt worden sein.

Für die Berechnung der aktiven Endnutzer und gewerblichen Nutzer des Plattform- 16
dienstes wird den Unternehmen im **Anhang zum DMA** ein wichtiger Bezugsrahmen bereitgestellt, der von der EU-Kommission aktualisiert werden kann (dazu ausführlich → § 4 Rn. 6 f.). Kritisiert wurde im Gesetzgebungsverfahren insbesondere, ob das Abstellen auf die reine Nutzerzahl hilfreich sei und nicht stattdessen auf die Anzahl der Suchanfragen abgestellt werden solle.[33] Der Anhang zum DMA legt nunmehr fest, dass es auf die Nutzer des jeweiligen (eigenständigen) zentralen Plattformdienstes und nicht der gesamten Dienste des Anbieters ankommt (zur genauen Abgrenzung der jeweils eigenständigen Plattformdienste siehe D. 2. des Anhangs zum DMA).

Die Vermutung kann nach Erwgr. 23 DMA nur unter **außergewöhnlichen Umständen** 17
widerlegt werden. Zudem kann die EU-Kommission gem. Art. 3 Abs. 8 DMA Unternehmen, die zwar zentrale Plattformdienste bereitstellen, aber die Schwellenwerte des Art. 3 Abs. 2 DMA nicht erreichen, in dem Verfahren nach Art. 17 DMA (Marktuntersuchung → § 8 Rn. 9 ff.) als Torwächter benennen (dazu vertieft → § 4 Rn. 13 ff.).

D. Anwendungsfälle in der Praxis

Die oben beschriebenen Schwellenwerte wurden gegenüber dem ursprünglichen Ent- 18
wurf des DMA angehoben. Dennoch wird von der aktuellen Definition eine **Vielzahl** von – auch europäischen – Digitalunternehmen erfasst. Dies führt zu Befürchtungen, dass der EU-Kommission nicht ausreichende Kapazitäten zur Überwachung zur Verfügung stehen.[34]

Im Ergebnis werden aktuell vom DMA als Torwächter daher nicht nur die Big Five 19
(also die **GAFMA-Unternehmen** → Rn. 4) erfasst, sondern voraussichtlich etwa 10–15 Digitalunternehmen.[35] An den von den GAFMA-Unternehmen angebotenen zentralen Plattformdiensten hat sich auch der DMA-Gesetzgeber bei Auflistung der vom DMA regulierten zentralen Plattformdienste orientiert. Zu beachten ist, dass einige der Digitalriesen mehrere Plattformdienste iSd Art. 2 Nr. 2 DMA anbieten. Hier ist für jeden dieser Dienste zu prüfen, ob die Voraussetzungen des Art. 3 Abs. 1, 2 DMA erfüllt sind. So erfüllen etwa neben verschiedenen Diensten der GAFMA-Unternehmen auch Oracle, SAP, Amazon Web Services und Microsoft Azure die im DMA genannten Voraussetzungen.[36]

Einige Plattformen erreichen dagegen aktuell mehrere, aber nicht sämtliche **Schwel-** 20
lenwerte (darunter Booking.com, Spotify, Uber, Bytedance/TikTok, Salesforce, Google Cloud, IBM Cloud). Andere erfüllen die Schwellenwerte derzeit – noch – nicht (Twitter, AirBnB, Netflix, Bing, LinkedIn, Zoom).[37] Hinsichtlich dieser Unternehmen

33 Gielen/Uphues EuZW 2021, 627 (629).
34 Herbers RDi 2022, 252 (254).
35 Podszun/Bongartz/Langenstein EuCML 2021, 60 (64).
36 Vgl. Franck/Peitz, How to Challenge Big Tech, 6.9.2021, abrufbar unter https://verfassungsblog.de/dsa-dma-power-12/.
37 Caffarra/Scott Morton, The European Commission Digital Markets Act: A translation, 5.1.2021, abrufbar unter https://voxeu.org/article/european-commission-digital-markets-act-translation; vgl. Germanwatch,

könnte die EU-Kommission daher nur gem. Art. 3 Abs. 8 DMA eine Benennung als Torwächter vornehmen, was angesichts der erheblichen Bedeutung einiger dieser Unternehmen wohl auch zu erwarten ist.

Hintergrundpapier DMA, Januar 2022, abrufbar unter https://www.germanwatch.org/sites/default/files/digital_markets_act_hintergrundpapier.pdf, S. 11 f.

§ 4 Benennung als Torwächter (Art. 3 DMA)

Literatur: *De la Mano et al.*, The Digital Markets Act, 2021, abrufbar unter https://www.compasslexecon.com/the-proposed-dma-back-to-the-form-based-future/; *de Streel et al.*, Making the Digital Markets Act more resilient and effective, 2021, abrufbar unter https://cerre.eu/publications/european-parliament-digital-markets-act-dma-resilient-effective/; *Geradin*, What is a digital Gatekeeper?, 2.4.2021, abrufbar unter https://dx.doi.org/10.2139/ssrn.3788152; *Gielen/Uphues*, Digital Markets Act und Digital Services Act, Regulierung von Markt- und Meinungsmacht durch die Europäische Union, EuZW 2021, 627; *Haus/Weusthof*, The Digital Markets Act – a Gatekeeper's Nightmare?, WuW 2021, 318; *Herbers*, Der Digital Markets Act (DMA) kommt – neue Dos and Don'ts für Gatekeeper in der Digitalwirtschaft, RDi 2022, 252; *Körber*, Lessons from the Hare and the Tortoise: Legally imposed self-regulation, proportionality and the right to defence under the DMA – Part 1, NZKart 2021, 379; *Petit*, The Proposed Digital Markets Act (DMA): A Legal and Policy Review, JECLP 2021, 529; *Schweitzer*, The Art to Make Gatekeeper Positions Contestable and the Challenge to Know What Is Fair: A Discussion of the Digital Markets Act Proposal, ZEuP 2021, 503; *Zimmer/Göhsl*, Vom New Competition Tool zum Digital Markets Act: Die geplante EU-Regulierung für digitale Gatekeeper, ZWeR 2021, 29.

Die Benennung eines Unternehmens als Torwächter (Designation) stellt den wesentlichen Verfahrensschritt für die Geltung der Verhaltenspflichten des DMA dar. Im Mittelpunkt des Verfahrens steht eine **quantitative Vermutungsregel**, kombiniert mit der Pflicht der Unternehmen zur **Selbstüberprüfung.** 1

A. Definition

Die EU-Kommission muss Unternehmen zunächst als Torwächter benennen, damit diese die Pflichten eines Torwächters iSd DMA treffen (siehe Art. 3 Abs. 10 DMA mit Verweis auf Art. 5, 6 und 7 DMA). Der Verfahrensschritt der **Benennung** stellt somit eine bedeutende Weiche dar. Geregelt wird das Verfahren zur Benennung in Art. 3 DMA. Es baut zunächst auf einer **Vermutung** anhand **quantitativer Kriterien** auf, sodass es nicht auf eine Marktabgrenzung ankommt („technisch-quantitativer Ansatz").[1] Marktabgrenzungen sind zeitintensiv und führen im „klassischen" Kartellrecht häufig dazu, dass ein Verfahren komplex wird und die Verfahrensdauer zunimmt. Gerade die lange Verfahrensdauer ist aufgrund der dynamischen, schnelllebigen digitalen Märkte problematisch. Eine Benennung ist aber auch außerhalb der Schwellen der Vermutungstatbestände möglich. In diesem Fall wird das Verfahren durch eine **Marktuntersuchung** flankiert (Art. 3 Abs. 8 und Art. 17 DMA). Die EU-Kommission erlässt schlussendlich einen sog. **Benennungsbeschluss,** in dem der oder 2

1 Zimmer/Göhsl ZWeR 2021, 29 (38).

die einschlägigen zentralen Plattformdienste des jeweiligen Torwächters explizit aufgeführt werden (Art. 3 Abs. 9 DMA).

B. Benennungsverfahren

I. Vermutung (Art. 3. Abs. 2 DMA)

3 Ein Anbieter zentraler Plattformdienste wird als Torwächter benannt, wenn bestimmte **qualitative Kriterien** erfüllt sind (Art. 3 Abs. 1 DMA), deren Vorliegen bei Erreichen der in Art. 3 Abs. 2 DMA geregelten quantitativen Schwellenwerte vermutet wird (→ § 3 Rn. 3 ff.).

4 Wenn ein Unternehmen, das zentrale Plattformdienste bereitstellt, alle der in Art. 3 Abs. 2 DMA geregelten **Schwellenwerte** überschreitet, ist es dazu verpflichtet, die EU-Kommission darüber zu benachrichtigen (Art. 3 Abs. 3 DMA). Unternehmen sind mithin zur **selbstständigen Prüfung** der Voraussetzungen des Art. 3 Abs. 2 DMA veranlasst. Für diese Selbstveranlagung ist ein fester Zeitrahmen geregelt (näher dazu unter → Rn. 20): Die **Mitteilung** muss ohne Verzögerung und jedenfalls innerhalb von zwei Monaten nach Erreichen der Schwellenwerte erfolgen (Art. 3 Abs. 3 UAbs. 1 S. 1 DMA). Dies gilt auch, wenn ein weiterer zentraler Plattformdienst eines bereits benannten Torwächters die Schwellenwerte des Art. 3 Abs. 2 lit. b und lit. c DMA überschreitet (Art. 3 Abs. 3 UAbs. 1 S. 3 DMA). Inhaltlich muss die Mitteilung die einschlägigen Angaben zu den quantitativen Schwellen nach Art. 3 Abs. 2 DMA für jeden zentralen Plattformdienst des Unternehmens enthalten, der die Schwellenwerte des Art. 3 Abs. 2 lit. b DMA erreicht (Art. 3 Abs. 3 UAbs. 1 S. 2 DMA).

5 Die Benennung als Torwächter wird nach Geltungsbeginn (6 Monate und 20 Tage nach der Veröffentlichung des DMA im Amtsblatt – Art. 54 DMA – am 12.10.2022) des DMA mindestens etwa weitere **vier Monate** dauern, im Falle einer Marktuntersuchung – insbes. sofern das Unternehmen substanzielle Zweifel an der Torwächter-Eigenschaft vorträgt – sogar bis zu neun Monate. Der Torwächter muss die Verhaltenspflichten des DMA spätestens sechs Monate nach der Benennung erfüllen (Art. 3 Abs. 10 DMA).

6 Zur Beurteilung, ob die Schwellenwerte nach Art. 3 Abs. 2 lit. b DMA erreicht werden, wird den Unternehmen im **Anhang** zum DMA ein wichtiger Bezugsrahmen bereitgestellt. Der Anhang legt die Methode zur Ermittlung und Berechnung der aktiven Endnutzer und der aktiven gewerblichen Nutzer fest. Dazu werden die Begriffe im Allgemeinen und konkret für jeden zentralen Plattformdienst definiert. Zudem werden die Tatbestandsmerkmale erläutert. Die Berechnung der aktiven Endnutzer und gewerblichen Nutzer hatte aufseiten der potenziellen Torwächter seit der Veröffentlichung des Kommissionsvorschlags zum DMA viele Fragen aufgeworfen und wurde insgesamt umfassend diskutiert (→ § 3 Rn. 16).[2] Der Anhang zum DMA stellt nun klar, welche Dienste in welchem Zusammenhang eigenständig oder getrennt betrachtet werden (Anhang D. 2. DMA). Damit einhergehend bietet der Anhang für jede Kategorie zentraler Plattformdienste Begriffsbestimmungen zur Ermittlung der Anzahl

2 Gielen/Uphues EuZW 2021, 627 (629).

aktiver Endnutzer und aktiver gewerblicher Nutzer. Sofern sich in der Praxis weitere Probleme im Umgang mit der Methodik des Anhangs zeigen oder neue zentrale Plattformdienste in den DMA aufgenommen werden, ist die EU-Kommission ermächtigt, den Anhang durch delegierte Rechtsakte zu ändern (Art. 3 Abs. 7 DMA).

Benachrichtigt das Unternehmen die EU-Kommission nicht über das Erreichen der Schwellenwerte und kommt es einem Auskunftsverlangen der EU-Kommission (Art. 21 DMA) nicht nach, so kann die EU-Kommission das Unternehmen auf Basis der ihr **vorliegenden Informationen** als Torwächter benennen (Art. 3 Abs. 3 UAbs. 2 DMA). 7

II. Vermutungswiderlegung (Art. 3 Abs. 5 DMA)

Die Vermutung der Eigenschaft als Torwächter kann widerlegt werden. Dafür muss das Unternehmen, das zentrale Plattformdienste bereitstellt, **hinreichend substanziierte Argumente** vorbringen, warum die Anforderungen des Art. 3 Abs. 1 DMA trotz Erreichen der quantitativen Schwellenwerte ausnahmsweise nicht erfüllt sind (Art. 3 Abs. 5 DMA). Insofern kommt es zur **Widerlegung** der Vermutung, die auf quantitativen Kriterien basiert, auf die qualitativen Kriterien des Art. 3 Abs. 1 DMA an. Bereits dem Wortlaut nach stellt die Vermutungswiderlegung eine Ausnahmeregelung dar.[3] Die Beweislast dafür, dass die Vermutung nicht anwendbar ist, trägt daher auch das Unternehmen (Erwgr. 23 DMA). 8

Dem Wortlaut nach beziehen sich die hinreichend substanziierten Argumente auf die Umstände, unter denen der betreffende zentrale Plattformdienst bereitgestellt wird (Art. 3 Abs. 5 UAbs. 1 DMA). Der Standard, den der unbestimmte Rechtsbegriff „hinreichend substanziierte Gründe" erfordert, wird im DMA nicht hinreichend präzisiert. In der Literatur wird insoweit die **Präzisierung** durch den DMA selbst oder durch Leitlinien gefordert, um die Verteidigungsrechte der Torwächter zu gewährleisten.[4] 9

Ausführlicher und genauer regelt der DMA hingegen den Umgang der EU-Kommission mit den vorgebrachten Einwendungen. Sie kann die vorgebrachten **Argumente** innerhalb der für die Benennung vorgesehenen Frist (45 Arbeitstage) **ablehnen**, ohne eine Marktuntersuchung durchzuführen (Art. 3 Abs. 5 UAbs. 2 DMA), wenn die vorgetragenen Argumente nicht hinreichend substanziiert sind, um die quantitative Vermutung der Schwellenwerte eindeutig zu entkräften. Damit soll verhindert werden, dass über die Möglichkeit der Vermutungswiderlegung der Benennungsprozess blockiert werden kann.[5] 10

Der DMA stellt jedoch klar, welche **inhaltlichen Aspekte** im Rahmen der Beurteilung der vorgebrachten Belege und Argumente berücksichtigt werden. Die EU-Kommission soll hierbei nur die Aspekte, die sich direkt auf die quantitativen Kriterien beziehen, berücksichtigen. Zu diesen Elementen zählen (Erwgr. 23 DMA): 11

3 So ist in den Erwägungsgründen des DMA auch die Rede von „außergewöhnlichen Umständen", unter denen eine Widerlegung in Betracht kommt (Erwgr. 23 DMA).
4 Körber NZKart 2021, 379 (384).
5 Vgl. auch Herbers RDi 2022, 252 (255).

- im Hinblick auf die Größe des Unternehmens „die Auswirkungen des Unternehmens, das zentrale Plattformdienste bereitstellt, auf den Binnenmarkt jenseits von Einnahmen und Marktkapitalisierung, wie etwa seine absolute Größe, und die Zahl der Mitgliedstaaten, in denen es tätig ist",
- in Bezug auf die Position des zentralen Plattformdienstes als „Flaschenhals" „das Ausmaß, um das die Zahl der tatsächlichen gewerblichen Nutzer und Endnutzer die Schwellenwerte überschreitet",
- in Bezug auf das Dauerhaftigkeitskriterium „die Bedeutung des Unternehmens, das zentrale Plattformdienste betreibt, unter Berücksichtigung des Gesamtumfangs der Tätigkeiten des jeweiligen zentralen Plattformdienstes sowie die Zahl der Jahre, in denen die Schwellenwerte erreicht wurden".

12 Unberücksichtigt bleiben demgegenüber Rechtfertigungen, die auf **wirtschaftlichen Gründen** basieren (Erwgr. 23 DMA). Auf eine Marktdefinition kommt es ebenso wenig an wie auf **Effizienzgewinne** des Unternehmens, da diese Kriterien für die Benennung als Torwächter keine Rolle spielen (Erwgr. 23 DMA).

III. Benennung außerhalb der Vermutungstatbestände (Art. 3 Abs. 8 DMA)

13 Darüber hinaus kommt auch eine Benennung als Torwächter **außerhalb der aufgezeigten Vermutungstatbestände** in Betracht. Die EU-Kommission benennt ein Unternehmen als Torwächter, wenn es zwar nicht die Schwellenwerte des Art. 3 Abs. 2 DMA überschreitet, aber sämtliche qualitativen Kriterien des Art. 3 Abs. 1 DMA erfüllt, das betrifft u.a. sog. neu entstehende Torwächter („emerging Gatekeeper" oder auch „Torwächter mit ungefestigter Stellung"). Die Beurteilung erfolgt anhand einer **Marktuntersuchung** (Art. 17 DMA, → § 8 Rn. 9 ff.).

1. Allgemein

14 Der DMA regelt für die **individuelle Prüfung** durch die EU-Kommission auch die von ihr zu berücksichtigenden Parameter (Art. 3 Abs. 8 UAbs. 2 DMA). Zu den **Parametern** zählen, je nach Relevanz für das jeweilige Unternehmen, (i) die Größe des Unternehmens, (ii) die Zahl der Nutzer, (iii) Netzwerkeffekte und Datenvorteile, (iv) Skalen- und Verbundeffekte, (v) Lock-in-Effekte, (vi) konglomeratsartige Unternehmensstrukturen oder die vertikale Integration des Unternehmens sowie (vii) sonstige strukturelle Geschäfts- oder Dienstmerkmale. Damit wird der EU-Kommission ein sehr weiter Spielraum eingeräumt; gleichzeitig stellen die Kriterien aber auch Entscheidungspunkte dar, die in einem gerichtlichen Verfahren zur Überprüfung des Benennungsbeschlusses beurteilt werden können.

15 Die EU-Kommission berücksichtigt dabei je nach Fall einige oder alle der genannten Aspekte und bezieht in ihre Prüfung auch **absehbare Entwicklungen** dieser Aspekte ein (Art. 3 Abs. 8 UAbs. 2 und 3 DMA). Zu absehbaren Entwicklungen zählen auch geplante Zusammenschlüsse mit Unternehmen aus dem digitalen Sektor oder Unternehmen, die die Erhebung von Daten ermöglichen (Art. 3 Abs. 8 UAbs. 3 DMA).

2. Neu entstehende Torwächter

Unter die Fallgruppe der Benennung außerhalb der Vermutungstatbestände fallen auch Unternehmen, die hinsichtlich ihrer Tätigkeit noch keine gefestigte Position innehaben, bei denen das Erlangen einer solchen Position in naher Zukunft aber absehbar ist (Torwächter mit ungefestigter Stellung bzw. neu entstehende Torwächter bzw. **emerging Gatekeeper**, Art. 3 Abs. 1 lit. c Var. 2 DMA). Damit soll der EU-Kommission die Möglichkeit eröffnet werden einzugreifen, bevor ein Markt „kippt" (→ *Glossar* Rn. 40) und dies nicht mehr rückgängig zu machen ist (Erwgr. 26 DMA). Im Gegensatz zu den anderen Fällen der Benennung muss die EU-Kommission die Geltung bestimmter Verhaltenspflichten für den Torwächter mit ungefestigter Stellung konstitutiv anordnen. Da Art. 17 Abs. 4 DMA nur auf bestimmte Verhaltenspflichten aus Art. 5 und Art. 6 DMA verweist, steht der EU-Kommission gegen Torwächter mit ungefestigter Stellung nur diese Auswahl an Dos und Don'ts zur Verfügung. Dies bezieht sich auf die Verpflichtungen, die für das Kippen von Märkten von besonderer Relevanz sind. Dabei soll die EU-Kommission den temporären Charakter der Maßnahme berücksichtigen und zu einem späteren Zeitpunkt überprüfen, ob nunmehr die Voraussetzungen für die Annahme einer vollständigen Gatekeeper-Stellung gegeben sind oder ob diese Bedingungen nicht erfüllt worden sind, sodass die zuvor erlassenen Verpflichtungen aufgehoben werden müssen (Erwgr. 74 DMA). Die von der EU-Kommission für anwendbar erklärten Verpflichtungen müssen angemessen und erforderlich sein, um zu verhindern, dass der Torwächter mit seinem Geschäftsmodell auf unfaire Weise eine gefestigte und dauerhafte Position erlangt (Art. 17 Abs. 4 S. 2 DMA). 16

Das Konzept des Torwächters mit ungefestigter Stellung ist nicht unumstritten. Von einigen Mitgliedstaaten wurde bereits im Gesetzgebungsprozess kritisiert, dass es an einer Definition der Voraussetzung „in naher Zukunft" fehlt, und insofern Klarstellung gefordert.[6] Klarheit hat auch die letztlich verabschiedete Fassung des DMA nicht geliefert. Darüber hinaus wird die **vorverlagerte Eingriffsschwelle** des DMA auch deshalb kritisch bewertet, weil es schwierig sei zu prognostizieren, wann Märkte zu kippen drohen.[7] Andere Stimmen in der Literatur sehen demgegenüber die Gefahr, dass aufgrund der Dauer der Marktuntersuchung Märkte bereits während des Verfahrens kippen könnten.[8] 17

IV. Verfahren

Sowohl dann, wenn die Vermutungstatbestände des Art. 3 Abs. 2 DMA erfüllt sind, als auch dann, wenn die Benennung nicht aufgrund der Vermutung, sondern allein aufgrund der Voraussetzungen des Art. 3 Abs. 1 DMA erfolgt, erlässt die EU-Kommission einen **Benennungsbeschluss** (designation) (Art. 3 Abs. 9 DMA). In dem Benennungsbeschluss bezeichnet die EU-Kommission die einschlägigen zentralen Platt- 18

6 Körber NZKart 2021, 379 (383); Rat der Europäischen Union, Fortschrittsbericht, 2020/0374/(COD), 17.5.2021, Rn. 23.
7 Vgl. nur Petit JECLP 2021, 529 (541).
8 Zimmer/Göhsl ZWeR 2021, 29 (44 f.).

formdienste, die den gewerblichen Nutzern als wichtiges Zugangstor – bzw. Flaschenhals – zu Endnutzern dienen.

19 Die **konstitutive Feststellung** der Adressaten des DMA bietet gegenüber der Anwendbarkeit der Verpflichtungen kraft Gesetzes erhöhte Rechtssicherheit für den (potenziellen) Torwächter. Ohne die konstitutive Benennung würden temporäre Veränderungen bei den relevanten Zahlen des Anbieters zentraler Plattformdienste über das Hinein- oder Herauswachsen aus dem Anwendungsbereich entscheiden.[9] Im Gegensatz zur Fusionskontrolle, die sich auf einen konkreten Zusammenschluss bezieht, müssten die quantitativen Schwellenwerte des DMA ohne konstitutive Benennung durchgehend beobachtet und geprüft werden.[10] Dennoch müssen auch nach dem vom EU-Gesetzgeber gewählten Regelungsansatz potenzielle Torwächter stets prüfen, ob die Schwellenwerte eventuell erreicht werden und eine Mitteilung bei der EU-Kommission erforderlich ist.

20 Das Verfahren bis zum Erlass des Benennungsbeschlusses ist von verschiedenen **Fristen** geprägt, die den Prozess in zeitlicher Hinsicht planbar machen sollen. Unternehmen, die die Schwellenwerte der Vermutungstatbestände erreichen, sind verpflichtet, dies der EU-Kommission unverzüglich und jedenfalls innerhalb von zwei Monaten zu melden und ihr die erforderlichen Angaben zur Überprüfung der Voraussetzungen des Art. 3 Abs. 2 DMA zu übermitteln (Art. 3 Abs. 3 UAbs. 3 S. 1 DMA). Zur Mitteilung innerhalb von zwei Monaten sind bereits benannte Torwächter ebenfalls verpflichtet, wenn ein weiterer zentraler Plattformdienst die Schwellen der Vermutungstatbestände erreicht (Art. 3 Abs. 3 UAbs. 1 S. 3 DMA). Die EU-Kommission benennt das Unternehmen dann innerhalb von 45 Arbeitstagen nach Erhalt der vollständigen Informationen als Torwächter (Art. 3 Abs. 4 DMA).

21 Legt das Unternehmen dar, wieso die Vermutung im Einzelfall nicht greift, kann die EU-Kommission diese Argumente innerhalb der Frist von 45 Arbeitstagen **zurückweisen**, wenn die vorgebrachten Argumente nicht hinreichend substanziiert sind (Art. 3 Abs. 5 UAbs. 2 DMA). Bringt das Unternehmen hingegen hinreichend substanziierte Argumente zur Widerlegung der Vermutung vor, kann die EU-Kommission innerhalb der Frist von 45 Arbeitstagen das Verfahren der **Marktuntersuchung** eröffnen (Art. 3 Abs. 5 UAbs. 3 DMA). Die Marktuntersuchung soll dann innerhalb von fünf Monaten abgeschlossen werden (Art. 17 Abs. 3 DMA). Sie dient dem Zweck, die Stellung des Unternehmens als Torwächter eingehend zu prüfen und endet mit einem zu veröffentlichenden Beschluss (→ § 8 Rn. 31 ff.; Rechtsschutz gegen Designationsbeschluss, → § 10 Rn. 34 ff.).

22 Die Verhaltenspflichten des DMA (Art. 5, 6 und 7) sind von dem Torwächter spätestens **sechs Monate**, nachdem ein zentraler Plattformdienst im Benennungsbeschluss aufgeführt wurde, zu erfüllen. Insgesamt bedeutet das für das Wirksamwerden Folgendes: Der DMA ist sechs Monate nach Inkrafttreten anwendbar (Art. 54 UAbs. 2 DMA; in Kraft tritt der DMA am zwanzigsten Tag nach der Veröffentlichung im Amtsblatt, Art. 54 UAbs. 1 DMA). Die Benennung als Torwächter wird nach den

9 Bundeskartellamt Hintergrundpapier DMA S. 5.
10 Bundeskartellamt Hintergrundpapier DMA S. 5; Körber NZKart 2021, 379 (382).

dargestellten Fristen dann allerdings mindestens etwa weitere vier Monate dauern. Dies ergibt sich aus der für den Torwächter laufenden Frist von zwei Monaten zur Meldung des Erreichens der Schwellenwerte und der Zeitspanne zur Benennung als Torwächter durch die Kommission von 45 Arbeitstagen. Im Falle einer Marktuntersuchung, etwa weil der Torwächter substanzielle Zweifel an seiner Torwächter-Eigenschaft geltend macht, kann sich der Prozess um weitere fünf Monate verlängern. Die Verhaltenspflichten müssen die Torwächter spätestens sechs Monate nach ihrer Benennung einhalten.

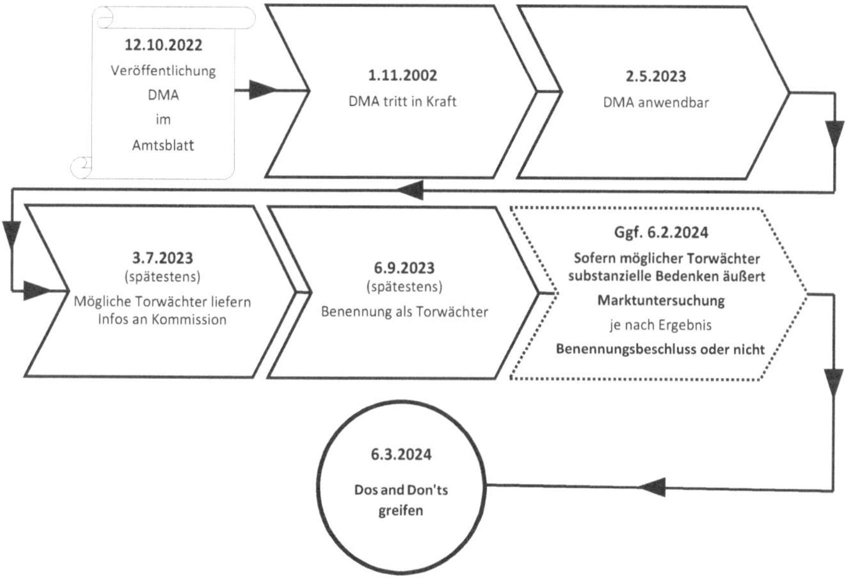

C. Bewertung

23 Der DMA regelt detailliert das Verfahren zur Benennung als Torwächter. Die Benennung hat **weichenstellende Funktion** – sowohl für die Torwächter als auch für die Unternehmen, die Ansprüche gegen Torwächter aus dem DMA ableiten bzw. die von den Verhaltenspflichten profitieren sollen, sowie für die gewerblichen Nutzer und Endnutzer, die den zentralen Plattformdienst nutzen. Im Mittelpunkt steht dabei der technisch-quantitative Ansatz der **Vermutungsregelung**, der mit der Pflicht der Unternehmen zur Selbstprüfung kombiniert wird. Flankiert durch ein **klares Fristenregime** soll der DMA zügig Anwendung finden. Im Vergleich zu den bekannten kartellrechtlichen Verfahren, insbesondere der Prüfung des Missbrauchs von Marktmacht (Art. 102 AEUV), wird auf die Durchführung von Marktabgrenzungen verzichtet. Ebenso sind aufgrund der Verhaltenspflichten die Prüfung und der Nachweis konkreter missbrauchender Praktiken entbehrlich. Die erstrebte **verfahrensbeschleunigende Wirkung** der Vermutungstatbestände wurde daher bereits während des Gesetzge-

bungsprozesses positiv bewertet.[11] Ob der DMA tatsächlich schnell und flexibel genug auf die enorme Geschwindigkeit der digitalen Märkte (→ *Glossar* Rn. 11) reagieren kann, bleibt abzuwarten. Ebenfalls mit Spannung zu erwarten ist, ob der DMA den Unternehmen genügend Orientierungshilfen zur Prüfung der Schwellenwerte der Vermutung zur Verfügung stellt oder zB im Hinblick auf den Anhang zur Berechnung der Nutzerzahlen Anpassungsbedarf besteht.

24 Bereits im Gesetzgebungsprozess hat die Kritik primär die **inhaltliche Ausgestaltung der Vermutungstatbestände** betroffen. Kritisiert wurde, dass Umsätze und Nutzerzahlen nur Indizien für die Größe darstellen, nicht jedoch bedeuten, dass der Torwächter auch tatsächlich eine entsprechende Machtstellung innehat.[12] So könne zwar die Anzahl der Nutzer Netzwerkeffekte indizieren, die Aussagekraft in Bezug auf die betroffenen Wettbewerbsverhältnisse könnte aber bspw. durch eine tatsächlich bestehende Möglichkeit etwa des Multi-Homing (→ *Glossar* Rn. 28) wieder relativiert werden.[13]

25 Es wird sich also zeigen, ob die im DMA geregelten Kriterien und das damit zusammenhängende Verfahren tatsächlich in der Lage sein werden, digitale Märkte **fair und bestreitbar** zu halten. Dennoch bietet der DMA die Möglichkeit, schnell und frühzeitig gegen Unternehmen – die entweder bereits Torwächter sind oder es zeitnah werden – vorzugehen, um so negativen Entwicklungen gegenzusteuern.

11 Schweitzer ZEuP 2021, 503 (521).
12 De la Mano et al., The Digital Markets Act, 2021, abrufbar unter https://www.compasslexecon.com/the-proposed-dma-back-to-the-form-based-future/, Rn. 4.9; de Streel et al., Making the Digital Markets Act more resilient and effective, 2021, abrufbar unter https://cerre.eu/publications/european-parliament-digital-markets-act-dma-resilient-effective/, S. 18; Geradin, What is a digital Gatekeeper?, 2.4.2021, abrufbar unter https://dx.doi.org/10.2139/ssrn.3788152, S. 15, 20; Körber NZKart 2021, 379 (382); Schweitzer ZEuP 2021, 503 (525).
13 Haus/Weusthof WuW 2021, 318 (320); Schweitzer ZEuP 2021, 503 (525); Körber NZKart 2021, 379 (382 f.).

§ 5 Überprüfung durch die EU-Kommission (Art. 4 DMA)

A. Überblick

1 Die EU-Kommission kann ihre (nach Art. 3 DMA) erlassenen Beschlüsse, mit denen ein Unternehmen als Torwächter benannt wird (→ § 4 Rn. 18 ff., Art. 3 Abs. 1 DMA), überprüfen, ändern oder aufheben (Art. 4 DMA). Die Überprüfung erfolgt zum einen in bestimmten Fällen **auf Antrag** oder **von Amts wegen** (Abs. 1). Durch den Antrag eines Unternehmens kann also ggf. eine Abänderung oder Aufhebung des Status als Torwächter erreicht werden. Ungeachtet eines Antrags werden die Unternehmen auch dadurch geschützt, dass die EU-Kommission zur **regelmäßigen, anlasslosen Kontrolle** der Benennungsbeschlüsse verpflichtet wird (Abs. 2).

2 Für die Überprüfung zuständig bleibt jedoch allein die **EU-Kommission**. Ihr kommt somit eine zentrale Rolle bei der Kontrolle ihrer eigenen Beschlüsse nach Art. 3 Abs. 1 DMA zu. Die zentrale Stellung der EU-Kommission erklärt sich aus dem Ansatz des DMA: Wesentliches Ziel ist die schnelle und effektive Kontrolle von Torwächtern und die Verhinderung der Rechtszersplitterung aufgrund einer Vielzahl nationaler Vorschriften (vgl. Erwgr. 8 DMA). Daher sieht der DMA zwar eine Kooperation zwischen den Mitgliedstaaten und der EU-Kommission vor (Erwgr. 90, Art. 37 ff. DMA), weist der EU-Kommission aber die klare „Führungsrolle" zu.

3 Daneben ist auch eine **gerichtliche Überprüfung** des Benennungsbeschlusses möglich. Zwar spricht Art. 45 DMA (iVm Erwgr. 94 DMA) nur davon, dass Beschlüsse, mit denen Geldbußen oder Zwangsgelder verhängt werden, einer uneingeschränkten Ermessensnachprüfung durch den EuGH unterliegen. Das bedeutet aber nur, dass dadurch der gerichtliche Prüfungsumfang auf eine unbeschränkte Ermessensprüfung erweitert wird (und nicht nur Ermessensmissbrauch überprüft werden kann, vgl. Art. 263 Abs. 1, Abs. 4 AEUV). Eine Klage gegen den Benennungsbeschluss hat jedoch keine aufschiebende Wirkung (Art. 278 S. 1 AEUV).

4 Die EU-Kommission ist zudem zur Veröffentlichung und Aktualisierung einer **Liste** der Torwächter und der zentralen Plattformdienste, welche die Verhaltenspflichten

(→ § 6 Rn. 11 ff., Art. 5, 6, 7 DMA) einhalten müssen, verpflichtet (Art. 4 Abs. 3 DMA – dazu → Rn. 21 ff.). Neben der Überprüfung ihrer Benennungsbeschlüsse nach Art. 4 DMA stehen der EU-Kommission weitere spezifische **Überprüfungsmöglichkeiten** zur Verfügung (dazu → Rn. 22 ff.).

B. Überprüfungsarten

5 Art. 4 DMA sieht **zwei Formen der Überprüfung** vor: Eine „anlassbezogene" Überprüfung nach Abs. 1 (hierzu unter → Rn. 6 ff.) und eine „regelmäßige" Überprüfung nach Abs. 2 (hierzu → Rn. 14 ff.).

I. Anlassbezogene Überprüfung (Art. 4 Abs. 1 DMA)

6 Eine anlassbezogene Überprüfung kann auf Antrag oder von Amts wegen erfolgen (Art. 4 Abs. 1 DMA). Dabei ist zu erwarten, dass eine auf einen **Antrag** zurückzuführende Überprüfung aufgrund des Interesses des betroffenen Unternehmens an einem Verlust des Torwächter-Status wohl den Regelfall darstellen wird.

7 Inwiefern die EU-Kommission selbst **von Amts wegen** im Rahmen des Art. 4 Abs. 1 DMA tätig oder aber lediglich im Rahmen der regelmäßigen Überprüfung nach Art. 4 Abs. 2 DMA eine Überprüfung vornehmen wird, bleibt abzuwarten. Zu erwarten ist, dass eine von Amts wegen eingeleitete Überprüfung nur in Fällen stattfinden dürfte, in denen sich die Fehlerhaftigkeit des Benennungsbeschlusses aufdrängt, da die EU-Kommission ihre Kapazitäten zielgerichtet einsetzen muss. Der EU-Kommission kommt bezüglich der Entscheidung, ob die Einleitung einer Überprüfung erfolgt, **Ermessen** zu.

1. Veränderung des zugrunde liegenden Sachverhalts in einem wesentlichen Punkt (lit. a)

8 Eine anlassbezogene Überprüfung ist zunächst möglich, wenn sich der für den Benennungsbeschluss zugrunde gelegte **Sachverhalt** in einem **wesentlichen Punkt geändert** hat (Art. 4 Abs. 1 lit. a DMA). Wesentlich ist hierbei nicht jede Änderung der Sachlage, sondern nur solche Punkte, die zu einer Änderung der rechtlichen Bewertung in Bezug auf den Benennungsbeschluss führen (vgl. Erwgr. 30 DMA). Eine Änderung ist somit nur dann geboten, wenn die Änderung der Sachlage auch zu einer Änderung der Bewertung führt. Die Feststellung, ob dies der Fall ist oder nicht, soll auf einer Einzelfallbewertung der Sachlage und der Umstände beruhen (vgl. Erwgr. 30 DMA).

2. Beruhen auf unvollständigen, unrichtigen oder irreführenden Angaben (lit. b)

9 Eine anlassbezogene Überprüfung ist ferner möglich, wenn der Benennungsbeschluss auf **unrichtigen, unvollständigen** oder **irreführenden Angaben** beruht (Art. 4 Abs. 1 lit. b DMA). Die Begriffe sind im DMA nicht näher definiert. Unter Rückgriff auf das Verständnis aus der europäischen Fusionskontrolle sind die folgenden Konkretisierungen naheliegend:

10 **„Unvollständige Angaben"** sind demnach solche Angaben, die nicht den in dem ursprünglichen Auskunftsersuchen der Kommission an das jeweilige Unternehmen zur

Erfüllung ihrer Aufgaben nach dem DMA (vgl. zum grundsätzlich weiten Umfang Art. 21 DMA) geforderten Umfang aufweisen. Unvollständig sind Angaben ferner dann, wenn die durch das Unternehmen erteilten Auskünfte nicht dem gesetzlich gebotenen Informationsgehalt entsprechen (vgl. Art. 3 Abs. 3 DMA).[1]

Unter dem Begriff der **„unrichtigen Angaben"** ist demgegenüber eine objektiv unzutreffende Tatsachenmitteilung zu verstehen.[2] Jedoch dürfte auch hier gelten, dass nicht jede unrichtige Mitteilung an die EU-Kommission erfasst wird. Vielmehr werden nur solche Angaben erfasst, die auch für die Entscheidung der EU-Kommission, einen Benennungsbeschlusses nach Art. 3 Abs. 1 DMA zu erlassen, zumindest mitursächlich geworden sind (Art. 4 Abs. 1 lit. a DMA).[3] 11

Der Tatbestand der **„irreführenden Angaben"** bezeichnet – jedenfalls im Fusionskontrollrecht – eine Situation, in der durch eine unübersichtliche oder sonst schwer durchschaubare Darstellung des Sachverhalts ein unrichtiger Eindruck hervorgerufen wurde.[4] Für die Annahme irreführender Angaben dürfte insofern insbesondere eine subjektive Komponente („Irreführungsabsicht") des jeweiligen Unternehmens bei Übermittlung der entsprechenden Informationen an die EU-Kommission erforderlich sein, die jedoch auch bei der Übermittlung von unvollständigen oder unrichtigen Angaben vorliegen kann (aber nicht muss).[5] Insoweit können sich die einzelnen Tatbestandsmerkmale des Art. 4 Abs. 1 lit. b DMA auch überschneiden. 12

3. Rechtsfolge der anlassbezogenen Überprüfung

Kommt die Kommission zu dem Ergebnis, dass der ursprüngliche Beschluss fehlerhaft war, stellt sie die Fehlerhaftigkeit des **Benennungsbeschlusses** fest; gleichzeitig ändert sie den Benennungsbeschluss oder hebt ihn auf. Der neue Beschluss ist von der EU-Kommission zu veröffentlichen (Art. 44 Abs. 1 DMA), wobei den berechtigten Interessen der Torwächter oder Dritter am Schutz ihrer vertraulichen Informationen Rechnung zu tragen ist (Art. 44 Abs. 2 DMA). 13

II. Regelmäßige Überprüfung (Art. 4 Abs. 2 DMA)

Die regelmäßige, anlassunabhängige Überprüfung nach Art. 4 Abs. 2 DMA ergänzt die anlassbezogene Überprüfung (Abs. 1). Der EU-Kommission wird neben der regelmäßigen Pflicht zur **Überprüfung der Einstufung** eines Unternehmens als Torwächter (Abs. 2 UAbs. 1) auch die Pflicht zur Prüfung auferlegt, ob **neue oder weitere Unternehmen**, die zentrale Plattformdienste bereitstellen, die in Art. 3 Abs. 1 DMA genannten Anforderungen erfüllen (Abs. 2 UAbs. 2). UAbs. 1 bezieht sich daher nur auf Unternehmen, die bereits als Torwächter benannt wurden, während sich UAbs. 2 auf alle weiteren Unternehmen und somit auch auf (neue) potenzielle Torwächter bezieht. Anders als im Rahmen des Art. 4 Abs. 1 DMA besteht für die EU-Kommission hin- 14

1 Vgl. hierzu im Rahmen des insofern vergleichbaren Art. 14 Abs. 1 lit. a FKVO FK-KartellR/Jaeger FKVO Art. 14 Rn. 12.
2 Vgl. hierzu im Rahmen des Art. 6 Abs. 3 lit. a FKVO Immenga/Mestmäcker/Körber FKVO Art. 6 Rn. 87, 88.
3 Vgl. Immenga/Mestmäcker/Körber FKVO Art. 6 Rn. 87.
4 Vgl. zu Art. 14 Abs. 1 FKVO FK-KartellR/Jaeger FKVO Art. 14 Rn. 7.
5 Vgl. zu Auskunftsverlangen nach Art. 11 FKVO Immenga/Mestmäcker/Körber FKVO Art. 11 Rn. 23; ferner FK-KartellR/Jaeger FKVO Art. 14 Rn. 7.

sichtlich der Frage, ob die Überprüfungsverpflichtungen des Art. 4 Abs. 2 DMA ausgeübt werden sollen, **kein Ermessen**. Es handelt sich vielmehr um eine rein zeitlich bedingte, regelmäßige Überprüfungspflicht.

15 Die Vorschrift ist insofern Ausdruck des **Verhältnismäßigkeitsgrundsatzes** (vgl. Erwgr. 27 DMA): Die EU-Kommission soll nur diejenigen Verpflichtungen auferlegen, die erforderlich und angemessen sind, um die Ziele der Verordnung zu erreichen, und regelmäßig überprüfen, ob diese Verpflichtungen aufrechterhalten, aufgehoben oder angepasst werden sollten. Dies dient zudem der Stärkung des Vertrauens der tatsächlichen oder potenziellen Marktteilnehmer in die Bestreitbarkeit und Fairness der betreffenden Dienste (Erwgr. 28 DMA).

16 Die anlassunabhängige Überprüfungspflicht ist zudem Ausdruck eines **Korrektivs**, das aus den obligatorischen Verboten und Pflichten resultiert, die sich aus der Einstufung als Torwächter ergeben: Dort, wo das Kartellrecht ex-post und somit für das Geschehen auf den dynamischen Märkten häufig erst zu spät angewendet werden kann, werden im Rahmen des DMA den Torwächtern bereits Pflichten und Verbote auferlegt, ohne dass eine Rechtsverletzung nachgewiesen werden muss. Diese „Vorwirkung" des DMA fordert dementsprechend eine umfassende Verpflichtung der EU-Kommission zur Kontrolle der Einstufung von Unternehmen als Torwächter.

1. Routinemäßige Überprüfung des Torwächter-Status (Abs. 2 UAbs. 1)

17 Die EU-Kommission muss hinsichtlich der Unternehmen, die bereits als Torwächter benannt wurden, regelmäßig, mindestens jedoch alle drei Jahre, sowohl das Vorliegen der Anforderungen des Art. 3 Abs. 1 DMA als auch die Liste der zentralen Plattformdienste des Torwächters im Sinne des Art. 3 Abs. 1 lit. b überprüfen (Art. 4 Abs. 2 UAbs. 1 DMA, hierzu auch → § 3 Rn. 5 ff., Art. 3 DMA). Diese Überprüfung hat ausdrücklich **keine aufschiebende Wirkung** auf die Verpflichtungen des Torwächters (Art. 4 Abs. 2 S. 3 DMA).

18 Aufgrund des **dynamischen Wandels** im digitalen Sektor müssen solche regelmäßigen Kontrollen in einem angemessenen zeitlichen Rahmen erfolgen, um hinsichtlich der regulatorischen Rahmenbedingungen Rechtssicherheit zu gewährleisten, da sich die tatsächlichen Gegebenheiten und das Marktumfeld innerhalb kurzer Zeit stark ändern können. Dabei ist wichtig, dass eine Verhaltensweise, die wahrscheinlich die Bestreitbarkeit zentraler Plattformdienste beschränkt oder unfair ist, aufgedeckt wird (vgl. Erwgr. 77 DMA). Im Falle einer wesentlichen Veränderung des Sachverhalts, die einen Wegfall der Voraussetzungen für die Einstufung als Torwächter (Art. 3 Abs. 1 DMA) bedeuten könnte, dürfte jedoch ohnehin von einem selbstständigen Tätigwerden der Unternehmen und einem entsprechenden Antrag nach Art. 4 Abs. 1 DMA auch vor Ablauf der Dreijahresfrist ausgegangen werden.

2. Jährliche Überprüfung neuer zentraler Plattformdienste (Abs. 2 UAbs. 2)

19 Zudem ist die EU-Kommission verpflichtet, mindestens einmal jährlich zu überprüfen, ob neue Unternehmen, die **zentrale Plattformdienste** anbieten, die Voraussetzungen zur Einstufung als Torwächter erfüllen (Art. 4 Abs. 2 UAbs. 2 DMA). Dadurch wird die Verpflichtung der Unternehmen ergänzt, die das Erreichen der Gatekeeper-

Schwellenwerte (Vermutung des Art. 3 Abs. 2 DMA) unverzüglich, in jedem Fall aber innerhalb von zwei Monaten nach Erreichen der Schwellenwerte, der EU-Kommission melden und die erforderlichen Informationen übermitteln müssen (Art. 3 Abs. 3 UAbs. 1 DMA, hierzu auch → § 4 Rn. 4 ff.).

3. Rechtsfolge der regelmäßigen Überprüfung

Rechtsfolge der regelmäßigen Überprüfung durch die EU-Kommission ist die Bestätigung bzw. der Erlass eines erstmaligen Benennungsbeschlusses, sofern die Voraussetzungen für die Einstufung als Torwächter (weiterhin) gegeben sind. Andernfalls wird der Beschluss abgeändert oder aufgehoben (Art. 4 Abs. 2 UAbs. 3 DMA). Der Beschluss ist durch die EU-Kommission zu veröffentlichen (Art. 44 Abs. 1 DMA), wobei auch hier den berechtigten Interessen der Torwächter oder Dritter am Schutz ihrer vertraulichen Informationen Rechnung zu tragen ist (Art. 44 Abs. 2 DMA). 20

C. Veröffentlichung und Aktualisierung der Torwächter-Liste (Art. 4 Abs. 3 DMA)

Die EU-Kommission ist zur Veröffentlichung und Aktualisierung einer Lister der Torwächter und einer Liste der zentralen Plattformdienste, hinsichtlich derer die Torwächter die in Art. 5–7 DMA (→ § 6 Rn. 11 ff.) genannten Verpflichtungen einhalten müssen, verpflichtet (Art. 4 Abs. 3 DMA). Da sich im digitalen Sektor die angebotenen Dienste innerhalb kurzer Zeit ändern können, soll durch die Veröffentlichung der Liste sichergestellt werden, dass möglicherweise problematische und unfaire Verhaltensweisen zentraler Plattformdienste **aufgedeckt** werden (vgl. Erwgr. 77 DMA). Die Veröffentlichung dient somit auch dazu, die Verordnung regelmäßig zu überprüfen und ihre Auswirkungen auf die Bestreitbarkeit und Fairness der Geschäftsbeziehungen in der Online-Plattformwirtschaft genau zu überwachen (Erwgr. 105 DMA). 21

D. Weitere Überprüfungsmöglichkeiten der EU-Kommission und der Torwächter

Neben der Überprüfung des Benennungsbeschlusses im Rahmen des Art. 4 DMA stehen den betroffenen Unternehmen und der EU-Kommission zudem **weitere spezifische Überprüfungsmöglichkeiten** zur Verfügung. 22

I. Überprüfungsmöglichkeiten für Torwächter

Ein Torwächter kann die EU-Kommission ersuchen, festzustellen, ob durch die von ihm ergriffenen Maßnahmen das **Ziel der ihm auferlegten Verpflichtungen** wirksam **erreicht** wird (Art. 8 Abs. 3 S. 1 DMA). Die EU-Kommission entscheidet hierbei nach eigenem Ermessen über die Einleitung eines solchen Verfahrens unter Wahrung der Grundsätze der Gleichbehandlung, der Verhältnismäßigkeit und der guten Verwaltungspraxis (Art. 8 Abs. 3 S. 2 DMA). 23

Der Torwächter kann zudem die vollständige oder teilweise **Aussetzung seiner Verpflichtungen** beantragen (Art. 9 Abs. 1 DMA). Voraussetzung ist hier jedoch die Darlegung außergewöhnlicher Umstände, auf die der Torwächter keinen Einfluss hat und welche die Rentabilität seiner Geschäftstätigkeit in der Europäischen Union gefährden würden. Die Aussetzung steht wiederum im Ermessen der EU-Kommission. In 24 dringenden Fällen besteht zudem die Möglichkeit der vorläufigen Aussetzung (Art. 9 Abs. 3 DMA).

25 Vergleichbare Regelungen bestehen bei einer **Befreiung aus Gründen der öffentlichen Sicherheit oder Ordnung** (Art. 10 Abs. 1 DMA). Auch hier besteht die Möglichkeit einer vorläufigen Befreiung in dringenden Fällen (Art. 10 Abs. 4 DMA).

II. Überprüfungsmöglichkeiten und -pflichten der EU-Kommission

26 Besonders hervorzuheben sind die Überprüfungsmöglichkeiten der EU-Kommission im Rahmen einer **Marktuntersuchung** (Art. 17, 18 DMA). Insbesondere sind Benennungen als Torwächter bei Unternehmen, die hinsichtlich ihrer Tätigkeit noch keine gefestigte und dauerhafte Position innehaben (Art. 3 Abs. 8 DMA), durch die EU-Kommission im Verfahren nach Art. 4 DMA anlassbezogen und regelmäßig zu überprüfen (Art. 17 Abs. 4 DMA). Zudem überprüft die EU-Kommission regelmäßig die verhängten **Abhilfemaßnahmen** im Falle der systematischen Nichteinhaltung der Verhaltenspflichten durch einen Torwächter (Art. 18 Abs. 1, 2 DMA), um sicherzustellen, dass der Torwächter seinen Verhaltenspflichten (Art. 5, 6, 7 DMA) tatsächlich nachkommt (Art. 18 Abs. 8 DMA). Im Rahmen einer obligatorischen Prüfungspflicht untersucht die EU-Kommission zudem sowohl Aussetzungsbeschlüsse (Art. 9 Abs. 2 DMA) als auch Befreiungsbeschlüsse (Art. 10 Abs. 2 DMA) einmal jährlich.

§ 6 Verhaltenspflichten für Torwächter (Art. 5–7 DMA)

Literatur: *Achleitner*, Selbstbegünstigung als Konzept des Marktmissbrauchs unter Art. 102 AEUV. Das Grundsatzurteil des EuG zu Google Shopping als Initialzündung für einen Wandel in der Digitalwirtschaft? – Anmerkung zum Urteil des EuG v. 10.11.2021, Rs. T-612/17 (Google und Alphabet/Kommission [Google Shopping]), EuR 2022, 253; *Achleitner*, Digital Markets Act beschlossen: Verhaltenspflichten und Rolle nationaler Wettbewerbsbehörden, NZKart 2022, 359; *Basedow*, Das Rad neu erfunden: Zum Vorschlag für einen Digital Markets Act, ZEuP 2021, 217; *Fiebig*, Meistbegünstigungs- und Preisparitätsklauseln im Internetvertrieb, NZKart 2014, 122; *Grünwald*, Gekommen, um zu bleiben? – § 19a GWB im Lichte des DMA-Entwurfs, NZKart 2021, 496; *Haus/Weusthof*, The Digital Markets Act – a Gatekeeper's Nightmare?, WuW 2021, 318; *Herbers*, Der Digital Markets Act (DMA) kommt – neue Dos and Don'ts für Gatekeeper in der Digitalwirtschaft, RDi 2022, 252; *Hoffer/Lehr*, Onlineplattformen und Big Data auf dem Prüfstand – Gemeinsame Betrachtung der Fälle Amazon, Google und Facebook, NZKart 2019, 10; *Khan*, Amazon's Antitrust Paradox, Yale Law Journal 2017, 710; *Kumkar*, Der Digital Markets Act nach dem Trilog-Verfahren, RDi 2022, 347; *Lichtenberg*, Die Bedingungen des App Stores auf dem Prüfstand, NZKart 2021, 551; *Podszun*, The Digital Markets Act: What's in it for Consumers?, EuCML 2022, 1; *Podszun*, Should Gatekeepers Be Allowed to Combine Data? Ideas for Art. 5(a) of the Draft Digital Markets Act, GRUR-Int 2022, 197; *Polley/Konrad*, Der Digital Markets Act – Brüssels neues Regulierungskonzept für Digitale Märkte, WuW 2021, 198; *Quandt*, Der App-Store als Kartellrechtsproblem, EuZW 2021, 13; *Reumann/Weber*, Selbstbegünstigung im Kartellrecht – Marktmachtmissbrauch superdominanter Plattformen?, NZKart 2022, 314; *Schweitzer*, The Art to Make Gatekeeper Positions Contestable and the Challenge to Know What Is Fair: A Discussion of the Digital Markets Act Proposal, ZEuP 2021, 503; *Völcker/Benditz*, Die Entwicklung des europäischen Kartellrechts im Jahr 2021, EuZW 2022, 247; *Westermann*, Der geplante Digital Markets Act: Europäische Regulierung zentraler Plattformdienste außerhalb des Kartellrechts?, ZHR 186 (2022), 325; *Wolf/Brüggemann*, Der Digital Markets Act und § 19a GWB, D-Kart v. 19.7.2022, abrufbar unter https://www.d-kart.de/blog/2022/07/19/agenda-2025-der-digital-markets-act-und-%C2%A719a-gwb/; *Zimmer/Göhsl*, Vom New Competition Tool zum Digital Markets Act: Die geplante EU-Regulierung für digitale Gatekeeper, ZWeR 2021, 29.

A. Überblick

1 Kernstück des Digital Markets Act sind die Verhaltenspflichten für Torwächter. Die Verhaltenspflichten sollen die als Torwächter qualifizierten Unternehmen in ihren **Handlungsmöglichkeiten** so **einschränken**, dass es ihnen im Ergebnis verwehrt ist, ihre Positionen rund um ihre zentralen Plattformdienste auf digitalen Märkten weiter vor Wettbewerb abzuschotten und sich gegenüber anderen Marktteilnehmern unfair zu verhalten.[1]

2 Zahlreiche kartellbehördliche Missbrauchsverfahren gegen große Digitalunternehmen in den letzten Jahren hatten das Ziel, bestimmte Verhaltensweisen als missbräuchlich und somit implizit als wettbewerbsschädlich einzustufen. Für die vom **Pflichtenkatalog** des DMA erfassten Verhaltensweisen soll zukünftig die behördliche (in der Regel sehr aufwändige) Einstufung als wettbewerbsschädlich entfallen. Stattdessen gelten die Verhaltensweisen für alle als Torwächter benannten Unternehmen (vgl. Art. 3 Abs. 3–10 DMA) bereits ex-ante (self-executing) – mithin unabhängig von behördlichen oder gerichtlichen Feststellungen – als **wettbewerbsschädlich**.

3 Dieser Ansatz ist für den DMA zentral: Denn wo das „klassische" Kartellrecht meist jahrelange Verfahren und Prozesse erforderte,[2] bis ein wettbewerbsschädliches Verhalten abgestellt werden konnte, kann der Torwächter nunmehr nicht mehr abwarten, sondern muss die Ge- und Verbote des DMA unmittelbar befolgen.[3] Eine spezifische Bewertung der tatsächlichen oder wahrscheinlichen Auswirkungen eines bestimmten Verhaltens auf den Wettbewerb entfällt somit.[4]

4 Dieser Ansatz erklärt auch, warum die EU-Kommission den DMA nicht auf Art. 103 AEUV als Kompetenzgrundlage stützte, sondern auf Art. 114 AEUV (→ § 2 Rn. 16), geht es ihr doch – freilich streitbar[5] – nicht primär darum, einen Verstoß gegen die Art. 101 ff. AEUV zu ahnden (ex-post), sondern bereits **ex-ante** durch den Katalog an Verhaltenspflichten das Funktionieren des Binnenmarktes zu gewährleisten. Der

1 Erwgr. 7 DMA; zu den ökonomischen Hintergründen siehe Erwgr. 2 DMA; vgl. auch Herbers RDi 2022, 252.
2 Exemplarisch hierfür ist sicher das bereits 2009 eingeleitete Verfahren Google Shopping, das (vorerst) mit dem Urteil des EuG vom 10.11.2021 beendet wurde; vgl. EuG 10.11.2021 – T-612/17, NZKart 2021, 684 – Google Shopping.
3 Podszun EuCML 2022, 1 (1); Kumkar RDi 2022, 347 (348).
4 Achleitner NZKart 2022, 359 (360).
5 Kritisch zur Wahl der Rechtsgrundlage Basedow ZEuP 2021, 217 (221); Polley/Konrad WuW 2021, 198 (199); Haus/Weusthof WuW 2021, 318 (318 f.); Zimmer/Göhsl ZWeR 2021, 29 (33).

DMA ist insofern nicht nur als weiteres Instrument des Wettbewerbsrechts zu verstehen, sondern als „echtes Regulierungsrecht".[6]

Die Verhaltenspflichten lassen sich im Wesentlichen in Gebote und Verbote (Dos and Don'ts) unterteilen. Es handelt sich hierbei um keine allgemein gefassten Tatbestände, die auf eine Vielzahl von Sachverhalten anwendbar wären, sondern vielmehr um weitgehend konkrete Anforderungen an das Verhalten von Torwächtern im Zusammenhang mit einem von ihnen angebotenen zentralen Plattformdienst (core platform service, CPS).[7] Gegen diesen **stark normativ geprägten Ansatz** des DMA wird teilweise eingewandt, dass hierdurch auch solche Verhaltensweisen, die nicht per se und nicht ausschließlich wettbewerbsschädlich sind, pauschal und ohne Einzelfallbetrachtung für unzulässig erklärt werden.[8] 5

Im Falle einer Nichteinhaltung der Verhaltenspflichten kann die EU-Kommission insbesondere – im Rahmen des Erlasses eines Nichteinhaltungsbeschlusses gem. Art. 29 DMA – **Geldbußen** nach Art. 30 DMA oder **Zwangsgelder** nach Art. 31 DMA verhängen (→ § 10 Rn. 2 ff.). 6

Die zentralen Verhaltenspflichten für Torwächter sind in den Art. 5–7 DMA geregelt.[9] Zwar sollen alle Bestimmungen angesichts der zuvor dargestellten regulatorischen Ausrichtung des DMA self-executing sein. Jedoch weisen die Vorschriften durchweg **unterschiedliche Bestimmtheitsgrade** auf: Die Pflichten aus Art. 5 DMA sind hierbei ohne weitere Konkretisierung unmittelbar anwendbar. Die Pflichten aus Art. 6 DMA bedürfen hingegen noch einiger Konkretisierungen, die in erster Linie durch den Torwächter selbst erfolgen. Stellt die EU-Kommission fest, dass die Konkretisierungen durch den Torwächter nicht ausreichend sind, soll sie aber auch selbst eine entsprechende Konkretisierung im Rahmen eines „regulatorischen Dialogs" vornehmen können (Art. 8 DMA).[10] 7

Je konkreter eine Verhaltenspflicht ausgestaltet ist, desto wahrscheinlicher ist aber auch, dass sie einer zukünftigen **Weiterentwicklung** bedarf. Denn die Ge- und Verbote des DMA müssen zwar möglichst konkret gefasst sein, um Unklarheiten zu vermeiden, die nur durch langwierige behördliche oder gerichtliche Klärung in den Griff zu bekommen wären. Diese „Passgenauigkeit" der Verhaltenspflichten dürfte aber jedenfalls häufig verhindern, dass auch technische Veränderungen vom DMA erfasst werden können, die in hochdynamischen digitalen Märkten stets zu erwarten sind. Insofern ist eine Anpassung der Verhaltenspflichten des DMA auf der Basis des in Art. 12 DMA vorgesehenen **delegierten Rechtsaktes** der EU-Kommission im Anschluss an eine Marktuntersuchung nach Art. 19 DMA in regelmäßigen Abständen wahrscheinlich und womöglich auch erforderlich. 8

6 Kumkar RDi 2022, 347 (349); Schweitzer ZEuP 2021, 503.
7 Herbers RDi 2022, 252 (254).
8 Vgl. hierzu bspw. Lichtenberg NZKart 2021, 551 (554).
9 Weitere verfahrensrechtliche Verhaltenspflichten sind in Art. 14 und 15 festgehalten, dazu → § 9 Rn. 4.
10 Kumkar RDi 2022, 347 (350).

9 Darüber hinaus bleibt abzuwarten, ob die Vorgaben des DMA tatsächlich ohne Weiteres von den Torwächtern umgesetzt werden.[11] Auf Grundlage des DMA getroffene Entscheidungen der EU-Kommission unterliegen grundsätzlich der **gerichtlichen Prüfung**; im Hinblick auf Geldbußen oder Zwangsgelder gilt sogar eine unbeschränkte Ermessensnachprüfung. Allen Absichten und Beteuerungen der EU-Kommission zum Trotz wird wohl erst nach gerichtlicher Entscheidung die konsequente Anwendung des DMA in Form der self-execution möglich sein.

10 Gerade um langwierige gerichtliche Überprüfungen vor dem EuG und EuGH aufgrund von Rechtsunklarheiten im Verordnungstext zu vermeiden, wird die **EU-Kommission als zentrales Durchsetzungsorgan** ihrer Rolle als Garant für eine einheitliche Auslegung der Pflichtenkataloge von Anfang an gerecht werden müssen. Dabei dürfte die Zusammenarbeit mit nationalen Behörden und Gerichten zentrale Bedeutung erlangen (→ § 11 Rn. 8 ff., 31 ff.). Offen ist insoweit vor allem, in welchem Ausmaß die EU-Kommission auf diese Zusammenarbeit setzen wird. Gleiches gilt für die Frage, inwiefern es bei Verstößen zu Konflikten mit dem nationalen Recht (in Deutschland insbesondere mit § 19a GWB[12]) kommen kann. Ein weiteres praktisches Entwicklungsfeld des DMA dürfte die Frage sein, wie Verbraucher unmittelbare Vorteile aus der Anwendung des DMA ziehen können.[13]

B. Verhaltenspflichten des Art. 5 DMA

I. Übersicht

Art. 5 Abs. 2	Verbot der Kombination personenbezogener Daten
Art. 5 Abs. 3	Verbot der Nutzung von Meistbegünstigungsklauseln
Art. 5 Abs. 4	Verpflichtung, Kommunikation an Endnutzer zu erlauben
Art. 5 Abs. 5	Verpflichtung, Endnutzern Zugang zu Services gewerblicher Nutzer zu gewähren
Art. 5 Abs. 6	Verbot, Rechtsbehelfe von Nutzern einzuschränken
Art. 5 Abs. 7	Kopplungsverbot
Art. 5 Abs. 8	Verbot, Registrierungen bei anderen zentralen Plattformen zu verlangen
Art. 5 Abs. 9	Verpflichtung, Werbetreibenden Informationen zu Werbepreisen zur Verfügung zu stellen
Art. 5 Abs. 10	Verpflichtung, Herausgebern Informationen zu Werbepreisen zur Verfügung zu stellen

11 Auf diese Problematik hat beispielsweise kürzlich Andreas Mundt, Präsident des Bundeskartellamtes, hingewiesen; vgl. dazu https://mlexmarketinsight.com/news/insight/self-enforcing-dma-provisions-will-trigger-litigation-mundt-says.

12 Zur Problematik des DMA im Verhältnis zu § 19a GWB vgl. insbes. Westermann ZHR 186 (2022), 325; Grünwald NZKart 2021, 496; Zimmer/Göhsl ZWeR 2021, 29 (57); Polley/Konrad WuW 2021, 198 (199); Wolf/Brüggemann, Der Digital Markets Act und § 19a GWB, D-Kart v. 19.7.2022, abrufbar unter https://www.d-kart.de/blog/2022/07/19/agenda-2025-der-digital-markets-act-und-%C2%A719a-gwb/.

13 Podszun EuCML 2022, 1.

II. Verbot der Kombination personenbezogener Daten (Art. 5 Abs. 2 DMA)

Art. 5 Abs. 2 DMA untersagt dem Torwächter die Kombination personenbezogener Daten in vier konkreten Konstellationen.[14] Alle vier Konstellationen bauen auf bisher schon **bekannten Verhaltensweisen** großer Digitalunternehmen auf:[15] 11

- Nutzung personenbezogener Daten für (Online-)Werbezwecke, die ein Torwächter über seine Dienste für Dritte erlangt hat (lit. a),
- Zusammenführung personenbezogener Daten, die in unterschiedlichen Diensten des Torwächters (oder von Dritten) erlangt wurden (lit. b),
- Nutzung personenbezogener Daten aus einem Dienst des Torwächters für das Angebot eines anderen Dienstes des Torwächters (lit. c),
- Zusammenführung personenbezogener Daten, indem Endnutzer eines zentralen Plattformdienstes bei einem anderen Dienst des Torwächters zum Zwecke der Kombination angemeldet werden (lit. d).

Sinn und Zweck dieser Verbote ist es, den Vorteil der zentralen Stellung von Torwächtern zu beschränken. Dieser Vorteil besteht für den Torwächter im Wesentlichen in der aus seiner zentralen Stellung erwachsenden Möglichkeit, **Daten** aus **unterschiedlichen Nutzerquellen** anzuhäufen und zu **kombinieren** (vgl. Erwgr. 36 DMA). Erwägungsgrund 36 DMA sieht zudem vor, dass der Torwächter Endnutzern eine weniger personalisierte Alternative zur Verfügung stellen sollte, die sich hinsichtlich der Qualität nicht von dem einwilligungsbedürftigen Dienst unterscheiden darf, es sei denn, diese Qualitätsminderung ist auf die Reduktion der erhobenen Daten zurückzuführen (vgl. auch Erwgr. 37 DMA). 12

Torwächter können aber unter Umständen auch weiterhin personenbezogene Daten so wie in den beschriebenen Konstellationen zusammenführen. Voraussetzung dafür ist, dass dem Endnutzer eine **Wahl** gegeben wird und der Endnutzer schließlich in die entsprechende Verarbeitung **eingewilligt** hat. Für den Fall der Verweigerung der Einwilligung oder ihres Widerrufs bestimmt Art. 5 Abs. 2 UAbs. 2 DMA, dass der Torwächter den Endnutzer nur ein weiteres Mal innerhalb eines Jahres erneut um eine Einwilligung ersuchen darf. 13

Die Verweigerung der Einwilligung sollte im Übrigen nicht aufwändiger gestaltet sein als deren Erteilung (vgl. Erwgr. 37 DMA).[16] Zudem sollte der Torwächter beim Ersuchen des Endnutzers nach Erteilung der Einwilligung proaktiv eine **nutzerfreundliche Lösung** für die explizite, klare und unkomplizierte Erteilung, Änderung oder Widerrufung der Einwilligung präsentieren (vgl. Erwgr. 37 DMA). Was ihre Form anbelangt, sollte die Einwilligung durch eine klare bestätigende Handlung oder Erklärung erfolgen, die eine für den jeweiligen Fall freiwillige, in informierter Weise und unmissverständlich abgegebene Willensbekundung des Endnutzers darstellt (vgl. Erwgr. 37 DMA mit Verweis auf die DS-GVO). Im Prozess der Einwilligungserteilung sollte der Torwächter den Endnutzer auch darauf hinweisen, dass eine Verweigerung der 14

14 Für eine kritische Diskussion dieses Verbots vgl. insbes. Podszun GRUR-Int 2022, 197.
15 Achleitner NZKart 2022, 359 (362).
16 Zu den Charakteristika der Einwilligung in Bezug auf die Datenschutzgrundverordnung (DS-GVO) und das damit einhergehende Problem einer möglichen Doppelbestrafung siehe auch Polley/Konrad WuW 2021, 198 (202).

Einwilligung zwar zu einem weniger personalisierten Angebot führen, der Endnutzer den Plattformdienst jedoch weiterhin ohne Vorenthaltung bestimmter Funktionen nutzen kann (vgl. Erwgr. 37 DMA). Der Widerruf der Einwilligung sollte im Übrigen ebenso einfach sein wie ihre Erteilung (vgl. Erwgr. 37 DMA).

15 Die Möglichkeit des Torwächters, sich für die Datenverarbeitung auf in der DS-GVO vorgesehene Ausnahmen zu berufen, wird durch Art. 5 Abs. 2 DMA nicht berührt (Art. 5 Abs. 2 UAbs. 3 DMA, Art. 6 Abs. 1 lit. c, d und e DS-GVO).

16 **Zusammenfassung:** Kein Nutzer muss es mehr hinnehmen, dass ein Torwächter persönliche Daten aus verschiedenen Services kombiniert, es sei denn, der Nutzer hat explizit eingewilligt.

III. Verbot der Nutzung von Meistbegünstigungsklauseln (Art. 5 Abs. 3 DMA)

17 Art. 5 Abs. 3 DMA sieht ein Verbot von Meistbegünstigungsklauseln vor. Demnach müssen Torwächter ihren gewerblichen Nutzern erlauben, diejenigen Dienste, die sie über den Torwächter anbieten, auch über andere Online-Vermittlungsdienste zu besseren Konditionen anzubieten. Meistbegünstigungsklauseln werden insofern als besonders wettbewerbsschädigend angesehen, als gewerbliche Nutzer die Produkte bei der Einhaltung solcher Klauseln nicht über andere Plattformen zu Konditionen anbieten können, die für die Marktgegenseite vorteilhafter sind (vgl. Erwgr. 39 DMA). Dergestalt kann sowohl die **Angebotsdifferenzierung** als auch die Entstehung von mit dem Torwächter **konkurrierenden Plattformen** grundsätzlich verhindert werden.[17] Das Verbot sollte daher aus Sicht der Verbraucher positive Effekte in Form von niedrigeren Preisen zeigen.

18 Als Vorlage für dieses Verbot diente insbesondere der Beschluss der EU-Kommission vom 4.5.2017.[18] Die EU-Kommission vertrat hierbei die Auffassung, dass Amazon seine beherrschende Stellung auf den Märkten für den Einzelhandelsvertrieb englischer und deutscher E-Books unter Verstoß gegen Art. 102 AEUV missbrauche, indem das Unternehmen von E-Book-Anbietern verlangte, Amazon über günstigere oder abweichende Konditionen, die die Anbieter Wettbewerbern bieten, zu unterrichten und zudem Amazon Konditionen einzuräumen, die unmittelbar oder mittelbar von den Konditionen abhängen, die anderen E-Book-Einzelhändlern geboten werden (sog. **Paritätsklauseln**).[19] Ein weiterer prominenter Fall zu (engen) **Bestpreisklauseln** ist der mittlerweile vom BGH entschiedene Fall Booking.com.[20]

19 **Zusammenfassung:** Gewerbliche Nutzer dürfen von einem Torwächter somit nicht mehr daran gehindert werden, ihre Produkte auch auf anderen Plattformen zu besseren Konditionen anzubieten.

17 Polley/Konrad WuW 2021, 198 (202).
18 AT.40153, ABl. 2017 C 264, 7 – Amazon.
19 Vgl. für eine gute Übersicht über ähnlich gelagerte Fälle Fiebig NZKart 2014, 122.
20 BGH 18.5.2021 – KVR 54/20, GRUR 2021, 1213 – Booking.com.

IV. Verpflichtung, Kommunikation mit Endnutzern zu erlauben (Art. 5 Abs. 4 DMA)

20 Art. 5 Abs. 4 DMA untersagt Torwächtern, ihre gewerblichen Nutzer an der unmittelbaren Kommunikation mit den Endnutzern zu hindern. Insofern können gewerbliche Nutzer nicht mehr verpflichtet werden, exklusiv die Dienste des Torwächters für die Kommunikation und folglich auch für die Bewerbung eigener Dienste zu nutzen. Endnutzern wird somit im Gegenzug auch die grundsätzliche Möglichkeit eröffnet, sich auf der Plattform des Torwächters über die Dienste von gewerblichen Nutzern und deren ggf. (günstigere) Angebote zu informieren. Insofern gibt Art. 5 Abs. 4 DMA den Nutzern die Möglichkeit, **Geschäftsbeziehungen unabhängig vom Torwächter anzubahnen** (vgl. Erwgr. 40 DMA).

21 Die Vorschrift ist wohl von dem Verfahren der EU-Kommission gegen Apple inspiriert.[21] Apple hatte zum einen von App-Entwicklern verlangt, das Apple-eigene In-App-Purchasing-System für **In-App-Käufe** zu verwenden und dafür eine Provision von 30 % vorgesehen. Zum anderen schränkte Apple die Möglichkeit ein, Nutzer über alternative Kaufoptionen zu informieren.[22] Hierüber hatte sich das Unternehmen Spotify bei der Kommission beschwert, da Spotify seine Nutzer über die iOS-App darüber informieren wollte, dass die Nutzer auf der Spotify-Website ein Upgrade auf ein Spotify-Premium-Abonnement vornehmen können.

22 **Zusammenfassung:** Torwächter können gewerbliche Nutzer nicht mehr daran hindern, ihre Produkte und alternative Bezugswege für diese Produkte auf der Plattform des Torwächters zu kommunizieren. Im Umkehrschluss eröffnet dies Endnutzern die Möglichkeit, sich über entsprechende Alternativen beim gewerblichen Nutzer direkt auf der Plattform des Torwächters zu informieren.

V. Verpflichtung, Endnutzern Zugang zu Services gewerblicher Nutzer zu gewähren (Art. 5 Abs. 5 DMA)

23 Ergänzend zu Art. 5 Abs. 4 DMA werden Torwächter gem. Art. 5 Abs. 5 DMA dazu verpflichtet, Endnutzern die Möglichkeit zu geben, über den zentralen Plattformdienst des Torwächters durch Nutzung von Software-Anwendungen eines gewerblichen Nutzers auf Inhalte, Abonnements, Funktionen oder andere Elemente zuzugreifen und diese zu nutzen, auch wenn die Endnutzer diese Elemente bei dem betreffenden gewerblichen Nutzer außerhalb der zentralen Plattformdienste des Torwächters erworben haben.

24 Endnutzern wird somit die Möglichkeit gegeben, Dienste von gewerblichen Nutzern auch über andere (günstigere) Kanäle als die des Torwächters zu nutzen. Dies gilt selbst dann, wenn der erstmalige Kontakt zwischen gewerblichem Nutzer und Endnutzer über einen Dienst des Torwächters zustande gekommen ist. Ein Beispiel dafür dürfte sein, dass Nutzer eines Apple iPhones auch Apps auf ihrem iPhone nutzen können sollen, die sie in anderen App Stores als dem Apple-eigenen App Store erworben haben.

21 AT.40437.

22 EU-Kommission, Antitrust: Commission sends Statement of Objections to Apple on App Store rules for music streaming providers, Pressemitteilung v. 30.4.2021, IP/21/2061.

25 **Zusammenfassung:** Endnutzer können nun alternative Bezugsmöglichkeiten der Dienste wählen, die ein gewerblicher Nutzer über einen Torwächter, aber auch über alternative Kanäle, anbietet. Der Torwächter kann alternative Geschäftsbeziehungen seiner Nutzer zueinander nicht mehr kategorisch verhindern.

VI. Verbot, Rechtsbehelfe von Nutzern einzuschränken (Art. 5 Abs. 6 DMA)

26 Art. 5 Abs. 6 DMA enthält das Verbot, die Möglichkeit von Nutzern direkt oder indirekt einzuschränken, Rechtsbehelfe in Anspruch zu nehmen. Insofern müssen Beschwerdemöglichkeiten von gewerblichen Nutzern oder Endnutzern bei den zuständigen Verwaltungsstellen oder Behörden, einschließlich nationaler Gerichte, gewahrt bleiben. Das Verbot soll **weitgreifend** sein, sodass letztlich jede Praktik (bspw. eine Vereinbarung von Vertraulichkeitsklauseln), die es den Nutzern erschwert oder sie daran hindert, ihre Bedenken geltend zu machen, verboten wird (vgl. Erwgr. 42 DMA).

27 Ein Torwächter darf also beispielsweise einen Händler nicht benachteiligen oder sonstigen Konsequenzen unterziehen, falls dieser sich über (möglicherweise) rechtswidrige Geschäftspraktiken des Torwächters bei den zuständigen Behörden beschwert. Gleiches gilt für eine Einschränkung des **Gerichtsstandes:** Beispielsweise hatte sich Amazon in einem Verfahren vor dem Bundeskartellamt[23] freiwillig bereit erklärt, eine Regelung nicht mehr beizubehalten, wonach Luxemburg ausschließlicher Gerichtsstand war. Dies hatte es insbesondere kleineren Händlern erschwert, überhaupt eine rechtliche Auseinandersetzung zu suchen.

28 Nicht von Art. 5 Abs. 6 DMA erfasst sind allerdings Maßnahmen des Torwächters, welche dieser zur Bekämpfung illegaler Online-Inhalte ergreift. Außerdem besteht die Möglichkeit, gültige Mechanismen für die Behandlung von Beschwerden und außergerichtliche **Streitbeilegungsmechanismen** im Einklang mit europäischem und nationalem Recht zu vereinbaren (vgl. Erwgr. 42 DMA).

29 **Zusammenfassung:** Nutzer können im Idealfall nun ihre Rechte unabhängig von vertraglichen Einschränkungen durch einen Torwächter ohne die Gefahr der kommerziellen Benachteiligung durchsetzen.

VII. Kopplungsverbot (Art. 5 Abs. 7 DMA)

30 Art. 5 Abs. 7 DMA bestimmt, dass Torwächter weder gewerblichen Nutzern noch Endnutzern vorschreiben dürfen, bestimmte Dienste des Torwächters zu verwenden (Kopplungsverbot). Hierunter fallen insbesondere Identifizierungsdienste, Webbrowser-Engines, Zahlungsdienste oder technische Dienste des Torwächters. Die Entwurfsversion des DMA erfasste in ihrem Art. 5 lit. e lediglich den Identifizierungsdienst.

31 Gewerbliche Nutzer soll die Vorschrift davor schützen, dass Torwächter ihnen die Nutzung von einzelnen Produkten aufdrängen, wenn sie sich nicht aktiv für die Nutzung des jeweiligen Produkts entscheiden. Gewerbliche Nutzer werden somit in ihrer **Entscheidungsfreiheit** geschützt. Damit soll im Gegenzug jeder Anbieter auf

23 B2-88/18.

jedem Marktsegment die gleichen Chancen haben, die Gunst der Nutzer zu gewinnen – unabhängig von der Stellung auf einem anderen Marktsegment. Kritisch wird dagegen angemerkt, dass die Nutzung eines einheitlichen Identifizierungsdienstes für alle Apps letztlich im Endnutzerinteresse liegen kann.[24]

Art. 5 Abs. 7 DMA untersagt es einem Torwächter beispielsweise, den Zugang zu seinem App Store davon abhängig zu machen, dass App-Entwickler den Torwächter-eigenen Dienst (zB eine Apple-ID[25]) in ihre Apps integrieren. 32

Zusammenfassung: Die Vorschrift bietet somit Nutzern die Möglichkeit, Kombinationen aus unterschiedlichen Diensten selbst zu wählen. Eine „Komplettlösung" eines Torwächters zur Abwicklung verschiedener miteinander verwobener Dienstleistungen wird folglich nicht mehr zwingend von Nutzern in Anspruch genommen werden müssen. Offen bleibt aber die Möglichkeit, dass sich Nutzer aktiv für einheitliche Lösungen des Torwächters entscheiden. 33

VIII. Verbot, Registrierungen bei anderen zentralen Plattformdiensten zu verlangen (Art. 5 Abs. 8 DMA)

Art. 5 Abs. 8 DMA ergänzt das Kopplungsverbot des Art. 5 Abs. 7 DMA mit der Vorgabe, dass weder gewerbliche Nutzer noch Endnutzer dazu verpflichtet werden dürfen, sich für einen Dienst des Torwächters zu registrieren oder ein Abonnement abzuschließen, wenn sie eigentlich nur die Leistung eines anderen Dienstes des Torwächters in Anspruch nehmen wollen. Diese nunmehr verbotene Praktik ermöglicht es Torwächtern bisweilen, neue Nutzer für möglicherweise weniger prominente oder erfolgreiche Dienste zu gewinnen. Selbst wenn der zusätzliche Dienst für die Nutzer kostenlos sein sollte, kann sich der Torwächter durch die damit erlangten **Daten** doch einen weiteren **potenziellen Vorteil** verschaffen (vgl. Erwgr. 44 DMA). Beispielsweise kann Google von Werbetreibenden, die YouTube-Werbung schalten wollen, nicht länger verlangen, auch die Google-Werbeplattform Google Ads zu nutzen. 34

Von der Regelung – jedenfalls dem Wortlaut nach – nicht erfasst sind sogenannte Single-Log-ins. Demzufolge kann sich ein Nutzer, dem mit einem einfachen Log-in die Nutzung mehrere Dienste eröffnet wird, diesem Kombinationsangebot nicht entziehen. 35

Zusammenfassung: Nutzer haben in der Zukunft also die Möglichkeit, weitgehend eigenständig zu entscheiden, für welche Dienste des Torwächters sie sich registrieren oder ein entsprechendes Abonnement abschließen wollen. Ein Zwang zur Registrierung für nicht gewollte Dienste dürfte damit ausgeschlossen sein. 36

IX. Verpflichtung, Werbetreibenden und Herausgebern Informationen zu Werbepreisen zur Verfügung zu stellen (Art. 5 Abs. 9 und 10 DMA)

Art. 5 Abs. 9 DMA bestimmt, dass Werbetreibenden (advertisers), für die der Torwächter Online-Werbedienste erbringt, auf Antrag täglich kostenlos **Auskünfte** zu 37

24 So Polley/Konrad WuW 2021, 198 (203).
25 Umfassend zur kartellrechtlichen Zulässigkeit des App Stores Lichtenberg NZKart 2021, 551.

den bei Herausgebern (publisher) geschalteten Anzeigen zur Verfügung gestellt werden müssen. Die Auskünfte betreffen hierbei

- die vom Werbetreibenden gezahlten Preise und Gebühren für jeden vom Torwächter bereitgestellten einschlägigen Online-Werbedienst (lit. a),
- die vom Herausgeber erhaltene Vergütung (unter dem Vorbehalt der Zustimmung des Verlags) (lit. b) und
- die Kennzahlen, anhand derer die einzelnen Preise, Gebühren und Vergütungen berechnet werden (lit. c).

38 Sollte ein Herausgeber der Weitergabe iSd Art. 5 Abs. 9 lit. b DMA nicht zustimmen, ist der Torwächter dennoch dazu verpflichtet, dem Werbetreibenden kostenlos Auskunft über die durchschnittliche tägliche Vergütung zu erteilen, die dieser Herausgeber für die betreffenden Anzeigen erhält, einschließlich etwaiger Abzüge und Aufschläge.

39 Sinn und Zweck der Regelung ist es in erster Linie, die **Transparenz** bezüglich der Bedingungen und Preise zu erhöhen, zu denen Torwächter Online-Werbedienste (adtech) für gewerbliche Nutzer anbieten. Dies soll es den Werbetreibenden wiederum ermöglichen, zwischen Unternehmen, die Online-Werbedienste erbringen, zu wechseln und hierdurch den für sie besten auf dem Markt verfügbaren Anbieter für Online-Werbung zu finden (vgl. Erwgr. 45 DMA). Vielfach wurde nämlich Google und Facebook vorgeworfen, die Intransparenz der Vermittlungsdienste im Bereich Online-Werbung zur Durchsetzung überhöhter Preise auszunutzen.[26] Beispielsweise kann ein Torwächter also nicht die Herausgabe von Informationen darüber verweigern, welcher Anteil der Werbeausgaben tatsächlich bei den Verlagen oÄ ankommt.

40 Mit Art. 5 Abs. 10 DMA wird die Verpflichtung der Torwächter zur Auskunftserteilung auch auf die Begehren der Herausgeber ausgeweitet.

41 **Zusammenfassung:** Werbetreibende und Herausgeber, die bei Torwächtern entweder Anzeigen schalten oder für Torwächter Werbung anzeigen, können verlangen, dass sie vom Torwächter die genannten Informationen erhalten und damit in die Lage versetzt werden, verschiedene Angebote zu vergleichen.

C. Verhaltenspflichten des Art. 6 DMA

I. Übersicht

Art. 6 Abs. 2	Verbot der Datennutzung im Wettbewerb mit gewerblichen Nutzern
Art. 6 Abs. 3	Verpflichtung, die Deinstallation vorinstallierter Software und Änderungen von Default-Einstellungen zu erlauben
Art. 6 Abs. 4	Verpflichtung, die Installation von Software Dritter zu erlauben

26 Vgl. UK Competition and Markets Authority, Online Platforms and Digital Advertising, Final Report 2020, 1.7.2020, abrufbar unter https://www.gov.uk/cma-cases/online-platforms-and-digital-advertising-market-study, Rn. 5.334 ff; vgl. Bundeskartellamt, Sektoruntersuchung Online-Werbung, Diskussionsbericht v. 29.08.2022, abrufbar unter https://www.bundeskartellamt.de/SharedDocs/Publikation/DE/Sektoruntersuchungen/Sektoruntersuchung_Online_Werbung_Diskussionsbericht_lang.html, Rn. 202.

Art. 6 Abs. 5	Verbot der Selbstbevorzugung bei Ranking, Indexierung und Crawling
Art. 6 Abs. 6	Verbot der Beschränkung von Wechselmöglichkeiten
Art. 6 Abs. 7	Verpflichtung zur Gewährleistung von Interoperabilität
Art. 6 Abs. 8	Verpflichtung, Werbetreibenden und Herausgebern Zugang zu Performance-Messtools zu gewähren
Art. 6 Abs. 9	Verpflichtung, Endnutzern Zugang zu Daten zu gewähren
Art. 6 Abs. 10	Verpflichtung, gewerblichen Nutzern Zugang zu Daten zu gewähren
Art. 6 Abs. 11	Verpflichtung von Suchmaschinenbetreibern, Suchdaten zu FRAND-Konditionen bereitzustellen
Art. 6 Abs. 12	Verpflichtung zur Gewährung von Zugang zu App Stores, Online-Suchmaschinen und Online-Diensten sozialer Netzwerke zu FRAND-Konditionen
Art. 6 Abs. 13	Verbot von unverhältnismäßigen Bedingungen für Kündigungen

II. Verbot der Datennutzung im Wettbewerb mit gewerblichen Nutzern (Art. 6 Abs. 2 DMA)

42 Art. 6 Abs. 2 DMA verbietet die Nutzung nicht öffentlicher Daten gewerblicher Nutzer des Torwächters im Wettbewerb mit diesen gewerblichen Nutzern. Hierunter versteht man, dass Torwächter auf oder im Zusammenhang mit den eigenen zentralen Plattformdiensten generierte Daten über bzw. von gewerblichen Nutzern, mit denen sie im direkten Wettbewerb stehen, nicht im Wettbewerb mit ebendiesen nutzen dürfen.[27] Es wird erwartet, dass dieses Verbot insbesondere für **Online-Marktplätze** oder für Daten, die auf **Cloud Computing-Diensten** gespeichert sind, relevant werden dürfte.[28]

43 Art. 6 Abs. 2 UAbs. 2 DMA stellt klar, dass sich das Verbot auf **nicht öffentlich zugängliche Daten** bezieht, die aus den kommerziellen Tätigkeiten gewerblicher Nutzer oder ihrer Kunden auf den betreffenden zentralen Plattformdiensten abgeleitet oder durch diese erhoben werden können. Von der Regelung sind auch jene Daten erfasst, die auf Diensten generiert werden, die zusammen mit den zentralen Plattformdiensten des Torwächters oder zu deren Unterstützung erbracht werden. Dies sind beispielsweise Klick-, Anfrage-, Ansichts- oder Sprachdaten.

44 Ein Torwächter darf also beispielsweise keine Daten über Besuche auf Produktseiten, Verkaufsmuster oder Umsätze verwenden, die er in seiner Rolle als Betreiber eines Online-Marktplatzes für gewerbliche Nutzer sammelt, um anschließend in seiner Rolle als Erstanbieter mit diesen gewerblichen Nutzern zu konkurrieren. Wettbewerbliche Probleme entstehen hierbei also gerade im Zusammenhang mit der Möglichkeit, **sensible Daten der Wettbewerber** zu erlangen. Dies kann vor allem in Konstellationen der Fall sein, in denen der Torwächter seinen gewerblichen Nutzern einen zentralen Plattformdienst zum Vertrieb von Waren bereitstellt und gleichzeitig

27 Vgl. Achleitner NZKart 2022, 359 (362).
28 Vgl. Herbers RDi 2022, 252 (256).

auch als Anbieter von Waren auftritt, die auch die gewerblichen Nutzer anbieten (vgl. Erwgr. 46 DMA mit weiteren Beispielen).

45 Eine ähnliche Konstellation einer **Doppelrolle** eines Torwächters ist denkbar, wenn ein gewerblicher Nutzer Online-Werbedienste auf einem zentralen Plattformdienst von einem Torwächter erwirbt, der Torwächter aber zugleich selbst als Unternehmen ähnliche Dienste erbringt oder Waren vertreibt wie die beworbenen Dienste und Produkte (Erwgr. 47 DMA). Insofern stehen Torwächter und gewerblicher Nutzer ebenfalls in einem **Wettbewerbsverhältnis.** Soweit der gewerbliche Nutzer hierbei dem Torwächter wettbewerbsrelevante Daten zur Verfügung stellt oder auf dessen zentralem Plattformdienst generiert, kann sich auch hierdurch ein Wettbewerbsvorteil des Torwächters ergeben.

46 Erwgr. 48 DMA stellt zudem klar, dass die Verpflichtung des Art. 6 Abs. 2 DMA auch für Daten gelten soll, die im Rahmen des Angebots eines Cloud Computing-Dienstes oder eines Software- bzw. App Stores generiert oder bereitgestellt werden. Eine wichtige Klarstellung enthält zudem Erwgr. 46 DMA. Hiernach gilt das Verbot der Datennutzung des Art. 6 Abs. 2 DMA für den **Torwächter als Ganzen**, also nicht nur für den Geschäftsbereich, in dem der Torwächter mit den gewerblichen Nutzern seines zentralen Plattformdienstes im Wettbewerb steht.

47 Dem Verbot liegen insbesondere die Verfahren der EU-Kommission zur Amazon Buy Box und Facebook zugrunde. In dem Verfahren zur **Amazon Buy Box**[29] ging es u.a. (und vorliegend entscheidend) um die Amazon vorgeworfene Praxis, sich auf die Geschäftsdaten unabhängiger Verkäufer zu stützen, um seine eigenen Einzelhandelsentscheidungen zu treffen. Amazon tritt auf seinem Amazon Marketplace nämlich in doppelter Funktion auf: Zum einen stellt das Unternehmen unabhängigen Händlern den Marktplatz zur Verfügung, zum anderen agiert es auf diesem Marktplatz aber auch selbst als Einzelhändler. Indem Amazon gewerblichen Nutzern seinen zentralen Plattformdienst bereitstellt, hat das Unternehmen Zugriff auf nicht öffentliche Geschäftsdaten dieser unabhängigen Verkäufer. Dazu gehören beispielsweise die Zahl der bestellten und ausgelieferten Produkte, erzielte Einnahmen, die Anzahl der Aufrufe von Angeboten der Verkäufer oder Versanddaten. Vor Verfahrenseröffnung war die EU-Kommission zu dem Schluss gekommen, dass diese Daten automatisiert in Amazons Systeme fließen und dort verarbeitet werden, damit das Unternehmen sie als Einzelhandelsakteur für eigene Zwecke nutzen kann.[30] Ähnliche Vorwürfe kursieren seit geraumer Zeit in anderen Jurisdiktionen, insbesondere den USA.[31]

48 Einem Verfahren gegen **Facebook**[32] liegt ein ähnlich gelagerter Sachverhalt zugrunde. Konkret stellt Facebook gewerblichen Nutzern (darunter auch Betreibern von Online-Kleinanzeigendiensten) sein soziales Netzwerk zum Schalten von Anzeigen zur Verfügung. Gleichzeitig steht jedoch der Vorwurf im Raum, dass Facebook die

29 AT.40703.

30 Vgl. dazu Vertretung der Europäischen Kommission in Deutschland, EU-Kartellwächter werfen Amazon Bruch der Wettbewerbsregeln vor, 10.11.2020, abrufbar unter https://germany.representation.ec.europa.eu/news/eu-kartellwachter-werfen-amazon-bruch-der-wettbewerbsregeln-vor-2020-11-10_de; vgl. auch Völcker/Benditz EuZW 2022, 247.

31 Vgl. ausführlich dazu Khan Yale Law Journal 2017, 710 (780 ff.).

32 AT.40684.

aus diesen Anzeigen resultierenden Daten nutzt, um als direkter Konkurrent der gewerblichen Nutzer seinen eigenen Facebook Marketplace (einen Online-Kleinanzeigendienst) zu optimieren.[33]

Zusammenfassung: Gewerbliche Nutzer sollen davor geschützt werden, dass ein Torwächter Daten, die aus der Nutzung seines zentralen Plattformdienstes durch gewerbliche Nutzer resultieren, dazu nutzt, um mit diesen Nutzern gleichzeitig in Wettbewerb zu treten. 49

III. Verpflichtung, die Deinstallation vorinstallierter Software und Änderungen von Default-Einstellungen zu erlauben (Art. 6 Abs. 3 DMA)

Art. 6 Abs. 3 DMA statuiert die Verpflichtung des Torwächters, die Deinstallation vorinstallierter Software und die Änderung von Default-Einstellungen (dh Voreinstellungen) mit Bezug zu Produkten oder Diensten des Torwächters zu ermöglichen. Im Hinblick auf die Default-Einstellungen muss ein **Auswahlbildschirm** für die wichtigsten Dienste (dies sind Online-Suchdienste, virtuelle Assistenten und Webbrowser) angeboten werden, Art. 6 Abs. 3 UAbs. 2 DMA.[34] Eine Ausnahme von der Pflicht zur Möglichkeit der Deinstallation besteht gem. Art. 6 Abs. 3 UAbs. 1 DMA dagegen für solche Software-Anwendungen, die für das Funktionieren des Betriebssystems oder Geräts unabdingbar sind und die aus technischen Gründen nicht von Dritten eigenständig angeboten werden können. 50

Der Verpflichtung liegt insbesondere der Beschluss der EU-Kommission vom 18.7.2018 im Verfahren **Google Android** zugrunde.[35] Mit diesem wurde gegen Google eine Geldbuße von 4,34 Mrd. EUR verhängt. Die EU-Kommission kritisierte u.a. die Praxis Googles, von allen Herstellern als Bedingung für eine Lizenzierung des Google-eigenen App Stores verlangt zu haben, die Anwendung „Google-Suche" und den Google-Browser „Chrome" auf ihren Geräten vorzuinstallieren. Zudem wurden Zahlungen von Google an bestimmte große Hersteller und Mobilfunknetzbetreiber geleistet, wenn diese ausschließlich die App „Google-Suche" auf ihren Geräten vorinstallierten.[36] 51

Zusammenfassung: Torwächter sollen daran gehindert werden, Vorinstallationen und Default-Einstellungen zu nutzen, um Endnutzer für die weiteren eigenen Dienste zu gewinnen und sich so gegenüber Wettbewerbern einen Vorteil zu verschaffen. 52

---

33 EU-Kommission, Kartellrecht: Kommission leitete Untersuchung zu möglichen wettbewerbswidrigen Praktiken von Facebook ein, 4.6.2021, abrufbar unter https://ec.europa.eu/commission/presscorner/detail/en/ip_21_2848.

34 Vgl. auch Erwgr. 49 DMA; Achleitner NZKart 2022, 359 (362).

35 AT.40099.

36 Vgl. EU-Kommission, Kartellrecht: Kommission verhängt Geldbuße von 4.34 Milliarden Euro gegen Google wegen illegaler Praktiken bei Android-Mobilgeräten zur Stärkung der beherrschenden Stellung der Google-Suchmaschine, 18.7.2018, abrufbar unter https://ec.europa.eu/commission/presscorner/detail/de/IP_18_4581. Der Beschluss der EU-Kommission wird von Google derzeit vor dem EuG im Verfahren T-604/18 angefochten.

IV. Verpflichtung, die Installation von Software Dritter zu erlauben (Art. 6 Abs. 4 DMA)

53 Art. 6 Abs. 4 DMA enthält die Verpflichtung von Torwächtern, die Installation von Apps anderer Anbieter zu erlauben und technisch zu ermöglichen. Konkret bedeutet dies, dass der Torwächter Software-Anwendungen (bzw. Apps) Dritter und von Dritten betriebene Stores für Software-Anwendungen (bzw. App Stores), die das Betriebssystem des Torwächters nutzen oder mit diesem interoperieren (zum **Konzept der Interoperabilität** vgl. auch Art. 6 Abs. 7 und Art. 7 DMA), tolerieren und deren Installation und Nutzung erlauben muss. Hierbei darf der Torwächter gem. Art. 6 Abs. 4 UAbs. 1 S. 2 DMA auch nicht verhindern, dass die heruntergeladenen Apps Dritter oder die von Dritten betriebenen App Stores den Endnutzer dazu auffordern, darüber zu entscheiden, ob er diese App bzw. diesen Store als Standard festlegen möchte. Nach Art. 6 Abs. 4 UAbs. 1 S. 3 DMA muss es der Torwächter dem Endnutzer, der die App als Standard festlegen möchte, technisch ermöglichen, diese Änderung auf einfache Weise vorzunehmen.

54 Der Torwächter darf diese Möglichkeit gem. Art. 6 Abs. 4 UAbs. 2 DMA nur einschränken, soweit dies unbedingt erforderlich und angemessen ist, um die **Sicherheit und Integrität seiner Systeme** zu schützen. Zudem muss der Torwächter diese Maßnahmen hinreichend begründen. Dies soll nach Erwgr. 50 DMA alle Gestaltungsoptionen umfassen, die umgesetzt und erhalten werden müssen, damit die Hardware oder das Betriebssystem gegen unbefugten Zugriff geschützt sind, indem sichergestellt wird, dass die für die betreffende Hardware oder das betreffende Betriebssystem notwendigen Sicherheitseinstellungen nicht beeinträchtigt werden können.

55 Gemäß Art. 6 Abs. 4 UAbs. 3 DMA darf der Torwächter zudem Maßnahmen und Einstellungen, die keine Standardeinstellungen sind, vornehmen, soweit sie unbedingt erforderlich und angemessen sind, um es Endnutzern zu ermöglichen, sich in Bezug auf Software-Anwendungen Dritter oder von Dritten betriebene Stores für Software-Anwendungen wirksam zu schützen. Auch diese Maßnahmen müssen vom Torwächter hinreichend begründet werden.

56 Zugrunde liegt dieser Verhaltenspflicht offenbar insbesondere die Praktik von Apple, Nutzer daran zu hindern, auch Apps von Drittanbietern – also Apps unabhängig vom Apple-eigenen App Store – zu installieren.[37]

57 **Zusammenfassung:** Nutzern soll somit eine größere Bandbreite an Kombinationsmöglichkeiten unterschiedlicher Apps und Software-Angebote zur Verfügung gestellt und auch Drittanbieter von Apps und App Stores sollen geschützt werden.

37 Vgl. dazu EU-Kommission, Kartellrecht: Kommission leitet Untersuchung von Apples App Store-Regeln ein, Pressemitteilung v. 16.6.2020, abrufbar unter https://ec.europa.eu/commission/presscorner/detail/de/ip_20_1073; vgl. zur kartellrechtlichen Bewertung der Praxis von Apple auch Quandt EuZW 2021, 13; Lichtenberg NZKart 2021, 551.

V. Verbot der Selbstbevorzugung bei Ranking, Indexierung und Crawling (Art. 6 Abs. 5 DMA)

Torwächtern wird ferner jedwede Selbstbevorzugung bei Ranking, Indexierung und Crawling verboten (Art. 6 Abs. 5 DMA). Eine Selbstbevorzugung ist dabei weder durch rechtliche noch durch kommerzielle oder technische Mittel gestattet (vgl. Erwgr. 52 DMA). **Crawling** bezeichnet hierbei den Prozess, bei dem durch einen sog. Webcrawler Webseiten durchsucht und analysiert werden. Im Rahmen von Suchmaschinen werden die Ergebnisse des Crawling dann auf der Ergebnisseite angezeigt. Der Crawler gelangt meist über Hyperlinks von einer Webseite zur nächsten und speichert auf diesem Weg die aufgefundenen Ergebnisse. Der Prozess der **Indexierung** geht mit dem Crawling einher und bezeichnet das Aufnehmen von Webseiten in ein geordnetes Verzeichnis, den Index. Sowohl beim Crawling als auch bei der Indexierung kann ein Torwächter seine Stellung theoretisch für eine Bevorzugung bestimmter Inhalte ausnutzen (vgl. Erwgr. 51 DMA). 58

In welcher Reihenfolge die Ergebnisse dem Nutzer nach der Indexierung angezeigt werden, wird anschließend durch das **Ranking** bestimmt. Im Rahmen des DMA meint Ranking jede relative Hervorhebung, auch das Anzeigen, die Beurteilung, das Verlinken oder die Sprachausgabe von Ergebnissen, und soll auch Fälle umfassen, in denen ein zentraler Plattformdienst dem Endnutzer nur ein einziges Ergebnis darstellt oder kommuniziert (Art. 2 Abs. 22 DMA; vgl. außerdem Erwgr. 52 DMA). Dieses Ranking muss zudem gem. Art. 6 Abs. 5 S. 2 DMA anhand transparenter, fairer und diskriminierungsfreier Bedingungen vorgenommen werden. 59

Paradigmatisch für das Verbot der Selbstbevorzugung waren hierbei sicherlich die Entscheidung **Google Shopping** des EuG vom 10.11.2021[38] und das vorangegangene Verfahren der EU-Kommission.[39] Google Inc. und ihre Muttergesellschaft Alphabet Inc. hatten nach den Feststellungen der EU-Kommission auf den allgemeinen Suchergebnisseiten von Google den eigenen Preisvergleichsdienst gegenüber konkurrierenden Preisvergleichsdiensten bevorzugt platziert und angezeigt. Hierin sah das EuG eine unzulässige Benachteiligung von Mitbewerbern unter Ausnutzung der eigenen Marktmacht und daher einen Verstoß gegen Art. 102 AEUV.[40] 60

> **Zusammenfassung:** Torwächtern soll es verwehrt werden, aufgrund des Angebots von Suchfunktionen andere eigene Dienste gegenüber Wettbewerbern bevorzugen zu können. 61

VI. Verbot der Beschränkung von Wechselmöglichkeiten (Art. 6 Abs. 6 DMA)

Art. 6 Abs. 6 DMA enthält das Verbot, Wechselmöglichkeiten der Endnutzer technisch oder anderweitig zu beschränken. Hierunter versteht man, dass der Torwächter dem Endnutzer die Möglichkeit geben muss, zwischen Softwareanwendungen und Diensten zu wechseln oder solche zu abonnieren, wenn er auf diese Dienste und An- 62

38 EU-Kommission 27.6.2017 – AT.39740 – Google Search (Shopping).

39 Vgl. hierzu auch die Ausführungen bei Achleitner EuR 2022, 253; Reumann/Weber NZKart 2022, 314; Hoffer/Lehr NZKart 2019, 10.

40 Eine Entscheidung des EuGH zum von Google eingelegten Rechtsmittel steht zum gegenwärtigen Zeitpunkt noch aus.

wendungen über den zentralen Plattformdienst des Torwächters zugreift.[41] Dies gilt gem. Art. 6 Abs. 6 DMA etwa für die Wahl der Internetzugangsdienste durch Endnutzer. Beispielhaft ließe sich hier etwa eine Konstellation nennen, in der ein Torwächter den Wechsel seiner Endnutzer zu einem anderen Internetanbieter verhindern möchte, der nicht zu den Anbietern gehört, mit denen der Torwächter eine Exklusivvereinbarung geschlossen hat.

63 Der Zweck dieser Regelung besteht darin, Endnutzern eine **größere Auswahl von Diensten** zu ermöglichen und damit den Wettbewerb zu fördern. Es gilt jedoch zu beachten, dass nach Erwgr. 53 DMA das reine Anbieten eines bestimmten Produktes oder einer bestimmten Dienstleistung an Endnutzer durch den Torwächter etwa im Rahmen einer Vorinstallation oder die Verbesserung des Angebots für Endnutzer für sich genommen nicht als verbotenes Hindernis für einen Anbieterwechsel gelten soll.

64 **Zusammenfassung:** Diese Regelung fügt sich somit in die anderen Regelungen zur steigenden Flexibilität der Nutzer ein. Neben der Möglichkeit der Nutzer, vorinstallierte Software und Voreinstellungen zu verändern und effektiven Zugang zu Angeboten anderer Anbieter zu bekommen, wird durch das Verbot des Art. 6 Abs. 6 DMA auch die tatsächliche Wechselmöglichkeit der Nutzer geschützt.

VII. Verpflichtung zur Gewährleistung von Interoperabilität (Art. 6 Abs. 7 DMA)

65 Art. 6 Abs. 7 DMA enthält eine allgemeine Verpflichtung von Torwächtern zur Gewährleistung von Interoperabilität. Das bedeutet, dass ein Torwächter gegenüber Anbietern von Diensten oder Hardware eine wirksame Möglichkeit zum Zusammenwirken der angebotenen Dienste oder Produkte mit den Hard- und Softwarefeatures eines vom Torwächter angebotenen Betriebssystems oder virtuellen Assistenten gewährleisten muss, soweit dies dem Torwächter auch möglich ist. Des Weiteren soll der Torwächter allgemein gewerblichen Nutzern und Drittanbietern wirksamen Zugang zu denselben Betriebssystem-, Hardware- oder Software-Funktionen gewähren, die dem Torwächter für eigene (Zusatz-)Angebote zur Verfügung stehen.

66 Grund für diese Verpflichtung ist die durch die fehlende Interoperabilität bedingte Begrenzung des Wettbewerbs. Dort, wo alternative Anbieter von Diensten oder Hardware daran gehindert werden, auf dieselben Betriebssystem-, Hardware- oder Software-Funktionen zuzugreifen, die dem Torwächter für die Bereitstellung seiner eigenen Ergänzungs- oder Unterstützungsdienste oder Hardware zur Verfügung stehen, kann dies offensichtlich die **Innovation** seitens alternativer Anbieter begrenzen (vgl. Erwgr. 57 DMA). Als praktisches Beispiel wird insoweit das Verbot gegenüber Apple genannt, Spotify daran zu hindern, den Dienst Siri zu verwenden, wenn gleichzeitig Apple Music Siri integriert hat.[42]

67 Gemäß Art. 6 Abs. 7 UAbs. 2 DMA hindern diese Bestimmungen den Torwächter jedoch wiederum nicht daran, unbedingt erforderliche und angemessene Maßnahmen zu ergreifen, um die Integrität seines Betriebssystems, des virtuellen Assistenten, der

41 Vgl. Erwgr. 53 DMA; Achleitner NZKart 2022, 359 (362).
42 Vgl. Achleitner NZKart 2022, 359 (362).

Hardware- oder der Software-Funktionen gegen eine Beeinträchtigung durch die Interoperabilität zu schützen. In derartigen Fällen muss der Torwächter diese Maßnahmen jedoch hinreichend begründen.

Zusammenfassung: Die Vorschrift fördert somit die Möglichkeit anderer Anbieter, mit dem Torwächter im Hinblick auf Nebendienstleistungen zu zentralen Plattformdiensten in den Wettbewerb zu treten. 68

VIII. Verpflichtung, Werbetreibenden und Herausgebern Zugang zu Performance-Messtools zu gewähren (Art. 6 Abs. 8 DMA)

Die Verpflichtung des Torwächters, sowohl Werbetreibenden (advertisers) als auch Herausgebern (publishers) Zugang zu Performance-Messtools zu gewähren, ist in Art. 6 Abs. 8 DMA enthalten. Insofern wird die **Transparenz** in Bezug auf Werbeinventar geregelt: Auf Antrag wird Werbetreibenden und Herausgebern (oder von ihnen beauftragten Dritten) kostenlos Zugang zu Instrumenten zur Leistungsmessung des Torwächters verschafft.[43] Der Torwächter hat die Daten gem. Art. 6 Abs. 8 S. 2 DMA dergestalt zur Verfügung zu stellen, dass Werbetreibende und Herausgeber ihre eigenen Überprüfungs- und Messinstrumente einsetzen können, um die Leistung der von den Torwächtern bereitgestellten zentralen Plattformdienste bewerten zu können. Insofern steht diese Pflicht in inhaltlichem Zusammenhang mit den Vorgaben aus Art. 5 Abs. 9 und 10 DMA. 69

Durch diese Regelung soll damit einer oftmals vorgebrachten Intransparenz hinsichtlich des **Effekts von Werbeanzeigen** Einhalt geboten werden.[44] Von der Regelung sollen nach Erwgr. 58 DMA auch bevollmächtigte Dritte profitieren, die (wie etwa Werbeagenturen) im Auftrag eines Unternehmens Werbung platzieren. 70

Zusammenfassung: Es soll (wie auch schon bei Art. 5 Abs. 9 und 10 DMA) eine gesteigerte Überprüfbarkeit hinsichtlich der Effizienz von Anzeigen auf zentralen Plattformdiensten der Torwächter gewährleistet werden. 71

IX. Verpflichtung, Endnutzern Zugang zu Daten zu gewähren (Art. 6 Abs. 9 DMA)

Art. 6 Abs. 9 DMA enthält die Verpflichtung der Torwächter, Endnutzern oder von ihnen beauftragten Dritten auf Antrag einen **kostenlosen Zugang zu den im Zusammenhang mit dem zentralen Plattformdienst erlangten Daten** zu verschaffen. Der Zugang umfasst hierbei diejenigen Daten, die vom Endnutzer bereitgestellt oder im Zusammenhang mit seiner Nutzung des zentralen Plattformdienstes generiert wurden. Die Daten sollen nach Erwgr. 59 DMA in einem Format bereitgestellt werden, auf das unmittelbar und wirksam zugegriffen werden kann. Der Torwächter hat hierbei auch kostenlose Instrumente bereitzustellen (bspw. Anwendungsprogrammierschnittstellen, API), die die effektive Nutzung dieser Datenübertragbarkeit erleichtern. Zu- 72

43 Vgl. Achleitner NZKart 2022, 359 (362).
44 Vgl. bereits die Ausführungen oben zu Art. 5 Abs. 9 und 10 DMA; vgl. außerdem Erwgr. 58 DMA.

dem ist der Datenzugang in Form eines permanenten Echtzeitzugangs zu gewährleisten.[45]

73 Zentrales Ziel dieser Regelung ist, dass der Endnutzer hierdurch seine Daten auf andere Plattformen übertragen und dort nutzen kann. Mit anderen Worten soll der Nutzer nicht mehr deshalb an einem Wechsel zu einem anderen Anbieter oder auch der Nutzung verschiedener Dienste (**Multi-Homing**) gehindert werden, weil er nur über den derzeitigen Plattformdienst Zugang zu bestimmten Daten hat. Auf diese Weise soll verhindert werden, dass Torwächter die Bestreitbarkeit zentraler Plattformdienste oder das Innovationspotenzial des dynamischen digitalen Sektors untergraben. Durch eine Vereinfachung des Anbieterwechsels oder durch die Ermöglichung der Parallelnutzung mehrerer Dienste sollen eine größere Auswahl für den Endnutzer und Innovationsanreize für den Torwächter oder mit diesem konkurrierende gewerbliche Nutzer entstehen (vgl. Erwgr. 59 DMA).

74 Kritisch wurde bisweilen angemerkt, dass diese Regelung insofern problematisch sein könnte, als es zum einen kein allgemeingültiges Format gibt, in dem die Daten bereitgestellt werden können. Zudem wird es für den Torwächter einen erheblichen Aufwand darstellen, die beschriebenen Daten bereitzustellen. Zum anderen läuft der Torwächter aber auch Gefahr, **Geschäftsgeheimnisse** preiszugeben, da sich die herauszugebenden Daten auch auf solche Daten erstrecken, die der Torwächter aus den Nutzerdaten ableitet.[46] Insofern besteht – wie im Hinblick auf viele Aspekte des DMA – noch Klärungsbedarf für die Folgeprobleme der detaillierten Vorgaben.

75 **Zusammenfassung:** Nutzer haben somit die umfassende Möglichkeit, auf die von ihnen durch die Nutzung des zentralen Plattformdienstes bereitgestellten Daten zuzugreifen. Daraus ergibt sich für die Nutzer eine gesteigerte (Wechsel-)Möglichkeiten, da sie der Torwächter nicht mehr allein durch den exklusiven Zugang zu ihren Daten an seine Dienste binden kann.

X. Verpflichtung, gewerblichen Nutzern Zugang zu Daten zu gewähren (Art. 6 Abs. 10 DMA)

76 Durch Art. 6 Abs. 10 DMA wird der Kreis der Anspruchsberechtigten aus Abs. 9 auf gewerbliche Nutzer und von diesen ermächtigte Dritte ausgedehnt. Die Vorschrift betrifft ausdrücklich auch das **Zugangsrecht zu den Daten der Endnutzer**, die gewerbliche Nutzer über den zentralen Plattformdienst erreichen. Einschränkend stellt S. 2 klar, dass hinsichtlich personenbezogener Daten der Torwächter den Zugang nur dann bereitstellen darf, wenn diese Daten unmittelbar mit der Nutzung der vom betreffenden gewerblichen Nutzer über den betreffenden zentralen Plattformdienst angebotenen Produkte oder Dienstleistungen durch die Endnutzer im Zusammenhang stehen und sofern die Endnutzer bzgl. einer solchen Weitergabe eine Einwilligung er-

45 Zusammenfassend müssen die beschriebenen Daten also gratis, effektiv, in hoher Qualität und in Echtzeit bereitgestellt werden. In diesem Zusammenhang wird bisweilen angemerkt, dass der DMA auch einen Testfall für den EU Data Act darstellt, da dieser ebenfalls derartige Datenzugangsrechte, allerdings für alle IoT-Geräte, vorsieht; vgl. Herbers RDi 2022, 252 (257).

46 Polley/Konrad WuW 2021, 198 (203).

teilt haben (vgl. Erwgr. 60 DMA). Im Übrigen gelten die Ausführungen zu Abs. 9 (→ Rn. 72) entsprechend.

XI. Verpflichtung von Suchmaschinenbetreibern, Suchdaten zu FRAND-Konditionen bereitzustellen (Art. 6 Abs. 11 DMA)

Die Verpflichtung des Torwächters, anderen Anbietern von Online-Suchmaschinen 77 und Dritten, die der Betreiber einer Online-Suchmaschine mit der Verarbeitung dieser Daten beauftragt hat, auf ihren Antrag hin einen **Zugang zu Suchdaten unter FRAND-Konditionen** bereitzustellen, findet sich in Art. 6 Abs. 11 DMA. Unter FRAND-Konditionen versteht man einen fairen, angemessenen und nicht-diskriminierenden Zugang zu Daten (fair, reasonable and non-discriminatory). Die Suchdaten umfassen Ranking-, Anfrage-, Klick- und Ansichtsdaten in Bezug auf unbezahlte und bezahlte Suchergebnisse, die von Endnutzern über Online-Suchmaschinen generiert wurden.

Hinsichtlich personenbezogener Daten stellt S. 2 klar, dass diese anonymisiert werden 78 müssen. Allerdings soll diese **Anonymisierung** nicht zulasten der Qualität oder der Nutzbarkeit der Daten geschehen (vgl. Erwgr. 61 DMA). Anonymisiert sind Daten dann, wenn sie irreversibel so verändert wurden, dass sich die Informationen nicht mehr auf eine identifizierte oder identifizierbare natürliche Person beziehen oder wenn personenbezogene Daten in einer Weise anonymisiert wurden, dass die betroffene Person nicht oder nicht mehr identifiziert werden kann (vgl. Erwgr. 61 DMA).

Der (fehlende) Zugang zu den beschriebenen Daten stellt für Anbieter anderer On- 79 line-Suchmaschinen ein erhebliches Hindernis für einen **Markteintritt** oder eine Expansion dar (vgl. Erwgr. 61 DMA). Durch den Datenzugang sollen Wettbewerber des Torwächters also in die Lage versetzt werden, ihre eigenen Suchdienste durch das Training mit bereitgestellten Daten zu verbessern und so ihre Rolle auf dem Markt zu stärken.[47]

> **Zusammenfassung:** Ein Suchmaschinenbetreiber kann als Torwächter dem Anbie- 80 ter einer konkurrierenden Online-Suchmaschine nicht verweigern, Zugang zu den Abfragedaten der eigenen Suche zu erhalten, wenn dieser Anbieter ein Angebot zu FRAND-Konditionen macht.

XII. Verpflichtung zur Gewährung von Zugang zu App Stores, Online-Suchmaschinen und Online-Diensten sozialer Netzwerke zu FRAND-Konditionen (Art. 6 Abs. 12 DMA)

Art. 6 Abs. 12 DMA verpflichtet einen Torwächter zur Anwendung fairer, zumutba- 81 rer und diskriminierungsfreier allgemeiner Bedingungen[48] bezüglich des Zugangs von **gewerblichen Nutzern** zu App Stores, Online-Suchmaschinen und Online-Diensten sozialer Netzwerke, die von der EU-Kommission als zentrale Plattformdienste benannt wurden.

47 Polley/Konrad WuW 2021, 198 (204).
48 Vgl. zum FRAND-Begriff bereits oben → Rn. 77.

82 Gegenüber der Entwurfsfassung von 2020 enthält die finale Fassung des DMA nun nicht nur die Zugangsverpflichtung zu App Stores, sondern auch zu Online-Suchmaschinen und Online-Diensten sozialer Netzwerke. Zudem sprach der ursprüngliche Entwurf noch nicht von FRAND-, sondern lediglich von FAND-Bedingungen. Die hinzugekommene Angemessenheitskontrolle des Zugangs soll dabei u.a. durch einen Vergleich mit entsprechenden Angeboten anderer Anbieter erfolgen (vgl. Erwgr. 62 DMA).

83 Insbesondere **preisliche Zugangsregelungen** könnten in Zukunft im Fokus der Aufmerksamkeit stehen, da die Frage der Zugangsbedingungen ausweislich von Erwgr. 62 DMA auch den Preis umfasst. Gerade die Höhe der Provision, die App Store-Betreiber verlangen, wurde jedoch bereits häufig kritisiert.[49] Diese Zugangsbedingungen werden nach dem DMA – wie auch andere allgemeine Zugangsbedingungen – dann als unfair angesehen, wenn sie zu einem Ungleichgewicht zwischen den gewerblichen Nutzern auferlegten Rechten und Pflichten führen oder dem Torwächter einen Vorteil verschaffen, der in Anbetracht seiner Dienstleistung für die gewerblichen Nutzer unverhältnismäßig ist, oder wenn durch sie gewerbliche Nutzer, die dieselben oder ähnliche Dienstleistungen wie der Torwächter erbringen, benachteiligt werden (vgl. Erwgr. 62 DMA).

84 Art. 6 Abs. 12 UAbs. 2 DMA fordert zudem eine **Veröffentlichung** der allgemeinen Zugangsbedingungen – einschließlich eines alternativen Streitbeilegungsmechanismus – durch den Torwächter. Der **Streitbeilegungsmechanismus** soll hierbei leicht zugänglich, unparteiisch, unabhängig und für den gewerblichen Nutzer gebührenfrei sein (unbeschadet der Eigenkosten des gewerblichen Nutzers sowie angemessener Maßnahmen zur Verhinderung eines Missbrauchs des Streitbeilegungsmechanismus durch gewerbliche Nutzer). Der Mechanismus soll hierbei zudem das Recht gewerblicher Nutzer unberührt lassen, Rechtsmittel bei Justizbehörden einzulegen (vgl. Erwgr. 62 DMA).

85 Darüber hinaus statuiert Art. 6 Abs. 12 DMA in UAbs. 3 eine **Prüfungspflicht der EU-Kommission** im Hinblick darauf, ob die veröffentlichten allgemeinen Zugangsbedingungen der Verpflichtung des Torwächters entsprechen.

86 **Zusammenfassung:** Gewerbliche Nutzer sollen in Zukunft also Zugang zu den für sie relevanten App Stores, Online-Suchmaschinen und Online-Diensten sozialer Netzwerke zu FRAND-Konditionen erhalten.

XIII. Verbot von unverhältnismäßigen Bedingungen für Kündigungen (Art. 6 Abs. 13 DMA)

87 Art. 6 Abs. 13 DMA verbietet Torwächtern die Gestaltung unverhältnismäßiger Bedingungen für die Kündigung der Nutzung von zentralen Plattformdiensten (bzw. das Löschen eines Accounts) durch gewerbliche Nutzer und Endnutzer. Gemäß Art. 6 Abs. 13 S. 2 DMA hat ein Torwächter zudem sicherzustellen, dass die **Kündigungsbedingungen** ohne übermäßige Schwierigkeiten eingehalten werden können. Dies be-

49 Vgl. etwa die von der niederländischen Wettbewerbsbehörde angeführten Beispiele in Autoriteit Consument & Markt, Market Study into mobile app stores, 11.4.2019, abrufbar unter http://hbfm.link/9879, S. 91 f.

zieht sich beispielsweise auf die Kündigungsfrist, die Form der Kündigung oder die Kündigungsgründe. Insgesamt soll hierdurch die Kündigung eines Abonnements oder die Schließung eines Kontos nicht komplizierter sein als das Anlegen eines Profils. Auch sollten Torwächter keine zusätzlichen Gebühren für die Kündigung verlangen (vgl. Erwgr. 63 DMA).

> **Zusammenfassung:** Torwächtern soll es unmöglich gemacht werden, ihre Nutzer durch unangemessen hohen Aufwand bei der Kündigung bzw. dem Löschen eines Accounts an dem Verlassen eines zentralen Plattformdienstes zu hindern. 88

D. Verhaltenspflichten des Art. 7 DMA

Art. 7 DMA schließt an die Verpflichtung zur **Interoperabilität** des Art. 6 Abs. 7 DMA an, bezieht sich jedoch auf interpersonelle Kommunikationsdienste, die nicht an eine Mobiltelefonnummer gebunden sind. Dazu gehören insbesondere die gängigen **Messenger-Dienste** wie WhatsApp oder Signal. Jedenfalls hinsichtlich der Grundfunktionen muss der Torwächter auf Antrag eine kostenlose Interoperabilität gewährleisten. 89

Hintergrund dieser Vorschrift ist, dass insbesondere bei Messenger-Diensten das wichtigste Auswahlkriterium jenes der **Netzwerkeffekte** ist: Grundsätzlich nutzt man nur den Messenger, dessen Schnittmenge mit den eigenen Kontakten am größten ist. Dies führt dazu, dass Messenger-Dienste bevorzugt werden, die bereits eine hohe Marktdurchdringung, also möglichst viele Nutzer, erreicht haben. 90

Zur **Umsetzung** dieser Vorgaben erfordert der DMA in Art. 7 Abs. 2, dass die Interoperabilität hinsichtlich der Grundfunktionen **sofort** nach Benennung als Torwächter für einen zentralen Plattformdienst ermöglicht wird. Dies betrifft etwa End-to-End-Textnachrichten, den Versand von Bildern, die Übermittlung von Sprachnachrichten und den Dateienaustausch zwischen zwei einzelnen Endnutzern. Für komplexere Vorgaben, wie etwa bei Gruppennachrichten sowie schließlich Audio- und Video-Anrufen, ist eine **schrittweise** Umsetzung vorgesehen. Für soziale Netzwerke gilt diese Verpflichtung allerdings nicht. 91

Teilweise wird in Bezug auf die praktische Umsetzung bereits gewarnt, dass die Interoperabilitätsverpflichtung gerade bei Messenger-Diensten zu einem **Verlust an Datensicherheit** beim Verbraucher führen könnte. Denn die Funktionsfähigkeit spezifischer Technik – wie etwa die Ende-zu-Ende-Verschlüsselung von WhatsApp – könnte dann unter Umständen nicht mehr gewährleistet werden.[50] Der DMA schafft hiermit gleichwohl die Voraussetzungen, die im E-Mail-Verkehr schon lange selbstverständlich sind: Um eine Nachricht zu schreiben, muss man fortan nicht mehr denselben Messenger-Dienst wie der Empfänger der Nachricht benutzen. 92

50 Vgl. Achleitner NZKart 2022, 359 (363).

§ 7 Compliance- und Berichtspflichten des Torwächters

1 Der DMA vertraut nicht allein auf die Einhaltung der für die Torwächter unmittelbar geltenden Verhaltenspflichten; er setzt neben dem behördlichen Enforcement auf **Compliance-Vorgaben** und regelmäßige **Berichtspflichten** für die Torwächter gegenüber der EU-Kommission. Compliance bedeutet die „rechtlich ordnungsgemäße systematische Organisation eines Unternehmens mit dem Ziel, eine zivil- oder sogar strafrechtliche Haftung des Unternehmens und seiner Organe zu vermeiden".[1] Die Compliance-Organisation der vom DMA adressierten Torwächter muss nunmehr die folgenden Funktions-, Überwachungs- und Berichtspflichten sicherstellen.

A. Interne Compliance-Funktion (Art. 28 DMA)

2 Gemäß Art. 28 Abs. 1 DMA sind die Torwächter dazu angehalten, eine **Compliance-Funktion** einzurichten. Die Vorschrift des Art. 28 DMA enthält detaillierte vom Torwächter einzuhaltende Vorgaben zur Compliance-Funktion als Organisationseinheit, zur Leitung der Compliance-Funktion sowie zu den Pflichten des Leitungsorgans (zB Vorstand) des Torwächters.

I. Ausstattung der Compliance-Funktion

3 Die Compliance-Funktion muss gem. Art. 28 Abs. 1 DMA **unabhängig von den operativen Funktionen** des Torwächters sein und aus einem oder mehreren **Compliance-Beauftragten** bestehen, einschließlich des **Leiters** der Compliance. Der Torwächter ist verpflichtet sicherzustellen, dass die Compliance-Funktion über ausreichend **Befugnisse**, **Status** und **Ressourcen** sowie über den **Zugang zu seinem Leitungsorgan** (zB Vorstand oder zuständiges Vorstandsmitglied) verfügt, um die Einhaltung der aus dem DMA resultierenden Verpflichtungen zu überwachen (Art. 28 Abs. 2 DMA).

II. Aufgaben der Leitung der Compliance-Funktion

4 Der Leitung der Compliance ist gem. Art. 28 Abs. 4 DMA die Aufgabe zugewiesen, bei Gefahr der Nichteinhaltung des DMA gegenüber dem Leitungsorgan des Torwächters **Bedenken** zu äußern und **Warnungen** auszusprechen. Dies gilt auch dann, wenn sich Überschneidungen mit Aufsichts- und Leitungsfunktionen des Leitungsorgans ergeben. Die interne Kompetenzaufteilung soll Interessenskonflikte vermeiden und die Unabhängigkeit der Compliance-Funktion insgesamt gewährleisten (Art. 28 Abs. 7 DMA). Die leitende Person ist die **Verbindungsstelle** zwischen Torwächter und

1 Weber Rechtswörterbuch/Groh Compliance.

EU-Kommission, weswegen der Torwächter ihren Namen nebst Kontaktdaten der EU-Kommission mitzuteilen hat (Art. 28 Abs. 6 DMA).

III. Aufgaben der Compliance-Beauftragten

Die Compliance-Funktion erhält gem. Art. 28 Abs. 5 DMA einen Compliance-Beauftragten (oder mehrere), einschließlich der sie leitenden Person (→ Rn. 4). Die Compliance-Beauftragten haben die folgenden **Aufgaben**: 5

- **Organisation, Überwachung** und **Beaufsichtigung** der Maßnahmen und Tätigkeiten des Torwächters (lit. a);
- **Information** und **Beratung** des **Managements** und der **Mitarbeiter** des Torwächters über die einschlägigen Verpflichtungen (lit. b);
- ggf. **Überwachung** der **Einhaltung** der gem. Art. 25 DMA für bindend erklärten Verpflichtungszusagen, wobei die EU-Kommission nichtsdestotrotz unabhängige externe Sachverständige beauftragen kann (lit. c);
- **Zusammenarbeit** mit der **EU-Kommission** für die Zwecke des DMA (lit. d).

IV. Aufgaben des Leitungsorgans (Vorstand) des Torwächters

Die Leitung der Compliance **berichtet direkt an das Leitungsorgan** des Torwächters (Art. 28 Abs. 4 S. 1 DMA). Sie darf ohne dessen vorherige Zustimmung nicht abgesetzt werden (Art. 28 Abs. 4 S. 2 DMA). Das Leitungsorgan des Torwächters hat sicherzustellen, dass es sich bei der Leitung der Compliance um eine **unabhängige Führungskraft** handelt, die eigens für die Compliance-Funktion zuständig ist (Art. 28 Abs. 3 S. 2 DMA). Die interne Kompetenzaufteilung und Governance müssen vom Leitungsorgan des Torwächters derart strukturiert und beaufsichtigt werden, dass die **Unabhängigkeit** der **Compliance-Funktion** gewährleistet ist und Interessenkonflikte vermieden werden (Art. 28 Abs. 7 DMA). Auch in Bezug auf die Compliance-Beauftragten stellt das Leitungsorgan gem. Art. 28 Abs. 3 DMA sicher, dass sie die für die Erfüllung der ihnen zugeschriebenen Aufgaben notwendigen beruflichen Qualifikationen, Kenntnisse, Erfahrungen und Fähigkeiten haben. 6

Der DMA hält das Leitungsorgan ausdrücklich dazu an, dem Management und der Compliance **ausreichend Aufmerksamkeit** zu schenken, um den DMA-Vorschriften Folge zu leisten (Art. 28 Abs. 9 DMA). Das Leitungsorgan soll sich aktiv an den Entscheidungen beteiligten, die das Management und die Compliance betreffen; es muss dafür sorgen, dass der Compliance **angemessene Ressourcen** zugewiesen werden. 7

Mindestens einmal jährlich ist die **Compliance-Strategie** vom Leitungsorgan des Torwächters zu überprüfen und erneut zu genehmigen (Art. 28 Abs. 8 DMA). Führt der Torwächter vorsätzlich oder fahrlässig die in Art. 28 DMA vorgeschriebene **Compliance-Funktion** nicht ein, kann die EU-Kommission **Geldbußen** von bis zu max. 1 % des im vorausgegangenen Geschäftsjahr weltweit erzielten Gesamtumsatzes verhängen (Art. 30 Abs. 3 lit. j DMA). 8

Gemäß Art. 26 Abs. 1 DMA ergreift die **EU-Kommission** die notwendigen Maßnahmen, um die wirksame **Umsetzung** und **Einhaltung** der DMA-Verpflichtungen durch den Torwächter zu **überwachen.** Mit anderen Worten: Die EU-Kommission über- 9 wacht die Überwachung der Compliance durch die Torwächter. Zu den Maßnahmen, welche die EU-Kommission zur Durchsetzung der Compliance ergreifen kann, gehört die Einsetzung **unabhängiger externer Sachverständiger** und **Auditoren** sowie die Benennung von Bediensteten der zuständigen **mitgliedstaatlichen Behörden** (Art. 26 Abs. 2 DMA). Expressis verbis kann zu den Maßnahmen nach Art. 26 Abs. 1 S. 2 DMA ferner die Verpflichtung der Torwächter gehören, diejenigen Dokumente (dh Informationen und Daten) aufzubewahren, welche die EU-Kommission für die Bewertung der Umsetzung und Einhaltung der Verpflichtungen – und eventuelle Beschlüsse der EU-Kommission – als relevant erachtet.

B. Nachweis- und jährliche Berichtspflicht (Art. 8, 11 DMA)

10 Falls ein Unternehmen gem. Art. 3 DMA als Torwächter benannt wurde, muss es gem. Art. 8 Abs. 1 DMA die **Einhaltung** der aus Art. 5, 6 und 7 DMA resultierenden **Verpflichtungen sicherstellen** und **nachweisen**. Bei der Ausarbeitung der Maßnahmen muss der Torwächter die Einhaltung geltenden Rechts, insbesondere der DS-GVO, der Datenschutzrichtlinie für elektronische Kommunikation sowie der Vorschriften im Bereich Cybersicherheit, Verbraucherschutz, Produktsicherheit und Barrierefreiheit beachten. Näheres kann eine von der EU-Kommission zu erlassende Durchführungsverordnung regeln (vgl. Art. 8 Abs. 2 S 2, Art. 46 Abs. 1 lit b DMA).

11 Gemäß Art. 11 Abs. 1 DMA muss der Torwächter innerhalb von sechs Monaten nach der Benennungsentscheidung der EU-Kommission einen **Bericht** übermitteln, in dem er transparent und ausführlich seine ergriffenen **Maßnahmen zur Einhaltung** der Verpflichtungen aus Art. 5, 6 und 7 DMA darlegt. Zusätzlich muss der Torwächter gem. Art. 11 Abs. 2 DMA eine **nichtvertrauliche Zusammenfassung** des Berichts – klar und verständlich (Erwgr. 68 DMA) – erstellen, welche die EU-Kommission auf ihrer **Internetseite** bereitstellt. Die Veröffentlichung der nichtvertraulichen Zusammenfassung soll es **Dritten** ermöglichen, zu bewerten, ob die Torwächter die im DMA festgelegten Verpflichtungen einhalten. Der Torwächter ist verpflichtet, den Bericht sowie dessen nichtvertrauliche Fassung mindestens einmal **jährlich** zu **aktualisieren** (Art. 11 Abs. 2 S. 2 DMA).

12 Der Torwächter kann im Rahmen der Einhaltung der ihm obliegenden Verhaltenspflichten aus Art. 5, 6 und 7 DMA die EU-Kommission **ersuchen**, die **Effektivität** seiner geplanten oder ergriffenen **Maßnahmen** zu **prüfen** (Art. 8 Abs. 3 S. 1 DMA). Dabei steht es im Ermessen der EU-Kommission, unter Wahrung der Grundsätze der Gleichbehandlung, der Verhältnismäßigkeit und der guten Verwaltungspraxis zu entscheiden, ob ein solcher **„regulatorischer Dialog"** stattfinden soll (Art. 8 Abs. 3 S. 2 DMA). Der Torwächter muss seinem Gesuch eine begründete Stellungnahme mit der Erläuterung seiner geplanten oder ergriffenen Maßnahmen beifügen. Eine vom Torwächter ebenfalls zu erstellende **nichtvertrauliche Fassung** der begründeten Stellungnahme dient dazu, sie ggf. Dritten offenzulegen. Auch die **EU-Kommission** veröffentlicht übrigens eine nichtvertrauliche Fassung ihrer **vorläufigen Beurteilung** zur Einleitung eines Verfahrens gem. Art. 20 DMA, um **Dritten** die Gelegenheit der Stellungnahme zu ermöglichen.

§ 8 Marktuntersuchungen (Art. 16–19 DMA)

Literatur: *Achleitner*, Dgital Markets Act beschlossen: Verhaltenspflichten und Rolle nationaler Wettbewerbsbehörden, NZKart 2022, 359; *Bunte*, Sektoruntersuchung im Retail-Bankgeschäft, WM 2007, 1197; *de Bronett*, Sektoruntersuchungen, WuW 2010, 258; *Fletcher*, Market Investigation for Digital Platforms: Panacea or Complement? (Vorabveröffentlichung), 6.8.2020, abrufbar unter https://ssrn.com/abstract=3668289; *Harta/Kulluas/Gasparotti*, Digital Markets Act – Teil II, cepAnalyse Nr. 15/2021, 27.7.2021, abrufbar unter https://www.cep.eu/eu-themen/details/cep/digital-markets-act-teil-ii-durchsetzung-und-verfahren-cepanalyse-zu-com2020-842.html; *Podszun/Bongartz/Langenstein*, The Digital Markets Act: Moving from Competition Law to Regulation for Large Gatekeepers, EuCML 2021, 60; *Schweitzer*, The Art to Make Gatkeeper Positions Contestable and the Challenge to Know What Is Fair: A Discussion of the Digital Markets Act Proposal, ZEuP 2021, 503; *Zimmer/Göhsl*, Vom New Competition Tool zum Digital Markets Act: Die geplante EU-Regulierung für digitale Gatekeeper, ZWeR 2021, 29; *Zober*, Durchsetzung des DMA-E und dessen Verhältnis zum Kartellrecht, NZKart 2021, 611.

A. Überblick

Der DMA führt die **Marktuntersuchung** als neues Ermittlungsverfahren ein, das bestimmten Entscheidungen vorangehen muss (Art. 16–19 DMA). Während der DMA keine Definition oder konkrete Beschreibung des Begriffs der „Marktuntersuchung" bereithält, regelt er umfassend den Anwendungsbereich, Fristen sowie die Untersuchungs- und Durchführungsbefugnisse im Zusammenhang mit Marktuntersuchungen. 1

Die EU-Kommission soll Marktuntersuchungen zur (i) **Benennung von Torwächtern** (Art. 17 DMA), (ii) **Prüfung systematischer Verstöße** (Art. 18 DMA) und (iii) **Ermittlung neuer digitaler Dienste und aufzunehmender Praktiken** (Art. 19 DMA) durchführen. Hierfür stehen der EU-Kommission die umfangreichen allgemeinen Untersuchungsbefugnisse des DMA zur Verfügung, welche die wirksame Durchführung und Einhaltung der Verordnung gewährleisten sollen (Erwgr. 80 DMA). Die Untersuchungsbefugnisse umfassen insbesondere Auskunfts- und Befragungsrechte (Art. 21, 22 DMA) sowie die Befugnis zur Durchführung von Nachprüfungen (Art. 23 DMA). 2

Seinen Ursprung hat das Ermittlungsinstrument der Marktuntersuchung in dem von der EU-Kommission im Sommer 2020 vorgestellten, in der Form aber nicht weiter 3 verfolgten, Reformvorhaben des **New Competition Tools.**[1] Das New Competition Tool sollte – orientiert an der **Marktuntersuchung der britischen CMA** – eine Form der Marktuntersuchung mit unmittelbaren Eingriffsbefugnissen in Gestalt verhaltensbezogener und/oder struktureller Maßnahmen kombinieren, ohne auf die Feststellung eines Kartellrechtsverstoßes angewiesen zu sein.[2] Die im DMA vorgesehene Marktuntersuchung ist letztlich angelehnt an die Marktuntersuchung der CMA, hält allerdings keine unmittelbaren, individuellen Eingriffsbefugnisse bereit. Sie gleicht daher der aus dem europäischen Recht bekannten **Sektoruntersuchung** nach Art. 17 VO (EG) Nr. 1/2003 und den auch in nationalen Rechtsordnungen vorgesehenen sektorspezifischen Untersuchungen wie zB in Deutschland und den Niederlanden.[3]

4 **Sektoruntersuchungen** eröffnen der EU-Kommission bereits heute die Möglichkeit, detailliert und umfassend ganze Wirtschaftssektoren zu analysieren, was insbesondere bei unbekannten oder komplexen Märkten von großer Bedeutung ist.[4] Die EU-Kommission erlangt so tiefgreifende Einblicke; nicht selten enden Marktuntersuchungen mit konkreten Ermittlungsverfahren gegen einzelne Unternehmen. Die herausragende Bedeutung der Sektoruntersuchung hat die EU-Kommission bereits 2009 betont.[5] Mittels der breit angelegten Untersuchungen können neben dem Verhalten einzelner Unternehmen auch Faktoren wie Netzwerkeffekte, Größen- und Verbundvorteile, regulatorische und strukturelle Hindernisse sowie Verbraucherverhalten ermittelt werden.[6]

5 Auch die Markuntersuchung des DMA geht mit ihren unterschiedlichen Anwendungsbereichen und korrespondierenden Zielsetzungen über die Analyse des Verhaltens einzelner Unternehmen hinaus, um **Marktversagen im digitalen Sektor** aufzudecken und ihm mit angemessenen Lösungen zu begegnen. Aufgrund des enger abgesteckten Anwendungsbereichs bleibt das Instrument der Marktuntersuchung allerdings hinter der ursprünglich unter dem New Competition Tool anvisierten Funktion als Auffanglösung zurück.[7] So konnte die Einführung unmittelbarer Eingriffsbefugnisse im DMA nicht umgesetzt werden.

1 EU-Kommission, New Competition Tool (NCT) Inception Impact Assessment, 4.6.2020, Ref. Ares(2020)2877634; Zober NZKart 2021, 611 (612); Podszun/Bongartz/Langenstein EuCML 2021, 60 (61); vgl. EU-Kommission, Generaldirektion Wettbewerb, Schweitzer, The new competition tool: its institutional set-up and procedural design, expert study, 2020, abrufbar unter https://data.europa.eu/doi/10.2763/060011, S. 4 f.

2 EU-Kommission, New Competition Tool (NCT) Inception Impact Assessment, 4.6.2020, Ref. Ares(2020)2877634; Zimmer/Göhsl ZWeR 2021, 29 (49); Fletcher, Market Investigation for Digital Platforms: Panacea or Complement? (Vorabveröffentlichung), 6.8.2020, abrufbar unter https://ssrn.com/abstract=3668289, S. 2.

3 Zober NZKart 2021, 611 (612); Podszun/Bongartz/Langenstein EuCML 2021, 60 (61); vgl. EU-Kommission, Generaldirektion Wettbewerb, Schweitzer, The new competition tool: its institutional set-up and procedural design, expert study, 2020, abrufbar unter https://data.europa.eu/doi/10.2763/060011, S. 4 f.

4 Immenga/Mestmäcker/Henning VO (EG) Nr. 1/2003 Art. 17 Rn. 5.

5 Mitteilung der Kommission an das Europäische Parlament und den Rat, Bericht über das Funktionieren der Verordnung (EG) Nr. 1/2003 des Rates, KOM(2009) 206 endg., Rn. 11.

6 Fletcher, Market Investigation for Digital Platforms: Panacea or Complement? (Vorabveröffentlichung), 6.8.2020, abrufbar unter https://ssrn.com/abstract=3668289, S. 4.

7 Schweitzer ZEuP 2021, 503 (533); EU-Kommission, New Competition Tool (NCT) Inception Impact Assessment, 4.6.2020, Ref. Ares(2020)2877634; EU-Kommission, Generaldirektion Wettbewerb, Motta/Peitz, Intervention triggers and underlying theories of harm: expert advice for the impact assessment of a new competition tool, expert study, 2020, abrufbar unter https://data.europa.eu/doi/10.2763/487824, S. 6 ff., 48 ff.

I. Anwendungsbereiche der Marktuntersuchung

Zunächst gilt, dass der DMA keine materiellrechtlichen Voraussetzungen zur Einleitung von Marktuntersuchungen regelt, sondern sich auf **formelle Vorgaben** und **Fristen** beschränkt. Im Kartellverfahren gem. Art. 17 VO (EG) Nr. 1/2003 ist dies übrigens anders: Hier wird für die Einleitung einer Sektoruntersuchung jedenfalls das Vorliegen eines objektiv auf Tatsachen gestützten Anlasses für eine Vermutung einer Wettbewerbsbeschränkung oder -verfälschung gefordert (vgl. Art. 17 Abs. 1 S. 1 VO (EG) Nr. 1/2003).[8] Dabei existiert selbst zur kartellrechtlichen Sektoruntersuchung bisher keine Rechtsprechung, welche die konkreten Anforderungen an ihre Einleitung präzisiert – ein allgemeines Untersuchungsrecht hat die EU-Kommission jedenfalls nicht.[9] 6

Obwohl es im DMA an einer ausdrücklichen Regelung dazu fehlt, spricht auch im Rahmen des DMA wegen der mit der Marktuntersuchung zusammenhängenden **umfangreichen Ermittlungsbefugnisse** einiges dafür, dass hinreichende Anhaltspunkte für die Betroffenheit des jeweiligen Anwendungsbereichs der Marktuntersuchung erforderlich sind.[10] Der Anlass für eine Vermutung müsste sich dann auf den jeweiligen Anwendungsfall der Marktuntersuchung beziehen, dh auf das Vorliegen der Voraussetzungen zur Benennung als Torwächter (Art. 17 DMA), die Begehung systematischer Verstöße (Art. 18 DMA) oder die Notwendigkeit zur Anpassung des DMA (Art. 19 DMA). Dabei sind jedoch, abgesehen von Marktuntersuchungen bei systematischen Verstößen gegen den DMA (Art. 18 DMA), jedenfalls keine Anhaltspunkte für das Fehlverhalten einzelner Unternehmen erforderlich.[11] 7

Im Gegensatz zu den materiellrechtlichen Voraussetzungen zur Einleitung von Marktuntersuchungen sind deren **Anwendungsbereiche** klar geregelt. Marktuntersuchungen kommen in folgenden Fällen in Betracht: 8

1. Marktuntersuchung zur Benennung von Torwächtern (Art. 17 DMA)

Die EU-Kommission wendet das Instrument der Marktuntersuchung zur **Benennung von Torwächtern** an. Das betrifft zum einen die Fälle, in denen ein Anbieter zentraler Plattformdienste nicht die Schwellenwerte des Art. 3 Abs. 2 DMA erreicht, dh **außerhalb der Vermutungstatbestände** ernannt werden soll, oder die **Ermittlung zentraler Plattformdienste**, die in dem Benennungsbeschluss aufzuführen sind (Art. 17 Abs. 1, Art. 3 Abs. 8 und 9 DMA, → § 4 Rn. 13ff.). Zum anderen sind die Fälle erfasst, in denen ein Anbieter zentraler Plattformdienste hinreichend substanziierte Argumente zur **Entkräftung der Vermutungstatbestände** vorbringt (Art. 17 Abs. 3, Art. 3 Abs. 5 UAbs. 3 und 4 DMA). 9

8 MüKoWettbR/Bischke/Neideck VO (EG) Nr. 1/2003 Art. 17 Rn. 3; Immenga/Mestmäcker/Hennig VO (EG) Nr. 1/2003 Art. 17 Rn. 7f. sieht einen „gewissen Anfangsverdacht" als erforderlich an, der sich jedoch nicht auf das Vorliegen einer bestimmten Wettbewerbsbeschränkung beziehen muss.

9 Immenga/Mestmäcker/Hennig VO (EG) Nr. 1/2003 Art. 17 Rn. 10; LMRKM/Barthelmeß/Rudolf VO (EG) Nr. 1/2003 Art. 17 Rn. 7; MüKoWettbR/Bischke/Neideck VO (EG) Nr. 1/2003 Art. 17 Rn. 3.

10 Zober NZKart 2021, 611 (612f.); EU-Kommission, Generaldirektion Wettbewerb, Schweitzer, The new competition tool: its institutional set-up and procedural design, expert study, 2020, abrufbar unter https://data.europa.eu/doi/10.2763/060011, S. 11.

11 Zober NZKart 2021, 611 (612); vgl. zur Sektoruntersuchung de Bronett WuW 2010, 258 (262).

a) Benennung außerhalb der Vermutungstatbestände

10 Bei der Benennung außerhalb der Vermutungstatbestände bezieht sich die Marktuntersuchung auf die **qualitativen Kriterien** des Art. 3 Abs. 1 DMA (→ § 4 Rn. 13 ff.). Von dieser Fallgruppe wird auch die Konstellation des Torwächters mit ungefestigter Stellung (sog. **emerging Gatekeeper**) erfasst. Bei einem emerging Gatekeeper ist das Erlangen einer gefestigten und dauerhaften Position hinsichtlich seiner Tätigkeiten als Anbieter zentraler Plattformdienste erst in absehbarer zu erwarten. Die EU-Kommission bemüht sich, ihre Marktuntersuchung innerhalb von zwölf Monaten nach deren Eröffnung abzuschließen (Art. 17 Abs. 1 S. 2 DMA). Zuvor teilt sie dem betroffenen Unternehmen möglichst innerhalb von sechs Monaten nach Verfahrenseröffnung ihre vorläufige Beurteilung mit, in der sie anzeigt, ob sie vorläufig zu der Beurteilung kommt, das Unternehmen als Torwächter zu benennen und welche zentralen Plattformdienste des Unternehmens erfasst werden (Art. 17 Abs. 2 DMA). Das betroffene Unternehmen kann sich zur vorläufigen Beurteilung der EU-Kommission äußern, wobei für die Stellungnahme ein Zeitraum von mindestens 14 Tagen eingeräumt werden muss (Art. 34 Abs. 1, 2 DMA). Es handelt sich dabei um einen wichtigen Verfahrensschritt zur Gewährleistung des Anspruchs auf **rechtliches Gehör** der betroffenen Unternehmen. Daher darf die EU-Kommission ihre Beschlüsse nur auf vorläufige Beurteilungen stützen, zu denen sich das Unternehmen äußern konnte (Art. 34 Abs. 3 DMA).

11 Abgeschlossen wird das Verfahren durch einen **Durchführungsrechtsakt** der Kommission, in dem diese ihre Entscheidung darlegt (Art. 17 Abs. 1 S. 3, 4 DMA). Ein Durchführungsrechtsakt ist ein Rechtsakt ohne Gesetzescharakter, in dem detaillierte Vorschriften für die einheitliche Durchführung verbindlicher Rechtsakte der Union festgelegt werden und der von der EU-Kommission unter Kontrolle von Ausschüssen erlassen wird (Art. 291 AEUV).[12] Vor Erlass der Entscheidung muss daher das **Beratungsverfahren** mit dem Beratenden Ausschuss für digitale Märkte durchlaufen werden (Art. 17 Abs. 1 S. 4, Art. 50 Abs. 2 DMA). Der Beratende Ausschuss dient der Unterstützung der EU-Kommission und setzt sich aus Vertretern der Mitgliedstaaten zusammen (Art. 3 Abs. 2 VO (EU) Nr. 182/2011), wobei die Mitgliedstaaten u.a. Sachverständige der zuständigen Behörden mit dem nötigen Fachwissen entsenden können (Erwgr. 101 DMA). Demnach hat die EU-Kommission bei Erlass des Durchführungsrechtsaktes so weit wie möglich das Ergebnis der Beratungen im Ausschuss und die vom Ausschuss abgegebene Stellungnahme zu berücksichtigen (Art. 4 VO (EU) Nr. 182/2011).

12 Bei einem emerging Gatekeeper ordnet die EU-Kommission die Geltung bestimmter Verhaltenspflichten für den Torwächter **konstitutiv** an, wobei ihr nicht der gesamte Pflichtenkatalog des DMA zur Verfügung steht (→ § 4 Rn. 16).

b) Benennung bei Vermutungswiderlegung

13 Kommt die EU-Kommission trotz hinreichend substanziierter Argumente für die Vermutungswiderlegung zu dem Schluss, dass der Anbieter zentraler Plattformdienste

12 Europäischer Rat, Durchführungsrechtsakte und delegierte Rechtsakte, 22.4.2022, abrufbar unter https://www.consilium.europa.eu/de/council-eu/decision-making/implementing-and-delegated-acts/.

nicht den Nachweis dafür erbracht hat, dass die **qualitativen Voraussetzungen des Art. 3 Abs. 1 DMA nicht vorliegen**, kann sie diesen Anbieter nur nach der Durchführung einer Marktuntersuchung als Torwächter benennen (Art. 3 Abs. 5 UAbs. 4, Art. 17 Abs. 3 DMA). In einem solchen Fall soll sich die EU-Kommission bemühen, dem Unternehmen die vorläufigen Feststellungen bereits nach spätestens drei Monaten mitzuteilen und die Marktuntersuchung insgesamt innerhalb von fünf Monaten nach Eröffnung abzuschließen (Art. 17 Abs. 3 DMA). Auch hier muss dem Unternehmen in Bezug auf die vorläufigen Feststellungen rechtliches Gehör gewährt werden. Dabei handelt es sich um die **kürzeste Frist** zur Durchführung der Marktuntersuchung im Rahmen des DMA, wodurch für das betroffene Unternehmen zeitliche Planbarkeit und Rechtssicherheit gewährleistet werden sollen.

2. Marktuntersuchung zur Überprüfung der Einhaltung der Vorgaben des DMA (Art. 18 DMA)

Zudem kann die EU-Kommission eine Marktuntersuchung durchführen, um zu prü- 14
fen, ob ein Torwächter **systematisch gegen seine Verpflichtungen nach dem DMA verstößt** (Art. 18 DMA). Damit bezieht sich die Marktuntersuchung in diesem Fall auf das **Verhalten** eines Torwächters.

Die EU-Kommission teilt dem Torwächter innerhalb von **sechs Monaten** nach Eröff- 15
nung ihre vorläufige Beurteilung darüber mit, ob sie einen systematischen Verstoß des Torwächters annimmt, und wenn ja, welche **Abhilfemaßnahmen** sie in Betracht zieht (Art. 18 Abs. 4 DMA). Für den Abschluss der Marktuntersuchung bleibt der EU-Kommission eine Frist von zwölf Monaten ab ihrer Eröffnung (Art. 18 Abs. 1 DMA). Die Marktuntersuchung kann sowohl in Bezug auf die Frist zur vorläufigen Beurteilung als auch im Hinblick auf den Erlass des abschließenden Beschlusses **verlängert** werden (Art. 18 Abs. 7 DMA). Die Anzahl der Verlängerungen ist unbegrenzt, insgesamt dürfen sie aber sechs Monate nicht übersteigen.

Interessierte Dritte werden dergestalt in das Verfahren einbezogen, dass die vorläufige 16
Beurteilung der EU-Kommission nicht nur dem Torwächter mitgeteilt wird, sondern die Kommission den Fall und potenzielle Abhilfemaßnahmen auch in zusammengefasster und nichtvertraulicher Form veröffentlicht (Art. 18 Abs. 5 DMA). Dritte können daraufhin in einem von der EU-Kommission festgelegten Zeitraum Stellung nehmen.

Ergibt die Marktuntersuchung, dass der Torwächter seine Verpflichtungen systema- 17
tisch nicht eingehalten und seine Torwächter-Position beibehalten oder ausgeweitet bzw. verstärkt hat, kann die EU-Kommission angemessene und erforderliche verhaltensbezogene oder strukturelle Abhilfemaßnahmen verhängen (Art. 18 Abs. 1 S. 3 DMA). Dabei wird eine systematische Nichteinhaltung **vermutet**, wenn die EU-Kommission in dem Zeitraum von **acht Jahren** vor Einleitung der Marktuntersuchung mindestens **drei Nichteinhaltungsbeschlüsse** gegen den Torwächter bezüglich eines seiner zentralen Plattformdienste erlassen hat (Art. 18 Abs. 3 DMA). Der Erlass erfolgt mittels Durchführungsrechtakt, bei dem die Stellungnahme des Beratenden Ausschusses zu berücksichtigen ist (Art. 18 Abs. 1 S. 4 DMA, Art. 4 VO (EU) Nr. 182/2011).

18 Der Torwächter kann während des Marktuntersuchungsverfahrens **Verpflichtungszusagen** geben, um die Einhaltung der Dos and Don'ts zu gewährleisten (Art. 25 Abs. 1 S. 1 DMA). Ob die EU-Kommission die Zusagen für ausreichend erachtet, steht in ihrem Ermessen. Wenn ja, erklärt sie die Verpflichtungszusagen für bindend und stellt fest, dass für sie kein Anlass mehr zum Tätigwerden besteht (Art. 25 Abs. 1 S. 1 DMA). Beabsichtigt die Kommission, nach der Marktuntersuchung eine systematische Nichteinhaltung festzustellen und Verpflichtungszusagen für bindend zu erklären, veröffentlicht sie vor Erlass eine nichtvertrauliche Zusammenfassung des Falls und der Verpflichtungszusagen, sodass interessierte Dritte auch hierzu Stellung nehmen können (Art. 18 Abs. 6 DMA).

19 Die EU-Kommission soll die verhängten Abhilfemaßnahmen regelmäßig überprüfen und kann diese – nach erneuter Marktuntersuchung – **ändern**, wenn sich herausstellt, dass die Maßnahmen nicht wirksam sind (Art. 18 Abs. 8 DMA).

3. Marktuntersuchung zur Aufnahme neuer zentraler Plattformdienste und zu Verhaltenspflichten (Art. 19 DMA)

20 Die EU-Kommission kann eine Marktuntersuchung auch durchführen, um zu prüfen, ob **neue Dienste** aus dem Digitalsektor zur Liste der zentralen Plattformdienste nach Art. 2 Nr. 2 DMA hinzugefügt werden sollten, oder um **neue Praktiken** zu identifizieren, die von den Verhaltenspflichten gem. Art. 5–7 DMA noch nicht effektiv adressiert werden (Art. 19 Abs. 1 S. 1 DMA). Diese Form der Marktuntersuchung bezieht sich auf **allgemeine Informationen zum Wettbewerb.** Dabei kann die EU-Kommission auf Erkenntnisse aus Art. 101 und Art. 102 AEUV-Verfahren zurückgreifen und Dritte, u.a. gewerbliche Nutzer und Endnutzer, konsultieren (Art. 19 Abs. 1 S. 2, Abs. 2 DMA).

21 Die Ergebnisse ihrer Feststellungen veröffentlicht die EU-Kommission innerhalb von 18 Monaten nach Eröffnung der Marktuntersuchung in einem **Bericht** (Art. 19 Abs. 3 DMA). Die Marktuntersuchung soll der EU-Kommission eine solide Beweisgrundlage liefern, um Änderungen des DMA anzustoßen (Erwgr. 77 DMA): Sofern geeignet, übermittelt sie daher zusammen mit dem Bericht einen **Gesetzgebungsvorschlag** zur Änderung des DMA, um zusätzliche Dienste des digitalen Sektors in die Liste der zentralen Plattformdienste oder neue Dos and Don'ts aufzunehmen. Alternativ kann die EU-Kommission auch die **Streichung** von Diensten oder bestehender Verpflichtungen vorschlagen (Art. 19 Abs. 3 UAbs. 3 DMA). Zudem kann die EU-Kommission den Entwurf eines **delegierten Rechtsakts** zur Aktualisierung der Verpflichtungen der Torwächter übermitteln. Art. 12 DMA steckt den Anwendungsbereich dieser delegierten Rechtsakte ab.

22 Art. 19 DMA kombiniert damit stets das Instrument der Marktuntersuchung mit einer **abstrakt-generellen Regel** (in Form eines legislativen oder eines delegierten Rechtsaktes). Darin unterscheidet sich der DMA von dem ursprünglich anvisierten Konzept des New Competition Tool, lässt aber noch „Überreste" davon erkennen.[13]

13 Zimmer/Göhsl ZWeR 2021, 29 (49); vgl. EU-Kommission, New Competition Tool (NCT) Inception Impact Assessment, 4.6.2020, Ref. Ares(2020)2877634.

Das New Competition Tool sollte – wie dargestellt (→ Rn. 3) – eine Form der Marktuntersuchung mit unmittelbaren Eingriffsbefugnissen kombinieren, angelehnt an Regelungen im Vereinigten Königreich zu bestimmten Märkten.[14] Die EU-Kommission kann im Rahmen des DMA nach einer Marktuntersuchung zwar keine konkret-individuellen Regeln schaffen, im Regelungsbereich des Art. 12 DMA ist sie jedoch zum Erlass abstrakt-genereller Regelungen befugt und kann zu darüber hinausgehenden Fragen ein Gesetzgebungsverfahren anstoßen.

In begrenztem Umfang verfügt die EU-Kommission damit über Anpassungsmöglich- 23
keiten durch **delegierte Rechtsakte.** Wie weit der Spielraum der EU-Kommission insoweit ausfallen wird, bleibt abzuwarten. Teile der Literatur setzen auf einen weiten Entscheidungsspielraum der EU-Kommission; verwiesen wird auf die bisherige Entscheidungspraxis des EuGH zu delegierten Rechtsakten bei Sachverhalten, die von schnellem Wandel und einem hohen Grad an technischer Komplexität geprägt sind.[15] Im Vergleich zum ursprünglichen Kommissionsvorschlag des DMA ist der Spielraum der EU-Kommission begrenzt worden, weil der Anwendungsbereich zur Anpassung der Dos and Don'ts enumerativ aufgelistet wird (Art. 12 Abs. 2 DMA), was im ursprünglichen Kommissionsvorschlag nicht der Fall war. Konkret beschränkt und spezifiziert Art. 12 Abs. 2 DMA die Aktualisierung durch delegierte Rechtsakte auf bestimmte Ergänzungen bereits bestehender Verpflichtungen. Die Begrenzung ist mit Blick auf die primärrechtliche Vorgabe des Art. 290 Abs. 1 UAbs. 2 S. 2 AEUV, wonach auf die EU-Kommission nur Rechtsetzungsbefugnisse zur Ergänzung oder Änderung spezifischer und nicht wesentlicher Vorschriften eines Rechtsaktes übertragen werden dürfen, grundsätzlich zu begrüßen. Das bestehende Spannungsverhältnis wird durch Art. 12 Abs. 2 DMA allerdings nicht vollständig ausgeräumt und von vielen Seiten kritisch bewertet, da die Verhaltenspflichten den Kern des DMA darstellen.[16]

Die Liste der zentralen Plattformdienste (Art. 2 Nr. 2 DMA) sowie Anpassungen von 24
Verpflichtungen, die über Art. 12 DMA hinausgehen, wie zB das Hinzufügen neuer Verpflichtungen, können damit nach erfolgter Marktuntersuchung nur über eine **Änderung des DMA** und nicht mittels delegierter Rechtsakte erfolgen. Bei einer Dauer der Marktuntersuchung von bis zu 18 Monaten (Art. 19 Abs. 3 DMA) und dem anschließenden Rechtsetzungsverfahren der Europäischen Union (Art. 294 AEUV), das durchschnittlich 22 Monate in Anspruch nimmt, ist ein erheblicher Zeitraum bis zum Inkrafttreten von Änderungen des DMA zu erwarten.[17] Die Kombination aus Markt-

---

14 Zimmer/Göhsl ZWeR 2021, 29 (49); Fletcher, Market Investigation for Digital Platforms: Panacea or Complement? (Vorabveröffentlichung), 6.8.2020, abrufbar unter https://ssrn.com/abstract=3668289, S. 2.

15 Zimmer/Göhsl ZWeR 2021, 29 (50) mit Verweis auf EuGH 30.10.1975 – C-23/75, ECLI:EU:C:1975:142 Rn. 10 f. = BeckRS 2004, 72456; EuGH 13.7.1995 – C-156/93, ECLI:EU:C:1995:238 Rn. 18 = BeckRS 2004, 74515.

16 Achleitner NZKart 2022, 359 (361); Harta/Kulluas/Gasparotti, Digital Markets Act – Teil II, cepAnalyse Nr. 15/2021, 27.7.2021, abrufbar unter https://www.cep.eu/eu-themen/details/cep/digital-markets-act-teil-ii-durchsetzung-und-verfahren-cepanalyse-zu-com2020-842.html, S. 4; Podszun/Bongartz/Langenstein EuCML 2021, 60 (65).

17 Zimmer/Göhsl ZWeR 2021, 29 (39) mit Verweis auf den Leitfaden der Generaldirektion Interne Politikbereiche der Union zur Arbeit des Europäischen Parlaments als Mitgesetzgeber v. November 2017, Handbuch zum ordentlichen Gesetzgebungsverfahren (PE 608.827), abrufbar unter http://www.epgencms.europarl.europa.eu/cmsdata/upload/c18f9436-4c2e-4c2e-91be-0fe216f0e4e7/handbook-olp-de.pdf, S. 63.

untersuchung und Gesetzgebungsverfahren, die zu einer langen **Verfahrensdauer** führt, wird daher vielfach kritisiert.[18]

25 In der Literatur wird vor diesem Hintergrund teilweise gefordert, die EU-Kommission zum Hinzufügen neuer Dienstleistungen zur Liste der zentralen Plattformdienste zu **ermächtigen**, wenn die Marktuntersuchung auf Indizien für ein Kippen des relevanten Marktes hinweist und bestimmte Eigenschaften von digitalen Plattformen erfüllt sind, die typischerweise Wettbewerbsbedenken hervorrufen, wie zB eine starke Intermediationsposition.[19] Dieser Ansatz würde jedoch eine abstrakte Definition des Begriffs der zentralen Plattformdienste voraussetzen.[20]

II. Verfahren

26 Die EU-Kommission leitet Marktuntersuchungen mit einem **Beschluss** ein. Im Rahmen der Durchführung verfügt sie über umfangreiche **Untersuchungsbefugnisse**, insbesondere in Form von Auskunftsverlangen, Befragungs- und Nachprüfungsrechten (Art. 21–23 DMA). Die genannten Befugnisse entsprechen weitgehend den Ermittlungsbefugnissen der EU-Kommission bei Sektoruntersuchungen (vgl. Art. 17 ff. VO (EG) Nr. 1/2003).[21] Marktuntersuchungen enden mit einem zu veröffentlichenden Beschluss. Im Übrigen kann die EU-Kommission durch Durchführungsrechtsakte detailliertere Regelungen zu den praktischen Modalitäten zur Einleitung von Verfahren zur Marktuntersuchung erlassen und so die praktische Umsetzung des Instruments präzisieren (Art. 46 Abs. 1 lit. i DMA).

1. Einleitung der Marktuntersuchung

27 Art. 16 DMA regelt die **Einleitung** der Marktuntersuchung einheitlich für alle Anwendungsfälle. Die EU-Kommission leitet das Verfahren der Marktuntersuchung mit einem **Beschluss** ein (Art. 16 Abs. 1 DMA). Der Beschluss soll den Tag der Eröffnung der Marktuntersuchung sowie deren Gegenstand und Zweck bestimmen (Art. 16 Abs. 3 DMA). Auch der Einleitungsbeschluss im Rahmen der Sektoruntersuchung nach Art. 17 VO (EG) Nr. 1/2003 muss den Grund für die Einleitung der Untersuchung darlegen.[22] Es ist zu befürchten, dass sich die Praxis der Europäischen Kommission, die Einleitungsbeschlüsse oft sehr pauschal zu halten, auch im Rahmen der Marktuntersuchung nach dem DMA etabliert.[23]

28 Bei der Entscheidung über die Einleitung muss die EU-Kommission **Dritte** – wie bspw. die sog. **hochrangige Gruppe**, ein eigens eingerichtetes beratendes Expertengremium (Art. 40 DMA) – nicht beteiligen. Die EU-Kommission kann jedoch auf das Fachwissen und die Beratung der hochrangigen Gruppe zurückgreifen (Art. 40 Abs. 5 DMA).

---

18 Schweitzer ZEuP 2021, 503 (521); Zimmer/Göhsl ZWeR 2021, 29 (39 f.).

19 Schweitzer ZEuP 2021, 503 (521); mit Verweis auf Vorschlag zur Umformulierung von Art. 2 Nr. 2 DMA von Zimmer/Göhsl ZWeR 2021, 29 (40).

20 Schweitzer ZEuP 2021, 503 (521).

21 Zober NZKart 2021, 611 (613).

22 Immenga/Mestmäcker/Henning VO (EG) Nr. 1/2003 Art. 17 Rn. 22.

23 Zober NZKart 2021, 611 (613); kritisch zu den meist pauschal gehaltenen Einleitungsbeschlüssen unter Art. 17 VO (EG) Nr. 1/2003 Bunte WM 2007, 1197.

Insofern sind allein den **Mitgliedstaaten** unter bestimmten Voraussetzungen Rechte im Hinblick auf die Einleitung einer Marktuntersuchung eingeräumt. Sprechen aus Sicht der Mitgliedstaaten hinreichende Gründe dafür, dass einer der Anlässe zur Einleitung einer Marktuntersuchung besteht, können sie die EU-Kommission um deren Einleitung ersuchen (Art. 41 DMA). Dies gilt für alle Anwendungsbereiche der Marktuntersuchung. Im Hinblick auf Marktuntersuchungen nach Art. 17 DMA (dh zur Benennung als Torwächter) und Art. 19 DMA (dh in Bezug auf neue Dienste und Praktiken) müssen mindestens drei Mitgliedstaaten die Einleitung der Untersuchung beantragen, während für Art. 18 DMA (also bei systematischen Verstößen gegen die Verhaltenspflichten des DMA) der Antrag durch einen Mitgliedstaat genügt. Die Mitgliedstaaten sollen entsprechende Nachweise zu ihrem Antrag vorbringen (Art. 41 Abs. 4 DMA). Auch wenn der Antrag durch die erforderliche Anzahl an Mitgliedstaaten gestellt wird, führt dies nicht zwingend zur Durchführung der Marktuntersuchung. Der EU-Kommission obliegt immer noch die Prüfung und Entscheidung, ob hinreichende Gründe für die Einleitung einer Marktuntersuchung sprechen (Art. 41 Abs. 5 DMA). 29

Der Einleitungsbeschluss ist unter Nennung der beteiligten Unternehmen und des wesentlichen Inhalts zu **veröffentlichen** (Art. 44 Abs. 1 DMA). 30

2. Durchführung der Marktuntersuchung

Der EU-Kommission sind im Rahmen von Marktuntersuchungen umfangreiche **(Durchsetzungs- und) Untersuchungsbefugnisse** eingeräumt (vgl. Erwgr. 80 DMA). Sie kann ihre Untersuchungsbefugnisse bereits vor dem Erlass eines Einleitungsbeschlusses zur Marktuntersuchung ausüben (Art. 16 Abs. 2 DMA). Ferner kann die EU-Kommission die **nationalen Behörden** ersuchen, sie bei ihren Untersuchungen zu unterstützen (Art. 16 Abs. 5, Art. 38 Abs. 6 DMA). Einige nationale Wettbewerbsbehörden, darunter auch das Bundeskartellamt, haben bereits erklärt, die EU-Kommission bei der Durchsetzung des DMA unterstützen zu wollen. 31

Kapitel IV des DMA („Marktuntersuchung") geht zwar nicht ausdrücklich auf die Untersuchungsbefugnisse der EU-Kommission ein; deren Umfang ergibt sich jedoch aus den **Art. 21 ff. DMA**, wonach die EU-Kommission die Befugnisse zur Erfüllung ihrer Aufgaben nach dem DMA ausüben kann. Die Ermittlungsmaßnahmen können sich auch gegen **dritte Unternehmen** richten und nicht nur gegen den Torwächter. Demnach gehören zu den Untersuchungsbefugnissen der EU-Kommission Auskunftsverlangen, einschließlich der Befugnis zur Befragung und Aufnahme von Aussagen, und die Befugnis zur Durchführung von Nachprüfungen. Die Befugnisse sind weitgehend an die Befugnisse bei **Sektoruntersuchungen** nach Art. 18 bis 20 VO (EG) Nr. 1/2003 angelehnt.[24] Wie bei der Sektoruntersuchung stehen der EU-Kommission aufgrund der Formulierung der Untersuchungsbefugnisse als „Kann-Vorschriften" weitere informelle und formelle Ermittlungen zur Verfügung.[25] Unter Beachtung des 32

24 Zober NZKart 2021, 611 (613); Schweitzer ZEuP 2021, 503 (532).
25 De Bronett WuW 2010, 258 (265).

allgemeinen Rechtsgrundsatzes der Verhältnismäßigkeit wählt die EU-Kommission nach ihrem Ermessen den Einsatz der Ermittlungsinstrumente.

33 Die EU-Kommission kann im Rahmen ihres **Auskunftsverlangens** – in einfacher Form oder durch Beschluss – Unternehmen dazu auffordern, alle erforderlichen Auskünfte zu erteilen (Art. 21 Abs. 1 S. 1 DMA). Dazu gehört auch der Zugang zu allen sachdienlichen Daten und Algorithmen von Unternehmen sowie die Befugnis, Informationen über Tests zu verlangen und diesbezügliche Erläuterungen anzufordern (Art. 21 Abs. 1 S. 2 DMA). Der **Zugang zu Daten und Algorithmen** stellt eine wichtige Neuerung im Vergleich zu den Ermittlungsmöglichkeiten der VO (EG) Nr. 1/2003 dar.[26] Dabei kommt es nicht darauf an, wer die Informationen besitzt, auch nicht, in welcher Form, welchem Format oder auf welchem Speichermedium oder Speicherort sie vorliegen (Erwgr. 81 DMA). Die EU-Kommission kann darüber hinaus auch die den Mitgliedstaaten vorliegenden Auskünfte abfragen (Art. 21 Abs. 5 DMA).

34 Das **Befragungsrecht** der EU-Kommission ist dahin gehend eingeschränkt, dass natürliche oder juristische Personen, die über sachdienliche Informationen verfügen könnten, eine Einwilligung zur Befragung erteilen müssen (Art. 22 Abs. 1 DMA). Da es sich somit um freiwillige Aussagen handelt, kann die EU-Kommission diese nicht zwangsweise durchsetzen und keine Sanktion bei unzutreffenden oder unrichtigen Auskünften verhängen.[27]

35 Art. 23 DMA räumt der EU-Kommission die Befugnis zur Durchführung von **Nachprüfungen** (dawn raids) bezüglich Unternehmen ein. Im Unterschied zu den Befugnissen bei der Sektoruntersuchung kann die EU-Kommission dabei auch Zugang und Erläuterungen zu Algorithmen und Datenbanken von Unternehmen verlangen (Art. 23 Abs. 2 lit. d DMA) sowie Sachverständige und Prüfer in die Nachprüfung einbeziehen (Art. 23 Abs. 4 DMA).

36 Die Durchführung der Marktuntersuchung unterliegt, wie auch die übrigen Untersuchungsbefugnisse der Kommission, den **Grundrechten** der Beteiligten.[28] Zur Konkretisierung der Verfahrensrechte im Rahmen der Marktuntersuchung dürfte auf die Rechtsprechung zur VO (EG) Nr. 1/2003 zurückgegriffen werden können.[29] Zu berücksichtigen sind dabei auch strafrechtlich geprägte Grundsätze, da im Rahmen des Art. 18 DMA ein Bußgeld droht und auch bei Art. 17 und Art. 19 DMA die Erkenntnisse in anderen Verfahren nach dem DMA, wie beispielsweise bei der Ermittlung von Verstößen gegen die Verhaltenspflichten des DMA, verwendet werden dürfen (Art. 36 DMA). Damit müssen bereits im Rahmen der Marktuntersuchung die gleichen Rechte gewährleistet werden wie bei einem etwaigen Bußgeldverfahren.[30] Vor Erlass eines Beschlusses nach Art. 17 oder 18 DMA kann sich das betroffene Unter-

26 Zober NZKart 2021, 611 (617).

27 Vgl. Art. 31 DMA, der sich nicht auf Art. 22 DMA bezieht, sowie Parallele zur Sektoruntersuchung Bunte/Sura VO (EG) Nr. 1/2003 Art. 19 Rn. 7; Immenga/Mestmäcker/Hennig VO (EG) Nr. 1/2003 Art. 19 Rn. 2.

28 Art. 34 Abs. 4 S. 1 DMA: „Die Verteidigungsrechte des Torwächters, des Unternehmens oder der Unternehmensvereinigung müssen während des Verfahrens in vollem Umfang gewahrt werden“; vgl. dazu auch Erwgr. 80 DMA; COM(2020) 842 final, 13.

29 Zober NZKart 2021, 611 (613).

30 Vgl. de Bronett WuW 2010, 258 (266) so auch zur Sektoruntersuchung; dazu differenzierend Immenga/Mestmäcker/Hennig VO (EG) Nr. 1/2003 Art. 17 Rn. 40 f. mwN.

nehmen zu der Beurteilung und den von der EU-Kommission beabsichtigten Maßnahmen äußern (Art. 34 Abs. 1 DMA). Zudem regelt Art. 34 Abs. 4 DMA ausdrücklich das Recht auf Akteneinsicht.

Das Verfahren endet wiederum mit einem zu veröffentlichenden **Beschluss** (Art. 44 Abs. 1 DMA). Ändern sich nach dem Erlass des Beschlusses wesentliche Punkte, auf denen dieser basiert, oder beruht der Beschluss auf unvollständigen, unrichtigen oder irreführenden Angaben, kann die EU-Kommission die abgeschlossene Marktuntersuchung wieder aufnehmen (Art. 16 Abs. 4 DMA). 37

Die EU-Kommission liefert bei ihrer jährlichen **Berichterstattung** gegenüber dem Europäischen Parlament und dem Rat auch eine Zusammenfassung laufender Marktuntersuchungen (Art. 35 Abs. 2 lit. a DMA). Die EU-Kommission kann auch hier Durchführungsrechtsakte zur Festlegung detaillierter Regelungen für die Anwendung der praktischen Modalitäten der Einleitung von Verfahren zum Zwecke der Marktuntersuchung erlassen (Art. 46 Abs. 1 lit. i DMA). 38

B. Bewertung

Die Möglichkeit, Markuntersuchungen durchzuführen, gibt der EU-Kommission ein **mächtiges Werkzeug** an die Hand, mit dem sie in Zukunft die hochdynamischen Märkte der Digitalwirtschaft systematisch untersuchen kann. Die digitale Industrie ist dabei sehr vielfältig und weicht entscheidend von den bisher regulierten Wirtschaftszweigen, wie beispielsweise der Bankenaufsicht, ab.[31] Der DMA stellt in diesem Wirtschaftsumfeld Regelungen für Unternehmen auf, die sehr heterogene Geschäftsmodelle verfolgen – und dies in komplexen Märkten, die einem ständigen und schnellen Wandel unterliegen.[32] 39

Das neue Ermittlungsinstrument der Marktuntersuchung hilft dabei, digitale Märkte besser zu verstehen und Gefahren effizient zu begegnen. Es bildet damit einen wichtigen Pfeiler des DMA. Die Marktuntersuchung wurde daher bereits vor Inkrafttreten des DMA zu Recht als **effektives Instrument** bewertet.[33] Dabei hat die Marktuntersuchung des DMA mit der Sektoruntersuchung der EU-Kommission (Art. 17 VO (EG) Nr. 1/2003) und des Bundeskartellamts (§ 32e GWB) sowie bspw. auch der Marktuntersuchung der CMA gemein, über die Untersuchung des Verhaltens einzelner Unternehmen hinauszugehen und einen breiten Überblick über den Markt und das Verhalten der Marktteilnehmer zu bieten. Anders als die noch für das New Competition Tool in Betracht gezogene enge Anlehnung an die Marktuntersuchung der CMA verleiht der DMA der EU-Kommission jedoch keine damit einhergehenden unmittelbaren Eingriffsbefugnisse. 40

Die Durchsetzungspraxis wird zeigen, ob die Marktuntersuchung ein Instrument sein wird, mit dem es der EU-Kommission gelingt, **Innovationsförderung** und **effiziente** 41

31 Schnitzer, Öffentliche Anhörung zum Thema „Digital Markets Act" v. 27.4.2022, BT-Ausschuss-Drs. 20(9)61, 5.
32 Schnitzer, Öffentliche Anhörung zum Thema „Digital Markets Act" v. 27.4.2022, BT-Ausschuss-Drs. 20(9)61, 5.
33 Achleitner NZKart 2022, 359 (366); Zober NZKart 2021, 611 (612); Zimmer/Göhsl ZWeR 2021, 29 (49); Schweitzer ZEuP 2021, 503 (533).

Regulierung miteinander in Einklang zu bringen. Kritisch können dabei in Anbetracht des dynamischen Wandels im Digitalsektor Zeit- und Umsetzungsfragen werden. Wie die für das Verfahren detailliert geregelten Fristen zeigen, handelt es sich um **zeitintensive Verfahren**, die erhebliche **Kapazitäten** aufseiten der EU-Kommission binden werden.[34] Der Faktor Zeit ist jedoch insbesondere dann entscheidend, wenn es um die Benennung von emerging Gatekeepern (Art. 17 DMA) und die Anpassung der Dienste und Pflichten des DMA (Art. 19 DMA) geht. In den Fällen, in denen emerging Gatekeeper als Torwächter benannt werden sollen, kann aufgrund des dynamischen Wandels und sich verstärkender Netzwerkeffekte in der digitalen Industrie in Einzelfällen bereits während der Zeitspanne von zwölf Monaten zur Durchführung einer Marktuntersuchung (Art. 17 Abs. 1 DMA) ein Kippen des Marktes drohen.[35] Die Befugnis zum Erlass einstweiliger Maßnahmen sieht der DMA für diesen Fall aber nicht vor (vgl. Art. 24 DMA). Auch die Kombination aus Marktuntersuchung und legislativem Akt oder delegierten Rechtsakten zur Anpassung der vom DMA erfassten digitalen Dienste und Praktiken wird in zeitlicher Hinsicht vielfach als zu lang bewertet.[36] Neben der Flexibilität des Eingreifens wird es auch darauf ankommen, dass die EU-Kommission über das Wissen und die technischen Fähigkeiten verfügt, um ihre Ermittlungsbefugnisse effizient zu nutzen – was insbesondere die Auswertung von Daten und Algorithmen betrifft, die die Grundlage der digitalen Dienste darstellen.[37]

42 Wie viel Bedeutung dem Instrument der Marktuntersuchung tatsächlich zukommen wird, hängt damit auch davon ab, in welchem Umfang die EU-Kommission davon Gebrauch machen wird oder kann und welche **Grenzen** ihr gegebenenfalls durch künftige Rechtsprechung gesetzt werden. Jedenfalls ist es nicht unwahrscheinlich, dass die EU-Kommission die Kompetenz zur Marktuntersuchung großzügig interpretieren wird.

34 Vgl. zur Sektoruntersuchung MüKoWettbR/Bischke/Neideck VO (EG) Nr. 1/2003 Art. 17 Rn. 1.
35 Zimmer/Göhsl ZWeR 2021, 29 (45).
36 Schweitzer ZEuP 2021, 503 (521); Zimmer/Göhsl ZWeR 2021, 29 (39).
37 Schnitzer, Öffentliche Anhörung zum Thema „Digital Markets Act" v. 27.4.2022, BT-Ausschuss-Drs. 20(9)61, 6.

§ 9 Fusionskontrolle (Art. 14 DMA)

Literatur: *Schmidt/Steinvorth*, Fusionskontrolluntersuchungen durch die EU-Kommission ohne Anmeldepflicht – neue Herausforderungen für die M&A-Transaktionspraxis, BB 2021, 1666.

A. Relevanz der Fusionskontrolle in der Digitalökonomie

1 Die fusionskontrollrechtliche Prüfung von M&A-Transaktionen war, ist und bleibt ein Fokus der EU-Kommission. Die nunmehr über 30-jährige Durchsetzung der europäischen Regelungen durch die EU-Kommission gilt grundsätzlich als Erfolgsmodell, wenngleich in den letzten Jahren vermehrt ein **Interventionsdefizit** in der **Digitalökonomie** beklagt wurde.[1] Hier darf nicht das immer wieder zitierte Phänomen der ungeprüften **„killer acquisitions"** fehlen: Es geht um die Übernahme aufstrebender, hoch innovativer, (potenziell) konkurrierender Unternehmen durch etablierte Internetkonzerne zur Absicherung von deren Marktmacht, ohne dass wegen der geringen (Umsatz-)Größe der übernommenen Unternehmen eine behördliche Fusionskontrollprüfung durchgeführt werden konnte.

2 So wird berichtet, dass namentlich Google, Amazon, Facebook und Apple in den letzten zwei Jahrzehnten über 500 Unternehmenskäufe durchführen konnten,[2] von denen aber nur ein **Bruchteil** bei den Kartellbehörden angemeldet und von diesen **geprüft** wurde. Nach anderen Quellen[3] wurden bis März 2022 von 841 bekannten Akquisitionen der Unternehmen Google, Facebook, Microsoft, Amazon und Apple nur 20 durch die EU-Kommission geprüft, keine Übernahmen untersagt und nur drei mit Auflagen versehen.

3 Insofern überrascht nicht, dass von Beginn des legislativen DMA-Prozesses an die Frage diskutiert wurde, ob der DMA ein genuines **Sonderfusionskontrollrecht** für Torwächter enthalten oder die europäische **Fusionskontrollverordnung** (FKVO) **angepasst** werden sollte, um Transaktionen zu erfassen, die bisher mangels Umsatzgröße kontrollfrei blieben.

1 „In den letzten zehn Jahren haben die größten Betreiber digitaler Plattformen ihre Marktposition durch eine große Zahl von Fusionen und Übernahmen gestärkt und gefestigt, ohne dass dies durch eine wirksame Anwendung des Standardinstrumentariums der Fusionskontrolle verhindert werden konnte." (Schnitzer, Öffentliche Anhörung zum Thema „Digital Markets Act" v. 27.4.2022, BT-Ausschuss-Drs. 20(9)61, 4).

2 US Congressional Subcommittee on Antitrust, Commercial and Administrative Law, Investigation of Competition in Digital Markets Report 2020, 2.10.2020, abrufbar unter https://judiciary.house.gov/uploadedfiles/competition_in_digital_markets.pdf?utm_campaign=4493-519, S. 406 ff. Die (unvollständige) Zusammenstellung verzeichnet über 540 Zusammenschlüsse seit dem Jahr 2001.

3 Podszun, Öffentliche Anhörung zum Thema „Digital Markets Act" v. 27.4.2022, BT-Ausschuss-Drs. 20(9)60, 13 Fn. 24.

B. Keine DMA-Fusionskontrolle, aber Unterrichtungspflicht über Zusammenschlussvorhaben (Art. 14 DMA)

4 Die EU hat sich schließlich für einen **Mittelweg** entschieden, der kein eigenständiges DMA-Fusionskontrollrecht vorsieht und gleichzeitig die politisch für nicht durchsetzbar erachtete Änderung der FKVO vermieden hat. Damit ist auch die u.a. von Deutschland geforderte **Verschärfung** des materiellrechtlichen Kontrollmaßstabs **unterblieben.**[4]

I. Unterrichtungspflicht für Torwächter

5 Art. 14 Abs. 1 S. 1 DMA verpflichtet die Torwächter, die **EU-Kommission** über Zusammenschlussvorhaben im Sinne des Art. 3 FKVO zu **unterrichten,** sofern die fusionierenden Unternehmen oder das zu übernehmende Unternehmen (Zielunternehmen) zentrale Plattformdienste bereitstellen oder jedwede andere Dienste im digitalen Sektor anbieten oder die Sammlung von Daten ermöglichen. Die Informationspflicht gilt unabhängig davon, ob der beabsichtigte Zusammenschluss gemäß den Regelungen der FKVO bei der EU-Kommission oder nach nationalem Recht in den Unionsmitgliedstaaten angemeldet werden muss. Torwächter müssen die EU-Kommission über solche Zusammenschlussvorhaben **vor Vollzug** und nach Vertragsschluss, Veröffentlichung des Übernahmeangebots oder Erwerb der kontrollierenden Beteiligung informieren (Art. 14 Abs. 1 S. 2 DMA).

II. Art der beizubringenden Information

6 Der Torwächter muss zumindest folgende Informationen beibringen (vgl. Art. 14 Abs. 2 DMA):

- Beschreibung der am Zusammenschluss beteiligten **Unternehmen** (Käufer, Zielunternehmen);
- deren unions- und weltweite **Jahresumsätze;**
- deren **Tätigkeitsbereiche,** einschließlich der unmittelbar mit dem Zusammenschluss in Verbindung stehenden Tätigkeiten;
- Transaktionswert (Schätzung);
- zusammenfassende Beschreibung des Zusammenschlusses, einschließlich seiner Art und strategischen **Hintergründe;**
- Aufstellung der von dem Zusammenschluss betroffenen **Mitgliedstaaten.**

Letzterem dürfte mit der Angabe des Umsatzes – potenziell mit Nutzerzahlen – per Mitgliedstaat sowie mit der summarischen Beschreibung der im jeweiligen Mitgliedstaat erwarteten wettbewerblichen Auswirkung im Sinne horizontaler, vertikaler und konglomerater Beziehungen Genüge getan sein. Darüber hinaus muss der Torwächter für jeden vom Zusammenschluss betroffenen **zentralen Plattformdienst** den unionsweiten **Jahresumsatz,** die Zahl der jährlichen **gewerblichen Nutzer** und die Zahl der monatlich aktiven **Endnutzer** angeben.

4 Gemeinsames Positionspapier „Friends of an effective Digital Marktes Act" von Frankreich, den Niederlanden und Deutschland vom 27.5.2021 (Teil 1), abrufbar unter https://www.bmwk.de/Redaktion/DE/Downloads/M-O/non-paper-friends-of-an-effective-digital-markets-act.pdf.

Sofern infolge des solcherart anzuzeigenden Zusammenschlusses **weitere zentrale Plattformdienste** individuell die **Schwellenwerte** des Art. 3 Abs. 2 lit. b DMA erreichen, muss der betreffende Torwächter innerhalb von zwei Monaten nach Vollzug die EU-Kommission darüber **informieren** und die in Art. 3 Abs. 2 DMA bezeichneten Informationen beibringen (→ § 4 Rn. 4). 7

III. Folge der Pflicht zur Unterrichtung

Der DMA sieht demnach **keine genuine Anmeldepflicht** vor, sondern statuiert allein das Gebot, die EU-Kommission über geplante Transaktionen zu unterrichten. Die EU-Kommission soll mit den Informationen den Torwächter-Status wirksam überprüfen und die Liste der zentralen Plattformdienste eines Torwächters anpassen können. Außerdem sind die Informationen für die Beobachtung breiterer Bestreitbarkeitstendenzen im digitalen Sektor wichtig und können ein nützlicher Faktor im Rahmen von Marktuntersuchungen sein (Erwgr. 71 DMA). Die **Sinnhaftigkeit** dieses ansonsten aber **wirkungslosen** Instruments erschließt sich erst aus dem Zusammenspiel mit dem veränderten Ansatz der EU-Kommission zur Handhabung von **Verweisungen** von **Transaktionen** zwischen Mitgliedstaaten und EU-Kommission, der im Folgenden erläutert werden soll: 8

1. Veränderter Ansatz der EU-Kommission bzgl. Verweisungen: Verweisungsleitfaden

Im Grundsatz ist die **Zuständigkeitsverteilung** zwischen EU-Kommission und mitgliedstaatlichen Wettbewerbsbehörden einfach und klar geregelt: Unterfällt ein Zusammenschluss der Jurisdiktion der EU-Kommission, ist die Anwendbarkeit nationalen Rechts sowie die Zuständigkeit nationaler Behörden gem. Art. 21 Abs. 3 FKVO ausgeschlossen. Dieser Grundsatz des One-Stop-Shop findet allerdings einige Durchbrechungen. So können zB gem. Art. 22 FKVO **Mitgliedstaaten** einen Zusammenschluss, der nicht bei der EU-Kommission angemeldet werden muss, an die **EU-Kommission verweisen**, wenn er geeignet ist, den Handel zwischen den Mitgliedstaaten zu beeinträchtigen, und eine erhebliche Beeinträchtigung des Wettbewerbs im Hoheitsgebiet des antragstellenden Mitgliedstaats droht. 9

Am 31.3.2021 wurde ein neuer „Leitfaden zur Anwendung des Verweisungssystems nach Artikel 22 der Fusionskontrollverordnung auf bestimmte Kategorien von Vorhaben“[5] veröffentlicht. Mit diesem Verweisungsleitfaden gab die **EU-Kommission** – auch mit Blick auf die digitale Wirtschaft – ihre **frühere Praxis** auf, Verweisungsanträge von Mitgliedstaaten nur dann zu akzeptieren, wenn der (erste) die Verweisung beantragende Mitgliedstaat für die Prüfung des Zusammenschlusses zuständig war, wenn mithin der Zusammenschluss nach nationalem Recht des verweisenden Mitgliedstaats anmeldepflichtig war.[6] Laut Ziff. 11 des Verweisungsleitfadens können Mitgliedstaaten nunmehr auch solche **Zusammenschlüsse** an die **EU-Kommission** ver- 10

5 Mitteilung der Kommission, Leitfaden zur Anwendung des Verweisungssystems nach Artikel 22 der Fusionskontrollverordnung auf bestimmte Kategorien von Vorhaben, 31.3.2021 (ABl. C 113, 1; im Folgenden: Verweisungsleitfaden).

6 Verweisungsleitfaden Rn. 8.

weisen, die ursprünglich **nicht** in dem verweisenden Mitgliedstaat **angemeldet** werden müssen. Das Gericht hat diese sehr kontrovers diskutierte Änderung der Kommissionspraxis bereits erstinstanzlich bestätigt (Illumina/Grail).[7]

11 Der veränderte Ansatz stellt das bisher gekannte fusionskontrollrechtliche **Zuständigkeitssystem** in der EU **auf den Kopf**, da die EU-Kommission nunmehr systematisch Zusammenschlüsse prüfen kann, die originär überhaupt nicht der Fusionskontrolle unterfallen – weder in den Mitgliedstaaten noch auf Ebene der EU.[8] Zudem beabsichtigt die **EU-Kommission**, nicht lediglich auf mögliche Verweisungsanträge durch die Mitgliedstaaten zu warten, sondern aktiv **Verweisungen** von solchen Zusammenschlüssen **„zu fördern"**, bei denen sie die Notwendigkeit für eine Kontrolle sieht[9] – Art. 22 Abs. 5 S. 2 FKVO erlaubt der EU-Kommission ein solches Vorgehen.

12 Genau hier setzt die Regelung des Art. 14 Abs. 4 DMA an: Danach wird die **EU-Kommission** die zuständigen **Wettbewerbsbehörden** der Mitgliedstaaten, unter Wahrung des Schutzes von Geschäftsgeheimnissen der betroffenen Unternehmen, über die **Transaktionsvorhaben** der Torwächter informieren.[10] Die nationalen Behörden können gem. Art. 14 Abs. 5 DMA wiederum die erhaltenen Informationen **nutzen**, um gem. Art. 22 Abs. 1 FKVO einen Antrag auf **Verweisung** an die EU-Kommission zu stellen, ggf. nach Aufforderung durch die EU-Kommission. Interessanterweise wird das **Bundeskartellamt** in Deutschland (zunächst) **keine Verweisungsanträge** stellen, wenn ein Zusammenschlussvorhaben nicht in Deutschland anmeldepflichtig ist. Hier soll die letztinstanzliche Entscheidung des **EuGH** abgewartet werden.[11]

2. Kriterien für eine Verweisung

13 Der **Verweisungsleitfaden** liefert für die Ermessensentscheidung darüber, ob eine Verweisung nicht anmeldepflichtiger Zusammenschlussvorhaben nach Brüssel angezeigt ist, **Hinweise**, die grundsätzlich auch für die **Verweisungen** gelten, die durch eine gemäß **DMA** erfolgte Unterrichtung initiiert werden. Die Hinweise beziehen sich auf Merkmale, die regelmäßig das übernommene Unternehmen betreffen:[12]

- Es ist ein Start-up oder ein erst kürzlich in den Markt eingetretenes Unternehmen mit beträchtlichem **Wettbewerbspotenzial**, das sein Geschäftsmodell erst noch (vollständig) umsetzen muss;
- es ist ein wichtiger **Innovator** oder ein Unternehmen, das potenziell wichtige Forschungsarbeiten durchführt;
- es ist als (potenziell) **„wichtige Wettbewerbskraft"** im Sinne der Leitlinien der Kommission für horizontale Zusammenschlüsse[13] anzusehen (zB weil es beson-

7 EuG 13.7.2022 – T-227/21, Auszug in NZKart 2022, 450 – Illumina/Kommission. Illumina hat angekündigt Rechtsmittel zum EuGH einzulegen.

8 Kritisch Schmidt/Steinvorth BB 2021, 1666.

9 Verweisungsleitfaden Rn. 11, 26; die EU-Kommission kann die Mitgliedstaaten gem. Art. 22 Abs. 5 FKVO auffordern, einen Antrag auf Verweisung zu stellen.

10 Ebenso wird die EU-Kommission jährlich eine Liste der Übernahmen veröffentlichen, über die der Torwächter unterrichtet hat.

11 So Präsident Mundt in der Pressekonferenz vom 30.8.2022 anlässlich der Vorstellung des Jahresberichts 2021/2022.

12 Verweisungsleitfaden Rn. 19.

13 Leitlinien zur Bewertung horizontaler Zusammenschlüsse gemäß der Ratsverordnung über die Kontrolle von Zusammenschlüssen, 5.2.2004 (ABl. 2004 C 31, 5), Rn. 37, 38.

ders innovativ ist oder aus anderen Gründen als Maverick gilt, das etablierten Unternehmen spürbaren Wettbewerb liefert);
- es hat **Zugang** zu wettbewerbsrelevanten **Vermögenswerten** wie Rohstoffe, Infrastruktur, Daten oder Rechte des geistigen Eigentums; und/oder
- es bietet Waren oder Dienstleistungen an, die als **Input** für andere **Wirtschaftszweige** wichtig sind.

Zusätzlich kann die EU-Kommission berücksichtigen, ob der Wert der Gegenleistung, 14
die der Verkäufer erhält (**Transaktionswert**), im Vergleich zum gegenwärtigen Umsatz des Zielunternehmens besonders hoch ist.[14]

Es kann davon ausgegangen werden, dass die EU-Kommission geneigt sein wird, 15
die genannten Kriterien bei denjenigen Unternehmen, die von Torwächtern erworben werden sollen, als **erfüllt** anzusehen.

3. Verfahren

Die EU-Kommission wird nach Unterrichtung von einem Zusammenschlussvorhaben 16
prüfen, ob die **Verweisungskriterien** erfüllt sind. Sie wird den bzw. die potenziell betroffenen Mitgliedstaaten darüber **informieren** bzw. diese Mitgliedstaaten **ersuchen**, einen **Verweisungsantrag** zu stellen.

Die Entscheidung, einen Verweisungsantrag zu stellen, liegt letztlich bei der **zuständi-** 17
gen Behörde der Mitgliedstaaten, wobei davon auszugehen ist, dass **Mitgliedstaaten** ein **Ersuchen** der EU-Kommission wohlwollend beurteilen und **entsprechend agieren** werden. Die Mitgliedstaaten müssen innerhalb von 15 Arbeitstagen, nachdem sie über das Zusammenschlussvorhaben in Kenntnis gesetzt wurden, den Verweisungsantrag stellen. Innerhalb von weiteren 15 Arbeitstagen können sich andere Mitgliedstaaten einem gestellten Verweisungsantrag anschließen. Innerhalb von weiteren zehn Arbeitstagen beschließt die EU-Kommission, ob sie das Zusammenschlussvorhaben prüfen wird.[15]

Das **Vollzugsverbot** des Art. 7 FKVO gilt ab dem Zeitpunkt, an dem die EU-Kommis- 18
sion die beteiligten Unternehmen darüber informiert hat, dass ein Mitgliedstaat einen Verweisungsantrag gestellt hat (Art. 22 Abs. 4 UAbs. 1 S. 2 FKVO). Sollte die EU-Kommission dem Verweisungsantrag nicht zustimmen, so entfällt das Vollzugsverbot wieder und die Parteien können den Zusammenschluss umsetzen.[16]

IV. Totalverbot von Zusammenschlussvorhaben (Art. 18 DMA)

Die EU-Kommission kann gem. Art. 18 Abs. 2 DMA im Fall einer **systematischen** 19
Nichteinhaltung der DMA-Verpflichtungen gegenüber dem Torwächter ein **Totalverbot** von **Zusammenschlussvorhaben** aussprechen. Zur Aufrechterhaltung oder Wiederherstellung der durch die systematische Nichteinhaltung beeinträchtigten Fairness und Bestreitbarkeit kann die EU-Kommission dieses Verbot für einen begrenzten

14 Verweisungsleitfaden Rn. 19.
15 Verweisungsleitfaden Rn. 28 ff.
16 Verweisungsleitfaden Rn. 31; zu beachten bleiben etwaige anderweitige Vollzugsbeschränkungen, zB in Drittstaaten. Zu weiteren Implikationen für die Transaktion siehe Schmidt/Steinvorth BB 2021, 1666.

Zeitraum aussprechen. Es betrifft alle Zusammenschlüsse im Sinne der FKVO (vulgo: Fusion, Erwerb alleiniger oder gemeinsamer Kontrolle) bzgl. der **zentralen Plattformdienste** oder der anderen im **digitalen Sektor** erbrachten oder die **Datenerhebung** ermöglichenden Dienste, die durch die systematische Nichteinhaltung betroffen sind (dazu auch → § 10 Rn. 6).

§ 10 Sanktionen, Untersuchungsbefugnisse und Rechtsschutz

Literatur: *Achleitner*, Digital Markets Act beschlossen: Verhaltenspflichten und Rolle nationaler Wettbewerbsbehörden, NZKart 2022, 359; *Akman*, Regulating Competition in Digital Platform Markets: A Critical Assessment of the Framework and Approach of the EU Digital Markets Act, European Law Review 2022, 85; *Belloso*, The Proposal for a Digital Markets Act (DMA): A Summary, 2022, abrufbar unter https://papers.ssrn.com/sol3/papers.cfm?abstract_id=3999966; *Harta*, Der Digital Markets Act und das Doppelverfolgungsverbot, NZKart 2022, 102; *Schweitzer*, The Art to Make Gatekeeper Positions Contestable and the Challenge to Know What Is Fair: A Discussion of the Digital Markets Act Proposal, ZEuP 2021, 503; *Somek*, Anwendbarkeit des Doppelbestrafungsverbots in EU-Kartellverfahren, WuW 2021, 545.

1 Zur Durchsetzung des DMA kann die EU-Kommission verschiedenste Sanktionen verhängen und eine Reihe an Untersuchungsbefugnissen ausüben, die **weitreichende Konsequenzen** für die Adressaten haben. Die genaue Kenntnis der entsprechenden Voraussetzungen und der Rechtsschutzmöglichkeiten ist daher von entscheidender Bedeutung für die Wahrung ihrer Interessen.

A. Sanktionen (Art. 30 f. DMA)

2 Zu den **verschiedenen Sanktionsbefugnissen** der EU-Kommission gehören die Verhängung von Geldbußen gemäß Art. 30 DMA und die Verhängung von Zwangsgeldern nach Art. 31 DMA. Zudem stehen ihr gemäß Art. 18 DMA bei systematischer Nichteinhaltung bestimmter DMA-Normen weitere verhaltensbedingte und sogar strukturelle Abhilfemaßnahmen, wie bspw. das Verbot von Zusammenschlüssen, zur Verfügung. Während die Geldbußen für eine vergangene DMA-widrige Verhaltensweise verhängt werden, dienen die Zwangsgelder und andere Abhilfemaßnahmen der künftigen Einhaltung des DMA und darauf beruhender Entscheidungen. Schließlich kann die EU-Kommission gemäß Art. 24 DMA einstweilige Maßnahmen erlassen.

3 Es besteht eine **Zuständigkeitskonzentration** für die Durchsetzung des DMA bei der EU-Kommission. Wie sich aus Art. 38 Abs. 7 DMA ergibt, dürfen die Wettbewerbsbehörden der Mitgliedstaaten zwar auf eigene Initiative ebenfalls Ermittlungen wegen eines DMA-Verstoßes einleiten. Allerdings ist auch in diesem Fall ausschließlich die EU-Kommission als alleinige Durchsetzungsbehörde (Art. 38 Abs. 7 DMA aE) befugt,

Sanktionen nach dem DMA zu verhängen. Parallel hierzu kann eine mitgliedstaatliche Wettbewerbsbehörde eine Sanktion nach nationalem Wettbewerbsrecht verhängen,[1] beispielsweise wegen des Missbrauchs einer marktbeherrschenden Stellung iSv Art. 102 AEUV respektive §§ 18 ff. GWB.[2]

4 Die EU-Kommission kann **Leitlinien** zu allen Aspekten des DMA erlassen, um die wirksame Durchführung, aber eben auch die Durchsetzung des DMA zu erleichtern (Art. 47 DMA). Bisher wurden keine entsprechenden Leitlinien herausgegeben. Gleichwohl ist davon auszugehen, dass die EU-Kommission sich gerade im Hinblick auf die Sanktionierung pflichtwidrigen Verhaltens an ihrem eigenen umfassenden Erfahrungsschatz aus dem Kartellrecht bedienen wird. Entsprechend werden in diesem Abschnitt vielfach Bezüge zur kartellrechtlichen Entscheidungspraxis hergestellt.

I. Geldbußen (Art. 30 DMA)

5 Die EU-Kommission kann nach Art. 30 Abs. 1 DMA materiellrechtliche DMA-Verstöße und nach Art. 30 Abs. 3 DMA formelle DMA-Verstöße durch die Verhängung von Geldbußen sanktionieren. Bei materiellrechtlichen Verstößen kann die Höhe der Geldbuße bis zu 10 % – und im Wiederholungsfall sogar **bis zu 20 %** – des im vorausgegangenen **Geschäftsjahr** erzielten weltweiten **Gesamtumsatzes** des Torwächters betragen.[3] Bei formellen Verstößen kann die Höhe bis zu 1 % des ebenso zu bestimmenden Umsatzes des pflichtwidrig handelnden Unternehmens betragen.

1. Materiellrechtliche DMA-Verstöße

6 Für die Verhängung von Geldbußen nach Art. 30 Abs. 1 DMA **bedarf** es zunächst eines gegen einen Torwächter gerichteten **Nichteinhaltungsbeschlusses** gemäß Art. 29 DMA. In diesem Beschluss muss die EU-Kommission feststellen, dass der Torwächter **vorsätzlich oder fahrlässig**

- eine der in den Art. 5, 6 oder 7 DMA genannten Verpflichtungen nicht erfüllt (Art. 30 Abs. 1 lit. a DMA);
- den nach Art. 8 Abs. 2 DMA festgelegten Maßnahmen zur Einhaltung der Verpflichtungen von Torwächtern nach Art. 6 oder 7 DMA nicht nachkommt (Art. 30 Abs. 1 lit. b DMA);
- den nach Art. 18 Abs. 1 DMA angeordneten Maßnahmen zur Einhaltung einzelner DMA-Vorgaben nach festgestellter systematischer Nichteinhaltung von Art. 5, 6 oder 7 DMA nicht nachkommt (Art. 30 Abs. 1 lit. c DMA);
- den nach Art. 24 DMA angeordneten einstweiligen Maßnahmen nicht nachkommt (Art. 30 Abs. 1 lit. d DMA); oder
- Verpflichtungszusagen, die nach Art. 25 DMA für bindend erklärt wurden, nicht einhält (Art. 30 Abs. 1 lit. e DMA).

---

1 Zur Bedeutung des Doppelverfolgungsverbots ne bis in idem → Rn. 19 ff.
2 Zum Verhältnis der mitgliedstaatlichen Wettbewerbsbehörden zur EU-Kommission unter dem DMA → § 11 Rn. 2 ff., vgl. außerdem Monopolkommission, XXIV. Hauptgutachten: Wettbewerb 2022, Juli 2022, abrufbar unter https://www.monopolkommission.de/images/HG24/HGXXIV_Gesamt.pdf, Rn. 503 f.; Achleitner NZKart 2022, 359 (364).
3 Zu den Einzelheiten → Rn. 13 ff.

2. Formelle DMA-Verstöße

Anders als bei Verstößen nach Art. 30 Abs. 1 DMA können sich Bußgeldbescheide nach Art. 30 Abs. 3 DMA **auch an Unternehmen** und Unternehmensvereinigungen richten, die **nicht Torwächter** sind. Gegen die Betroffenen kann die EU-Kommission eine Geldbuße verhängen, wenn sie **vorsätzlich oder fahrlässig** 7

- die für die Beurteilung ihrer Benennung als Torwächter nach Art. 3 DMA erforderlichen Auskünfte nicht innerhalb der gesetzten Frist erteilen oder unrichtige, unvollständige oder irreführende Angaben machen (Art. 30 Abs. 3 lit. a DMA);
- der Verpflichtung von Art. 3 Abs. 3 DMA nicht nachkommen, der EU-Kommission mitzuteilen, dass ihre zentralen Plattformdienste die Schwellenwerte des Art. 3 Abs. 2 DMA erreichen (Art. 30 Abs. 3 lit. b DMA);
- die nach Art. 14 DMA erforderlichen Auskünfte über geplante Fusionen, wenn die fusionierenden Unternehmen oder das Zielunternehmen zentrale Plattformdienste oder andere Dienste im digitalen Bereich erbringen oder die Sammlung von Daten ermöglichen, nicht erteilen oder unrichtige, unvollständige oder irreführende Angaben machen (Art. 30 Abs. 3 lit. c DMA);
- die nach Art. 15 DMA erforderliche Beschreibung aller Techniken zur Erstellung von Verbraucherprofilen, die für ihre zentralen Plattformdienste verwendet werden, nicht übermitteln oder unrichtige, unvollständige oder irreführende Angaben machen (Art. 30 Abs. 3 lit. d DMA);
- den nach Art. 21 Abs. 3 DMA verlangten Zugang zu Daten, Algorithmen oder Informationen über Versuche nicht gewähren (Art. 30 Abs. 3 lit. e DMA);
- die gemäß Art. 21 DMA angeforderten Auskünfte nicht innerhalb der festgesetzten Frist erteilen oder, auch im Rahmen einer Befragung gemäß Art. 22 DMA, unrichtige, unvollständige oder irreführende Angaben machen oder Erklärungen abgeben (Art. 30 Abs. 3 lit. f DMA);
- unrichtige, unvollständige oder irreführende Angaben eines Beschäftigten oder Bevollmächtigten nicht innerhalb der von der EU-Kommission gesetzten Frist berichtigen (Art. 30 Abs. 3 lit. g Hs. 1 DMA);
- in Bezug auf Sachverhalte, die mit dem Gegenstand und dem Zweck einer Nachprüfung vor Ort nach Art. 21 DMA im Zusammenhang stehen, keine vollständigen Auskünfte erteilen oder die Erteilung vollständiger Auskünfte verweigern (Art. 30 Abs. 3 lit. g Hs. 2 DMA);
- eine Nachprüfung vor Ort nach Art. 23 DMA nicht dulden (Art. 30 Abs. 3 lit. h DMA);
- den von der EU-Kommission gemäß Art. 26 DMA auferlegten Verpflichtungen im Rahmen einer Überwachung von Verpflichtungen und Maßnahmen nicht nachkommen (Art. 30 Abs. 3 lit. i DMA);
- keine von dem operativen Bereich unabhängige Compliance-Stelle gemäß Art. 28 DMA einrichten (Art. 30 Abs. 3 lit. j DMA); oder
- die Bedingungen für die Einsichtnahme in die EU-Kommissionsakte gemäß Art. 34 Abs. 4 DMA nicht einhalten (Art. 30 Abs. 3 lit. k DMA).

Überträgt man die Kommissionspraxis zu Verfahrensverstößen in Kartellbußgeldverfahren, dürften die formellen DMA-Verstöße zudem als **erschwerende Umstände** bei 8 der Bemessung der Höhe der Geldbuße im Sinne von Art. 30 Abs. 4 DMA bei **materiellrechtlichen DMA-Verstößen** gewertet werden.[4]

3. Verschuldensmaßstab

9 Das Unternehmen, das Adressat des Bußgeldbescheids sein soll, muss vorsätzlich oder fahrlässig gegen den DMA verstoßen haben. Überträgt man die Rechtsprechung des EuGH und die **Praxis** der EU-Kommission zum Vorsatz in **Kartellbußgeldsachen**,[5] dürfte es auch für den Vorsatz in DMA-Bußgeldsachen ausreichend sein, wenn die im Namen des Torwächters agierende natürliche Person die DMA-Widrigkeit des Verhaltens erkannt hat oder die Person sich nicht im Unklaren sein konnte, dass sie gegen die Vorgaben des DMA verstößt. Für Fahrlässigkeit würde es dann ausreichen, wenn die agierende Person die Zuwiderhandlung hätte erkennen müssen. Ebenso dürften die gegen den DMA verstoßenden Verhaltensweisen dem Unternehmen immer schon dann zugerechnet werden, wenn die konkret verantwortliche Person befugt ist, für das Unternehmen tätig zu sein, und eine unternehmensbezogene Handlung vorliegt.[6]

4. Verjährung

10 Die Verjährungsfrist für die Verhängung von Geldbußen beträgt gemäß Art. 32 Abs. 1 DMA **fünf Jahre**. Gemäß Art. 32 Abs. 2 DMA läuft die Frist ab dem Tag, an dem die DMA-Zuwiderhandlung begangen worden ist, im Falle andauernder oder wiederholter DMA-Zuwiderhandlungen jedoch erst ab dem Tag, an dem die Zuwiderhandlung abgestellt wird.

11 Gemäß Art. 32 Abs. 3 und Abs. 4 S. 1 DMA wird die Verjährungsfrist durch jede **Handlung der EU-Kommission** zum Zwecke einer Marktuntersuchung oder Verfolgung einer Zuwiderhandlung **unterbrochen** und beginnt im Anschluss von Neuem. Voraussetzung für die Unterbrechung ist allerdings, dass die Handlung zumindest einem an der Zuwiderhandlung Beteiligten bekannt gegeben wird. Eine Unterbrechung ist daher unter anderem durch Auskunftsverlangen der EU-Kommission oder die Einleitung eines Verfahrens möglich. Daneben nennt der DMA als Anknüpfungspunkt auch schriftliche Nachprüfungsaufträge, „die die Kommission ihren Bediensteten erteilt hat“ (Art. 32 Abs. 3 lit. b DMA). Da es für die Unterbrechung aber ausweislich des Wortlauts auf die Bekanntgabe gegenüber einem Beteiligten ankommt, dürfte maßgeblicher Anknüpfungspunkt der Tag der Durchführung der Nachprüfung beim Betroffenen sein und nicht die behördeninterne Anordnung der Nachprüfung. Beim Neubeginn der Verjährung ist die absolute Verjährungsfrist zu beachten. Diese tritt mit Erreichen der doppelten Verjährungsfrist, dh nach zehn Jahren ein (Art. 32 Abs. 4 S. 2 DMA). Die Verjährungsfrist ruht gemäß Art. 32 Abs. 5 DMA, solange zu dem Kommissionsbeschluss über die Geldbuße ein Verfahren vor einem Unionsgericht anhängig ist. Ebenso wie bei Kartellbußgeldsachen dürfte die Verjährung aber

---

4 Vgl. für das Kartellrecht zB EU-Kommission, Leitlinien für das Verfahren zur Festsetzung von Geldbußen gemäß Art. 23 Abs. 2 lit. a VO (EG) Nr. 1/2003, 1.9.2006 (ABl. 2006 C 210, 2) Rn. 28.

5 Vgl. für das Kartellrecht zB EuGH 18.6.2013 – C-681/11, BeckRS 2013, 81227 Rn. 37 – Schenker.

6 Vgl. für das Kartellrecht zB EuGH 16.2.2017 – C-95/15 P, BeckRS 2017, 101804 Rn. 34 – Paraffinwachs.

nur gegenüber demjenigen Bußgeldadressaten ruhen, der das entsprechende Rechtsmittel eingelegt hat.[7]

Die Verjährungsfrist für die **Durchsetzung** von Geldbußen beträgt **fünf Jahre** (Art. 33 Abs. 1 DMA). Gemäß Art. 33 Abs. 2 DMA läuft die Frist hierbei ab dem Tag, an dem der Beschluss über die Geldbuße rechtskräftig geworden ist. Die Verjährungsfrist wird nur in den in Art. 33 Abs. 3 DMA abschließend aufgezählten Fällen unterbrochen und beginnt im Anschluss von Neuem. Die Verjährungsfrist ruht gemäß Art. 33 Abs. 5 DMA unter anderem, solange die Zwangsvollstreckung durch ein Unionsgericht oder ein nationales Gericht ausgesetzt ist. 12

5. Bemessung der Höhe der Geldbuße

Für die Bemessung der Höhe der Geldbuße berücksichtigt die EU-Kommission gemäß Art. 30 Abs. 4 DMA die **Schwere, Dauer und Wiederholung** einer Zuwiderhandlung. Im Falle formeller DMA-Verstöße berücksichtigt sie auch die im Verfahren verursachten Verzögerungen. 13

Bereits die Kriterien der Schwere und Dauer einer Zuwiderhandlung sind als unbestimmte Rechtsbegriffe klärungsbedürftig. Insofern dürften aber die Kartellbußgeldleitlinien der EU-Kommission[8] und die Rechtsprechung der Unionsgerichte im Bereich des **Kartellrechts** für die Beurteilung dieser Kriterien einen **wertvollen Anhaltspunkt** darstellen. Im Kartellbußgeldrecht ist Grundlage für die Höhe der Geldbuße ein bestimmter Prozentsatz des Jahresumsatzes, den an der Zuwiderhandlung beteiligte Unternehmen mit dem betreffenden Produkt erwirtschaftet haben. Entsprechend könnte man beim Torwächter auf den Umsatz des jeweils relevanten zentralen Plattformdienstes zurückgreifen. Die EU-Kommission setzt dabei einen Betrag von bis zu 30 % des relevanten Umsatzes an, wobei sich die genaue Höhe des Prozentsatzes an der Schwere der Zuwiderhandlung bemisst. 14

Die **Schwere** einer Zuwiderhandlung ist im Kartellbußgeldrecht aufgrund einer umfassenden Beurteilung des Einzelfalls zu ermitteln, wofür es keine abschließenden Beurteilungsfaktoren gibt.[9] Von der Rechtsprechung in Kartellsachen anerkannte Faktoren sind aber bspw. die konkreten Auswirkungen des Verstoßes.[10] Zudem könnte der Umsatz mit Produkten oder Dienstleistungen und die Menge an Produkten oder Dienstleistungen, die von dem DMA-Verstoß betroffen sind, berücksichtigt werden. Weiterhin könnten die Marktanteile, Umsätze und sonstige wirtschaftliche Größe des Sanktionsadressaten herangezogen werden.[11] Schließlich könnte man auch die Abschreckungswirkung der Geldbuße berücksichtigen.[12] 15

7 Vgl. für das Kartellrecht zB EuGH 29.3.2011 – C-201/09 P, BeckRS 2011, 80309 Rn. 142 – ArcelorMittal Luxembourg.

8 EU-Kommission, Leitlinien für das Verfahren zur Festsetzung von Geldbußen gemäß Art. 23 Abs. 2 lit. a VO (EG) Nr. 1/2003, 1.9.2006 (ABl. 2006 C 210, 2).

9 Vgl. für das Kartellrecht zB EuGH 3.9.2009 – C-534/07 P, BeckRS 2009, 70912 Rn. 54 – Prym und Prym Consumer.

10 Vgl. für das Kartellrecht zB EuG 27.2.2014 – T-91/11, BeckRS 2014, 81706 Rn. 67 – Innolux.

11 Vgl. für das Kartellrecht zB EuGH 7.6.1983 – 100/80 bis 103/80, BeckRS 2004, 70610 Rn. 121 – Musique Diffusion française.

12 Vgl. für das Kartellrecht zB EuGH 3.9.2009 – C-534/07 P, BeckRS 2009, 70912 Rn. 54 – Prym und Prym Consumer.

16 Der nach dem Umsatz ermittelte Betrag wird im Kartellrecht anschließend mit der Anzahl der **Jahre und Monate** multipliziert, die das Unternehmen an der Zuwiderhandlung beteiligt war. Diese Multiplikationsregel scheint auch für Verstöße gegen den DMA denkbar, auch wenn zu berücksichtigen ist, dass die Pflichten der Torwächter nach Art. 5 ff. DMA mannigfaltig sind. Das heißt, dass für die Beurteilung der Dauer eines DMA-Verstoßes auf die jeweiligen Tatbestandsmerkmale abzustellen ist. Beispielsweise ist bei einem Verstoß des Torwächters gegen Art. 5 Abs. 2 lit. a DMA die Dauer des Verstoßes der Zeitraum zwischen Beginn und Ende der Verarbeitung personenbezogener Daten von Endnutzern durch die Nutzung von Diensten Dritter, die die zentralen Plattformdienste des Torwächters in Anspruch nehmen.

17 In einem weiteren Schritt wäre dann zu berücksichtigt, ob möglicherweise eine **Wiederholungstat** vorliegt. Fraglich ist, wie das Kriterium der Wiederholung einer Zuwiderhandlung zu handhaben ist. Hier sind verschiedene Konstellationen denkbar. Neben der recht eindeutigen Konstellation, dass der Torwächter mit demselben Plattformdienst erneut gegen dieselbe Pflicht verstößt, erscheint der Fall schon weniger deutlich, wenn gegen eine andere Pflicht verstoßen wird oder gar mit einem anderen Plattformdienst gegen eine andere Pflicht verstoßen wird. Nach den Kartellbußgeldleitlinien der EU-Kommission kann die Geldbuße für jeden festgestellten Verstoß bei Fortsetzung der Zuwiderhandlung oder erneutem Begehen einer gleichartigen oder ähnlichen Zuwiderhandlung um bis zu 100 % erhöht werden. Dies mag zwar für einen weiten Anwendungsbereich der Wiederholungstat sprechen. Gerade angesichts der Vielfalt und Unterschiedlichkeit der Pflichten des DMA und der signifikanten Bußgelderhöhung im Fall der Wiederholungstat sollte der Anwendungsbereich der Vorschrift aber eher eng interpretiert werden.

18 Nach Art. 30 Abs. 1 bzw. Abs. 2 DMA darf die Geldbuße für den Torwächter jedoch nicht 10 % – bzw. im Wiederholungsfall 20 % – seines jeweiligen im vorausgegangenen Geschäftsjahr erzielten weltweiten Gesamtumsatzes übersteigen. Im Falle eines formellen DMA-Verstoßes darf die Geldbuße für das Unternehmen oder die Unternehmensvereinigung nach Art. 30 Abs. 3 DMA 1 % des jeweiligen im vorausgegangenen Geschäftsjahr erzielten weltweiten Gesamtumsatzes nicht übersteigen. Für den Umsatz ist – wie im Kartellbußgeldrecht[13] – der **Umsatz der gesamten Unternehmensgruppe** entscheidend. Denn der Unternehmensbegriff ist ausweislich des Art. 2 Nr. 27 DMA wie im Kartellrecht weit auszulegen, dh es sind auch alle verbundenen Unternehmen erfasst, „die durch die unmittelbare oder mittelbare Kontrolle eines Unternehmens durch ein anderes Unternehmen eine Gruppe bilden".

6. Bedeutung des Doppelverfolgungsverbots – ne bis in idem

19 Im Verlauf des Gesetzgebungsverfahrens wurde diskutiert, ob das in Art. 50 GRCh normierte Doppelverfolgungsverbot (ne bis in idem) der kumulativen Verhängung von **Bußgeldern nach DMA** einerseits **und Kartellrecht** anderseits für dasselbe Ver-

13 Vgl. für das Kartellrecht zB EuGH 26.11.2013 – C-58/12 P, BeckRS 2013, 82221 Rn. 52 – Groupe Gascogne.

halten entgegensteht.[14] Schließlich wäre bspw. im Falle eines Wiederholungstäters eine kumulierte Geldbuße von bis zu 30 % des in dem den Entscheidungen vorausgegangenen Geschäftsjahr erzielten Gesamtumsatzes des Unternehmens möglich (vgl. Art. 30 Abs. 2 DMA und Art. 23 Abs. 2 VO (EG) Nr. 1/2003).

Weitgehend unbestritten ist seit jeher, dass Geldbußen für Kartellrechtsverstöße wegen der angedrohten Höhe von bis zu 10 % des erzielten Gesamtumsatzes die für die Anwendung des Doppelverfolgungsverbots erforderliche **strafrechtliche Natur** im Sinne von Art. 50 GRCh aufweisen.[15] Dasselbe muss dementsprechend auch für die Geldbußen nach Art. 30 Abs. 1 DMA mit dem gleichen Bußgeldrahmen (10 %) und – erst recht – für die Geldbußen nach Art. 30 Abs. 2 DMA für Wiederholungstäter mit dem erhöhten Bußgeldrahmen von 20 % gelten.[16] 20

Umstrittener war jedoch die von der Rechtsprechung des EuGH postulierte Voraussetzung der sog. dreifachen Identität in Kartellfällen. Demnach kam das Doppelverfolgungsverbot nur dann zur Anwendung, wenn in beiden Verfahren nicht nur (i) Sachverhalt und (ii) beschuldigte Unternehmen identisch waren, sondern es musste auch (iii) das geschützte Rechtsgut identisch sein.[17] Die Anwendung dieses zusätzlichen Kriteriums der Rechtsgutidentität war allerdings mit dem Wortlaut des Art. 50 GRCh, der lediglich das Erfordernis der Identität von Sachverhalt und Beschuldigtem benennt, sowie mit dem Gebot der gleichen Auslegung in allen Rechtsgebieten nur schwer vereinbar.[18] Der EuGH hat daher vor Kurzem seine **Rechtsprechung geändert**. Demnach bedarf es auf Tatbestandsebene, wie von Art. 50 GRCh gefordert, nur noch eines identischen Sachverhalts und eines identischen Beschuldigten. Ist dies der Fall, ist eine Kumulierung der Sanktionen ein Eingriff in die Rechte des Beschuldigten. Derartige Einschränkungen müssen nach Art. 52 Abs. 1 GRCh gesetzlich vorgesehen sein und außerdem dem Verhältnismäßigkeitsgrundsatz Rechnung tragen, dh die Einschränkung muss erforderlich sein und den von der Union anerkannten dem Gemeinwohl dienenden Zielsetzungen entsprechen. Der EuGH selbst erkennt hier wohl vor allem dann einen Spielraum, wenn sich im Rahmen der Verhältnismäßigkeitsprüfung ergibt, dass das Sanktionsziel in den entsprechenden Verfahren nicht identisch ist.[19] Wenn man diesen Gedanken, der vom EuGH im Verhältnis Wettbewerbsrecht zu Regulierungsrecht entwickelt wurde, überträgt, lässt sich argumentieren, dass das Doppelverfolgungsverbot einer kumulativen Verhängung von Bußgeldern nach dem DMA und dem Kartellrecht für die gleiche Verhaltensweise im Grundsatz nicht entgegenstehen muss. Denn wie der DMA selbst klarstellt, ist sein Ziel die „Fairness" und die „Bestreitbarkeit von Märkten", wohingegen das Kartellrecht den freien Wettbewerb schützt (s. Erwgr. 11 DMA). 21

14 Auch das Bundeskartellamt hat diese Diskussion aufgegriffen, vgl. Bundeskartellamt Hintergrundpapier DMA S. 42.
15 Vgl. zB Jarass GRCh Art. 50 Rn. 5; Harta NZKart 2022, 102 (103).
16 So für die vorangegangenen Entwürfe auch Akman European Law Review 2022, 85 (99); Harta NZKart 2022, 102 (103); Somek WuW 2021, 545 (548 ff.).
17 Vgl. zB EuGH 7.1.2004 – C-204/00 P, BeckRS 2004, 74942 Rn. 338 – Aalborg Portland.
18 Vgl. zB GA Kokott Schlussanträge 8.9.2011 – C-17/10, BeckRS 2011, 81366 Rn. 111 ff. – Toshiba.
19 Vgl. insbes. EuGH 22.3.2022 – C-117/20, BeckRS 2022, 5010 Rn. 34, 41 ff. – bpost.

22 Dem EuGH zufolge muss eine doppelte Verfolgung allerdings dennoch berücksichtigt werden. So ist es zB angezeigt, dass die Verfahren koordiniert und in einen hinreichend engen zeitlichen Rahmen geführt werden; außerdem muss der erste Bußgeldbescheid muss beim zweiten Bußgeldbescheid **bußgeldmindernd** berücksichtigt werden.[20]

II. Zwangsgelder (Art. 31 DMA)

23 Gemäß Art. 31 DMA kann die EU-Kommission zur Durchsetzung des DMA gegen Unternehmen, einschließlich Torwächtern, und Unternehmensvereinigungen tägliche Zwangsgelder **bis zu** einem Höchstbetrag von **5 %** des im vorausgegangenen Geschäftsjahr erzielten durchschnittlichen weltweiten **Tagesumsatzes** verhängen. Mit diesem Beugemittel kann die EU-Kommission die Adressaten dazu zwingen,

- den von der EU-Kommission in einer Verfahrenseinleitung nach Art. 8 Abs. 2 iVm Art. 20 DMA festgelegten Maßnahmen nachzukommen (Art. 31 Abs. 1 lit. a DMA);
- einem Beschluss nach Art. 18 Abs. 1 DMA, der Maßnahmen zur Einhaltung einzelner DMA-Vorgaben nach festgestellter systematischer Nichteinhaltung von Art. 5, 6 oder 7 DMA anordnet, nachzukommen (Art. 31 Abs. 1 lit. b DMA);
- in Beantwortung eines nach Art. 21 DMA ergangenen Auskunftsverlangens innerhalb der gesetzten Frist richtige und vollständige Auskünfte zu erteilen (Art. 31 Abs. 1 lit. c DMA);
- im Einklang mit Art. 21 Abs. 3 DMA den Zugang zu ihren Daten, Algorithmen und Informationen über Versuche zu gewährleisten und im Einklang mit Art. 21 DMA diesbezügliche Erläuterungen zu geben (Art. 31 Abs. 1 lit. d DMA);
- eine nach Art. 23 DMA angeordnete Nachprüfung vor Ort zu dulden (Art. 31 Abs. 1 lit. e DMA);
- einer nach Art. 24 DMA angeordneten einstweiligen Maßnahme nachzukommen (Art. 31 Abs. 1 lit. f DMA);
- nach Art. 25 Abs. 1 DMA für bindend erklärte Verpflichtungszusagen einzuhalten (Art. 31 Abs. 1 lit. g DMA); oder
- einem gegen einen Torwächter gerichteten Nichteinhaltungsbeschluss nach Art. 29 DMA nachzukommen (Art. 31 Abs. 1 lit. h DMA).

24 Aus dem klaren Wortlaut von Art. 31 DMA und dem präventiven Charakter der Zwangsgelder folgt, dass es für deren Verhängung **keines Verschuldens** der Zwangsgeldadressaten bedarf (zur Verjährung bereits → Rn. 10 ff.). Abgesehen von der Kappungsgrenze von 5 % nennt Art. 31 DMA keine Kriterien für die Bemessung der Höhe des Zwangsgeldes. Die EU-Kommission muss sich aber zumindest an dem **Verhältnismäßigkeitsgrundsatz** des Art. 5 Abs. 1 S. 2, Abs. 4 EUV orientieren. Überträgt man die Grundsätze zum Kartellsanktionsrecht, muss die EU-Kommission dabei unter anderem die Bedeutung des erzwungenen Verhaltens für die Einhaltung des DMA, die beabsichtigte Wirkung des Zwangsgeldes auf das angeordnete Verhalten und den

20 Vgl. insbes. EuGH 22.3.2022 – C-117/20, BeckRS 2022, 5010 Rn. 58 – bpost; so auch Bundeskartellamt Hintergrundpapier DMA S. 42; Schweitzer ZEuP 2021, 503 (518).

Verschuldensgrad berücksichtigen.[21] Ist das Unternehmen oder die Unternehmensvereinigung der Verpflichtung nachgekommen, die mit dem Zwangsgeld durchgesetzt werden sollte, so kann die EU-Kommission gemäß Art. 31 Abs. 2 DMA die endgültige Höhe des Zwangsgeldes auf einen niedrigeren Betrag festsetzen als den, den sie ursprünglich festgesetzt hat.

III. Zusätzliche Abhilfemaßnahmen (Art. 18 DMA)

Zur Durchsetzung des DMA stehen der EU-Kommission gemäß Art. 18 DMA bei **systematischer Nichteinhaltung** einzelner Normen der Verordnung weitere Abhilfemaßnahmen zur Verfügung. Dafür bedarf es zunächst einer Marktuntersuchung, bei der grundsätzlich nach Art. 18 Abs. 1 S. 2 DMA binnen sechs Monaten nach Einleitung der Untersuchung dem betreffenden Torwächter die Beschwerdepunkte und die beabsichtigte Abhilfemaßnahme mitgeteilt werden. Damit interessierte Dritte wirksam Stellung nehmen können, muss die EU-Kommission gemäß Art. 18 Abs. 5 und 6 DMA innerhalb dieses Zeitraumes eine nichtvertrauliche Zusammenfassung des Sachverhalts und der beabsichtigten Abhilfemaßnahmen oder der beabsichtigten für bindend zu erklärenden Verpflichtungszusagen veröffentlichen. Schließlich muss die EU-Kommission die Marktuntersuchung grundsätzlich innerhalb von zwölf Monaten nach ihrer Einleitung abschließen (Art. 18 Abs. 1 S. 2 DMA). Diese und die zuerst genannte Frist sind jedoch gemäß Art. 18 Abs. 7 DMA verlängerbar. 25

Aus der **Marktuntersuchung** muss sich nach Art. 18 Abs. 1 S. 3 DMA ergeben, dass ein Torwächter eine oder mehrere der in den Art. 5, 6 oder 7 DMA genannten Verpflichtungen systematisch nicht einhält und seine Torwächter-Position im Hinblick auf die in Art. 3 Abs. 1 DMA genannten Kriterien aufrechterhalten, weiter gestärkt oder ausgeweitet hat. Gemäß Art. 18 Abs. 3 DMA ist davon auszugehen, dass ein Torwächter die Verpflichtungen der Art. 5, 6 und 7 DMA systematisch nicht einhält, wenn die EU-Kommission in einem Zeitraum von acht Jahren vor Einleitung einer Marktuntersuchung nach Art. 18 DMA mindestens drei Nichteinhaltungsbeschlüsse im Sinne von Art. 29 DMA gegen den Torwächter bezüglich eines seiner zentralen Plattformdienste erlassen hat. Aus dem Wortlaut von Art. 18 DMA folgt auch, dass es für die Verhängung von Abhilfemaßnahmen keines Verschuldens des Torwächters bedarf. 26

Sind diese Voraussetzungen erfüllt, kann die EU-Kommission nach Art. 18 Abs. 1 S. 3 DMA **jede verhaltensbezogene oder strukturelle Abhilfemaßnahme** gegen den Torwächter verhängen, die in einem angemessenen Verhältnis zu der in Rede stehenden Zuwiderhandlung steht und erforderlich ist, um die effektive Einhaltung der Vorgaben des DMA zu gewährleisten. Dabei lässt der Wortlaut keinen Rückschluss auf einen Vorrang der – regelmäßig weniger eingriffsintensiven – verhaltensbezogenen Abhilfemaßnahme gegenüber strukturellen Maßnahmen zu.[22] Es ist aber aufgrund des **Verhältnismäßigkeitsgrundsatzes** aus Art. 5 Abs. 1 S. 2, Abs. 4 EUV davon auszu- 27

21 Vgl. für das Kartellrecht zB Wiedemann KartellR-HdB/Hellmann § 46 Rn. 140.
22 Siehe auch Belloso, The Proposal for a Digital Markets Act (DMA): A Summary, 3.1.2022, abrufbar unter https://papers.ssrn.com/sol3/papers.cfm?abstract_id=3999966, S. 4.

gehen, dass bei gleicher Wirksamkeit für die Zielerreichung die weniger eingriffsintensive Maßnahme gewählt werden muss. Überträgt man die für Zwangsmaßnahmen im Kartellsanktionsrecht geltenden Grundsätze, müsste die EU-Kommission bei der Auswahl der Abhilfemaßnahmen zudem den Verschuldensgrad berücksichtigen.[23] Art. 18 Abs. 2 DMA stellt schließlich klar, dass eine Abhilfemaßnahme auch das Verbot von Fusionen hinsichtlich zentraler Plattformdienste, anderer Dienste im digitalen Bereich oder der Sammlung von Daten umfasst.

28 Gemäß Art. 18 Abs. 8 DMA muss die EU-Kommission die auferlegten Abhilfemaßnahmen **regelmäßig überprüfen**. In diesem Zusammenhang ist die EU-Kommission auch berechtigt, diese zu ändern, wenn sie nach einer neuen Marktuntersuchung feststellt, dass die Maßnahmen nicht wirksam sind.

IV. Einstweilige Maßnahmen (Art. 24 DMA)

29 Die EU-Kommission kann im Rahmen eines Verfahrens, das im Hinblick auf den möglichen Erlass eines Nichteinhaltungsbeschlusses eingeleitet wurde, gemäß Art. 24 DMA schließlich auch einstweilige Maßnahmen gegen Torwächter erlassen. Dafür muss zum einen eine **prima facie Zuwiderhandlung** gegen Art. 5, 6 oder 7 DMA festgestellt werden. Zum anderen bedarf es eines dringenden Falls, der bei Gefahr eines **schweren und nicht wiedergutzumachenden Schadens** für gewerbliche Nutzer oder Endnutzer von Torwächtern besteht.

30 Die einstweilige Maßnahme muss eine **befristete** Geltungsdauer haben, wobei diese verlängert werden kann, soweit dies erforderlich und angemessen ist. Da die Voraussetzungen des Art. 24 DMA und jene für einstweilige Maßnahmen gemäß Art. 8 VO (EG) Nr. 1/2003 nahezu identisch sind, dürfte die entsprechende kartellrechtliche Entscheidungspraxis eine sinnvolle Auslegungshilfe darstellen.

B. Untersuchungsbefugnisse (Art. 21 ff. DMA)

31 Gemäß Art. 21 ff. DMA hat die EU-Kommission eine Reihe an Untersuchungsbefugnissen, die sie gemäß Art. 20 Abs. 2 DMA auch **bereits vor Einleitung eines Verfahrens** über einen möglichen Erlass eines Nichteinhaltungsbeschlusses ausüben kann.

32 So kann die EU-Kommission

- gemäß Art. 21 Abs. 1 bis 4 DMA Unternehmen und Unternehmensvereinigungen durch einfaches Auskunftsverlangen (request for information, RFI) oder im Wege eines Beschlusses auffordern, alle für die Aufgaben der EU-Kommission nach dem DMA erforderlichen Auskünfte, Zugänge zu Daten und Algorithmen und Informationen über Tests sowie diesbezügliche Erläuterungen zu erteilen;
- gemäß Art. 21 Abs. 5 DMA von Behörden der Mitgliedstaaten verlangen, alle für die Aufgaben der EU-Kommission nach dem DMA erforderlichen und vorliegenden Auskünfte zu erteilen;
- gemäß Art. 22 DMA jede natürliche oder juristische Person befragen, die in die Befragung zum Zweck der Einholung von Informationen, die mit dem Gegen-

23 Vgl. für das Kartellrecht zB Wiedemann KartellR-HdB/Hellmann § 46 Rn. 140.

stand einer Untersuchung im Zusammenhang stehen, einwilligt und diese Befragung mit beliebigen technischen Mitteln aufzeichnen; und

- gemäß Art. 23 DMA alle für die Aufgaben der EU-Kommission nach dem DMA erforderlichen Nachprüfungen (dawn raids) bezüglich Unternehmen oder Unternehmensvereinigungen durchführen. Die mit den Nachprüfungen beauftragten Bediensteten der Kommission und die anderen von ihr ermächtigten Begleitpersonen sind dabei unter anderem befugt, alle Räumlichkeiten zu betreten; die Bücher und sonstigen Geschäftsunterlagen zu prüfen; Kopien oder Auszüge hiervon anzufertigen oder zu verlangen; betriebliche Räumlichkeiten und Bücher oder Unterlagen für die Dauer der Nachprüfung in erforderlichem Ausmaß zu versiegeln; sowie Erläuterungen zu Fakten oder Unterlagen zu verlangen und die Antworten mit technischen Mitteln zu Protokoll zu nehmen.

Es ist davon auszugehen, dass sich die EU-Kommission bei der Anwendung ihrer 33
Durchsuchungsbefugnisse an ihrem eigenen Erfahrungsschatz aus dem Kartellrecht bedienen wird. Insofern dürfte die **kartellrechtliche Entscheidungspraxis** auch in diesem Zusammenhang eine sinnvolle **Auslegungshilfe** darstellen.

C. Rechtsschutz

Die EU-Kommission kann zahlreiche Entscheidungen unter dem DMA treffen, die 34
weitreichende Konsequenzen für die Adressaten haben. Die offensichtlichsten Beispiele sind sicherlich die DMA-Sanktionen in Form einer Bußgeldentscheidung, eine Zwangsgeldentscheidung oder auch Abhilfemaßnahmen (Art. 29, 30, 31, 18 DMA), ggf. in Verbindung mit einem Nichteinhaltungsbeschluss. Gleichermaßen hat aber zB auch der Torwächter-Benennungsbeschluss nach Art. 3 Abs. 4 und 8 DMA weitreichende Folgen für den Adressaten, der nach der Benennung einer Vielzahl von self-executing Pflichten nachkommen muss. Eine Beschwer ist aber auch in Fällen denkbar, in denen der Antrag des Torwächters auf Überprüfung des Torwächter-Status nach Art. 4 Abs. 1 DMA abgelehnt wird. Der Präsident des Gerichts, Marc van der Woude, erwartet daher **zahlreiche Rechtsschutzgesuche** nach Inkrafttreten des DMA und befürchtet, dass das Prozessrecht des EuG und EuGH nicht für schnelle Entscheidungen gemacht ist,[24] die aber notwendig wären, um der Zielsetzung des DMA gerecht zu werden, Entscheidungen insgesamt zu beschleunigen.

I. Sanktionsadressaten

Für die Sanktionsadressaten dürften dabei **regelmäßig die Nichtigkeitsklage** nach 35
Art. 263 AEUV, der einstweilige Rechtsschutz nach Art. 278, 279 AEUV und gegebenenfalls Rechtsmittel nach Art. 256 Abs. 1 UAbs. 2 AEUV, Art. 56 ff. Gerichtshof-Satzung in Betracht kommen.

24 Van der Woude, in Connor, DMA will be a "challenge" for EU courts, General Court president admits, 31.3.2022, abrufbar unter https://globalcompetitionreview.com/article/dma-will-be-challenge-eu-courts-general-court-president-admits.

1. Nichtigkeitsklage

a) Zulässigkeit der Klage

36 Bei Erfolg einer Nichtigkeitsklage als kassatorischer Gestaltungsklage wird die Maßnahme gem. Art. 264 Abs. 1, 2 AEUV ex tunc ganz oder teilweise für nichtig erklärt. Die Rechtsprechung hat den zulässigen **Klagegegenstand** dahin gehend konkretisiert, dass es sich hierbei um eine einer Stelle der Europäischen Union zurechenbare rechtsverbindliche Maßnahme mit Außenwirkung handeln muss.[25] Somit ist die Nichtigkeitsklage die statthafte Klageart, wenn die Aufhebung eines Beschlusses begehrt wird, mit dem die EU-Kommission eine DMA-Sanktion, beispielsweise eine Geldbuße, ein Zwangsgeld oder eine andere Abhilfemaßnahme, verhängt hat. Gleiches gilt aber auch für die Aufhebung eines Torwächter-Benennungsbeschlusses oder wenn gegen die Ablehnung des Antrags des Torwächters auf Überprüfung des Torwächter-Status vorgegangen werden soll. Mangels Rechtsverbindlichkeit dürfte hingegen eine Verfahrenseinleitung nach Art. 20 DMA, die Mitteilung vorläufiger Feststellungen nach Art. 29 Abs. 3 DMA[26] oder ein informelles Schreiben bei neuartigen oder unklaren Fragen zur Auslegung des DMA[27] keinen zulässigen Klagegegenstand darstellen.

37 Ein Kläger muss zudem im Sinne von Art. 263 Abs. 2 bis 4 AEUV **klagebefugt** sein. Hierbei wird zwischen privilegierten und teilprivilegierten Klägern, bei denen es sich um bestimmte Organe der Europäischen Union handelt, und nicht-privilegierten Klägern, natürlichen oder juristischen Personen, unterschieden.[28] Bei der Fallgruppe der natürlichen und juristischen Personen unterscheidet Art. 263 Abs. 4 AEUV zwischen einem Kläger, an den die Maßnahme gerichtet ist (Alt. 1), und einem Kläger, an den die Maßnahme nicht gerichtet ist, der aber von der Maßnahme unmittelbar und individuell betroffen ist (Alt. 2).

38 Demnach besteht die Klagebefugnis bei der ersten **Alternative** stets, sodass der **Adressat einer DMA-Sanktion** immer im Sinne von Art. 263 Abs. 4 Alt. 1 AEUV klagebefugt ist. Das Gleiche wird wohl auch für alle Konsortialunternehmen gelten, wenn die DMA-Sanktion an ein nicht rechtsfähiges Konsortium adressiert ist.[29]

39 Hingegen müssen bei der zweiten **Alternative** weitere Voraussetzungen erfüllt sein. Nach der Rechtsprechung ist ein Kläger von einer Maßnahme dann **unmittelbar** betroffen, wenn sie ihre Rechtswirkungen ohne weitere hoheitliche Zwischenschritte entfaltet oder wenn für diesen Zwischenschritt kein Ermessen besteht.[30] Rechtsverbindliche Maßnahmen der EU-Kommission nach dem DMA dürften dabei regelmäßig unmittelbarer Natur sein.[31] Ein Kläger ist von einer Maßnahme nach der sog.

25 Vgl. zB EuGH 2.3.1994 – C-316/91, BeckRS 2004, 76296 Rn. 8 – EP/Rat; EuGH 28.6.1993 – C-64/93, BeckRS 2004, 77654 Rn. 13 – Donatab.

26 So für die Einleitung eines Kartellverfahrens und die Mitteilung der entsprechenden Beschwerdepunkte zB EuGH 11.11.1981 – C-60/81, BeckRS 2004, 73415 Rn. 21 – IBM.

27 So für kartellrechtliche Comfort Letters der Kommission zB auch Wiedemann KartellR-HdB/Schütte/Thomas § 49 Rn. 195.

28 Vgl. zB Grabitz/Hilf/Nettesheim/Dörr AEUV Art. 263 Rn. 51 ff.

29 Vgl. für das Kartellrecht EuG 19.3.2010 – T-50/05, BeckRS 2010, 90345 Rn. 40 – Evropaïki Dynamiki.

30 Vgl. zB EuGH 17.1.1985 – 11/82, BeckRS 2004, 71239 Rn. 7 ff. – Piraiki-Patraiki u.a.; EuG 18.9.1996 – T-155/94, EuZW 1996, 151, juris Rn. 53 – Climax/Rat.

31 So für kartellrechtliche Rechtsakte der EU-Kommission zB auch Wiedemann KartellR-HdB/Schütte/Thomas § 49 Rn. 206.

Plaumann-Formel **individuell** betroffen, wenn er wegen bestimmter persönlicher Eigenschaften oder besonderer, ihn aus dem Kreis aller übrigen Personen heraushebender Umstände in ähnlicher Weise wie der Adressat berührt ist.[32] Ist bspw. nur eine Tochtergesellschaft einer Muttergesellschaft Adressatin einer DMA-Sanktion, kann auch Letztere klagebefugt sein, sofern sie alle Anteile an der Tochtergesellschaft hält.[33]

Zudem muss ein Kläger die Nichtigkeitsklage innerhalb der **Klagefrist** von Art. 263 Abs. 6 Hs. 1 AEUV erheben. Diese beträgt zwei Monate und wird gemäß Art. 60 EuG-VerfO pauschal um eine Entfernungsfrist von zehn Tagen verlängert. Fristbeginn ist gemäß Art. 263 Abs. 6 Hs. 2 AEUV – je nach Lage des Falles – die Bekanntgabe der betreffenden Maßnahme, deren Mitteilung an den Kläger oder in Ermangelung dessen die sonstige Kenntniserlangung. Für den Adressaten einer DMA-Sanktion ist für den Fristbeginn dementsprechend regelmäßig auf Zustellung des Kommissionsbeschlusses abzustellen.[34] Fristende ist gemäß Art. 58 Abs. 1 lit. b EuG-VerfO der Ablauf desjenigen Tages des übernächsten Monats, welcher durch seine Zahl dem Tag entspricht, an dem die Klagefrist begonnen hat, zuzüglich zehn weiterer Tage. Ist dieser Tag ein Samstag oder Sonntag oder ein gesetzlicher Feiertag am Sitz des EuG in Luxemburg, so ist Fristende der Ablauf des darauffolgenden Werktages. Die Daten dieser gesetzlichen Feiertage werden jährlich im Amtsblatt der Europäischen Union veröffentlicht.[35] 40

Schließlich müssen die sonstigen Zulässigkeitsvoraussetzungen erfüllt sein. So ist die EU-Kommission und nicht etwa die Europäische Union die richtige **Beklagte**, wenn die Aufhebung eines Beschlusses begehrt wird, mit dem sie eine DMA-Sanktion verhängt hat. Zudem muss der Kläger nach allgemeinen prozessualen Grundsätzen im Zeitpunkt der Klageerhebung ein **Rechtsschutzinteresse** haben. Schließlich muss die Klage insbesondere gemäß Art. 21 Abs. 1 Gerichtshof-Satzung und Art. 76–78 EuG-VerfO **formgemäß** erhoben werden; vor allem müssen die in Art. 263 Abs. 2 AEUV aufgeführten Klagegründe schriftlich geltend gemacht werden.[36] 41

b) Begründetheit der Klage

Die Nichtigkeitsklage ist begründet, wenn der Kläger erfolgreich einen oder mehrere der vier in **Art. 263 Abs. 2 AEUV genannten** Klagegründe (**Nichtigkeitsgründe**) für sich in Anspruch nehmen kann. Demnach kann die eine DMA-Sanktion betreffende Nichtigkeitsklage grundsätzlich nur begründet sein, wenn die EU-Kommission im Zeitpunkt des Erlasses der Maßnahme unzuständig war, wesentliche Formvorschrift verletzt, ihr Ermessen missbraucht oder gegen sonstiges Unionsrecht verstoßen hat.[37] 42

32 EuGH 15.7.1993 – 25/62, NJW 1963, 2246 – Plaumann.
33 Vgl. für einen anderen europarechtlichen Kontext zB EuG 22.4.1999 – T-112/97, BeckRS 1999, 160997 Rn. 58 – Monsanto.
34 So für kartellrechtliche Rechtsakte der EU-Kommission zB auch Wiedemann KartellR-HdB/Schütte/Thomas § 49 Rn. 21.
35 Zu weiteren Einzelheiten vgl. etwa Grabitz/Hilf/Nettesheim/Dörr AEUV Art. 263 Rn. 118 ff.
36 Vgl. hierzu zB Calliess/Ruffert/Cremer AEUV Art. 263 Rn. 24 ff.
37 Zu weiteren Einzelheiten vgl. etwa Grabitz/Hilf/Nettesheim/Dörr AEUV Art. 263 Rn. 118 ff.

43 Es ist anzunehmen, dass sich viele DMA-Klagen auf die Verletzung des Unionsrechts – namentlich des DMA – stützen werden. Denn von diesem Klagegrund wird jede unzutreffende Auslegung oder Anwendung des Unionsrechts durch die Kommission erfasst. Gerade der sehr **weitreichende Pflichtenkatalog**, den **Torwächter** berücksichtigen müssen, bietet insoweit Potenzial für Streitigkeiten über die richtige Auslegung.

44 Den Unionsgerichten ist es dabei im Verfahren der Nichtigkeitsklage allerdings verwehrt, ihre eigene Bewertung der Tatsachen oder Beweismittel an die Stelle der Würdigung der Kommission zu setzen. Bei Rechtsfehlern wird die Entscheidung der EU-Kommission daher grundsätzlich nicht nachgebessert, sondern schlicht für **nichtig erklärt.**

45 Eine bedeutsame Ausnahme sieht aber Art. 45 DMA vor. Hiernach hat der Gerichtshof der Europäischen Union, und somit auch das EuG, bei Klagen gegen Beschlüsse, mit denen die EU-Kommission eine Geldbuße oder ein Zwangsgeld festgesetzt hat, die Befugnis zur **unbeschränkten Ermessensnachprüfung.** Die bedeutet, dass die Unionsgerichte die Geldbußen und Zwangsgelder aufheben, herabsetzen oder erhöhen und die Billigkeit und Zweckmäßigkeit der jeweiligen Sanktion überprüfen können.[38] Das kann ein Vorteil für die Verfahrensgeschwindigkeit sein, da anzunehmen ist, dass die Unionsgerichte bei nur punktuellen Beurteilungsfehlern der EU-Kommission von einer Nichtigkeitserklärung absehen und stattdessen die Sanktionsentscheidung bei einem reduzierten Bußgeld aufrechterhalten werden.

46 Soweit die Klage begründet ist, hebt das Unionsgericht die Maßnahme auf. Die Wirkung einer DMA-Sanktion ist damit **ex tunc**[39] beseitigt. Sofern die EU-Kommission mit einem Beschluss mehrere Unternehmen für einen DMA-Verstoß sanktioniert hat, aber nur ein Teil dieser Unternehmen geklagt hat, wirkt die Aufhebung nicht gegenüber allen anderen Unternehmen. Ansonsten hätte die EU-Kommission auch mehrere getrennte Sanktionen beschließen können.[40]

2. Einstweiliger Rechtsschutz

47 Der einstweilige Rechtsschutz nach Art. 278, 279 AEUV kann ebenfalls in DMA-Angelegenheiten relevant werden. Denn Klagen vor dem Gerichtshof haben gemäß Art. 278 S. 1 AEUV keine aufschiebende Wirkung. Der Gerichtshof kann jedoch, wenn er dies den Umständen nach für nötig hält, die **Durchführung** der angefochtenen Handlung, dh der DMA-Sanktionen oder anderer Entscheidungen, wie beispielsweise eines Torwächter-Benennungsbeschlusses, **aussetzen.**[41] Außerdem kann der Gerichtshof nach Art. 279 AEUV **einstweilige Anordnungen** treffen.

a) Zulässigkeit des Antrags

48 Der Antrag auf einstweiligen Rechtsschutz ist daher die **statthafte Antragsart**, wenn der Antragsteller eine solche Aussetzung oder Anordnung begehrt. Das könnte bspw.

38 Vgl. für das Kartellrecht zB EuGH 25.2.1986 – 193/83, BeckRS 2004, 72156 Rn. 110 ff. – Windsurfing; EuG 9.7.2003 – T-230/00, BeckRS 2003, 70346 Rn. 54 – Daesang und Sewon.
39 Vgl. zB Grabitz/Hilf/Nettesheim/Dörr AEUV Art. 263 Rn. 197.
40 Vgl. für das Kartellrecht zB EuG 10.7.1997 – T-227/95, EuZW 1997, 696, juris Rn. 55 ff. – AssiDomän.
41 Der Präsident des EuG zB nach Art. 158 Abs. 1 EuG-VerfO.

der Fall sein, wenn die EU-Kommission, wie in anderen Fällen in der Vergangenheit, von der Zahlung einer Geldbuße während des Gerichtsverfahrens absieht, wenn der Bußgeldadressat eine Bankbürgschaft stellt. Insofern könnte bspw. auch im DMA-Kontext eine einstweilige Anordnung beantragt werden, mit der eine Befreiung von der Verpflichtung zur Stellung einer solchen Bürgschaft begehrt wird.[42]

Der Antrag ist unter anderem[43] dann zulässig, wenn die Hauptsacheklage gemäß Art. 156 Abs. 1 EuG-VerfO anhängig ist, sich der Antragsgegenstand gemäß Art. 156 Abs. 2 EuG-VerfO auf die Hauptsacheklage bezieht, die Antragsform im Sinne von Art. 156 Abs. 4 und 5 EuG-VerfO gewahrt (insbesondere ein gesonderter Schriftsatz eingereicht) wird und die **Hauptsacheklage nicht offensichtlich unzulässig** ist.[44] 49

b) Begründetheit des Antrags

Der Antrag ist begründet, wenn der Antragsteller glaubhaft macht, dass die Aussetzung des Vollzugs einer DMA-Sanktion oder das Treffen einer einstweiligen Anordnung in tatsächlicher und rechtlicher Hinsicht notwendig ist. Die Klage muss daher in der **Hauptsache** eine hinreichende Aussicht auf **Erfolg** haben, und die Aussetzung **dringend**, dh nach einer umfassenden Interessenabwägung zur Verhinderung eines schweren und nicht wiedergutzumachenden Schadens für die Interessen des Antragstellers erforderlich sein.[45] 50

Soweit der Antrag begründet ist, muss der entsprechende Beschluss aber gemäß Art. 158 Abs. 4 EuG-VerfO **einstweiliger Natur** sein und darf der Hauptsacheentscheidung nicht vorgreifen. Das bedeutet, dass der Beschluss keine Folgen der Hauptsacheentscheidung im Voraus neutralisiert und keinen Fragen der Hauptsacheentscheidung in rechtlicher oder tatsächlicher Hinsicht vorgreift.[46] 51

Insbesondere infolge eines Torwächter-Benennungsbeschlusses dürfte ein Unternehmen einstweiligen Rechtsschutz in Anspruch nehmen. Denn nach der Benennung als Torwächter muss ein Unternehmen einer Vielzahl von **self-executing Pflichten** nachkommen. Gerade in den Verfahren nach Art. 3 Abs. 8 DMA dürften einige Unsicherheiten und daher großes Potenzial für die Verteidigungspraxis bestehen. 52

3. Rechtsmittel

Gegen ein Urteil infolge einer Nichtigkeitsklage oder gegen einen Beschluss infolge eines Antrags auf einstweiligen Rechtsschutz kann ein Sanktionsadressat Rechtsmittel im Sinne von Art. 256 Abs. 1 UAbs. 2 AEUV beim EuGH einlegen. Die **Zulässigkeitsvoraussetzungen** ergeben sich aus **Art. 56 ff. Gerichtshof-Satzung.** Demnach muss insbesondere eine Frist von zwei Monaten ab Zustellung der angefochtenen Entscheidung gewahrt werden.[47] 53

42 Vgl. für das Kartellrecht zB EuG 21.12.1994 – T-301/94 R, juris Rn. 24 ff. – Laakmann.
43 Vgl. hierzu weiter zB Calliess/Ruffert/Wegener AEUV Art. 279 Rn. 5 ff.
44 Vgl. für das Kartellrecht zB EuG 30.10.2003 – T-125/03 R und T-253/03 R, BeckRS 2003, 14100 Rn. 56 – Akzo Nobel.
45 Vgl. in anderem Kontext zB EuGH 12.7.1996 – C-180/96 R, BeckRS 2004, 74734 Rn. 44 – Vereinigtes Königreich.
46 EuG 29.3.2001 – T-18/01 R, juris Rn. 14 – Goldstein.
47 Hierzu im Einzelnen zB Streinz/Huber AEUV Art. 256 Rn. 7 ff.

54 Das Rechtsmittel ist begründet, wenn in der angefochtenen Entscheidung eine unionsrechtliche Rechtsfrage falsch beurteilt wurde und die Urteilsformel auch im Ergebnis **rechtlich falsch** ist.[48] In der Entscheidungspraxis dürften auch die Rechtsmittel in DMA-Sachen tendenziell weniger als mehr Aussicht auf Erfolg haben. Denn ein Rechtsmittel darf sich nicht auf bereits vor dem EuG geltend gemachte Argumente beschränken, ohne gesondert zu belegen, dass das EuG eine Rechtsfrage falsch beurteilt hat.[49]

II. Dritte

55 Für Dritte dürfte insbesondere das **Melden** von Verstößen und die **Akteneinsicht** relevant sein.

1. Melden von Verstößen

56 Gemäß Art. 27 Abs. 1 DMA kann **jeder** Dritte, einschließlich Wettbewerber oder Endnutzer, die EU-Kommission oder eine nationale Wettbewerbsbehörde über Praktiken oder Verhaltensweisen von Torwächtern informieren, die in den Anwendungsbereich des DMA fallen. Die EU-Kommission und die nationalen Wettbewerbsbehörden können jedoch ausweislich Art. 27 Abs. 2 DMA nach eigenem **Ermessen** geeignete Maßnahmen ergreifen und sind nicht verpflichtet, die erhaltenen Informationen weiterzuverfolgen. Stellt die nationale Wettbewerbsbehörde auf der Grundlage der erhaltenen Informationen fest, dass möglicherweise ein DMA-Verstoß vorliegt, muss sie diese Informationen gemäß Art. 27 Abs. 3 DMA an die EU-Kommission übermitteln.

57 Wie in Kartellsachen dürfte auch in DMA-Sachen dieses Instrument eine große Rolle bei der Einleitung von Verfahren spielen. Für Unternehmen jeglicher Größe liegt das strategische Interesse, Behörden über unliebsames Verhalten von Torwächtern in Kenntnis zu setzen, auf der Hand. Diese Meldungen haben gegenüber Zivilverfahren auch den Vorteil, dass die EU-Kommission über besondere Ermittlungsrechte verfügt und die Verwaltungsverfahren der EU-Kommission **gebührenfrei** sind.[50] Es ist allerdings für den einen DMA-Verstoß meldenden Dritten ratsam, vorab ein informelles Gespräch mit der EU-Kommission hierüber zu führen, weil so geklärt werden kann, ob der Sachverhalt für die EU-Kommission von Relevanz ist.[51]

2. Akteneinsicht

58 Nach dem DMA haben einen Verstoß meldende Dritte und sonstige **Dritte grundsätzlich kein Recht** auf Akteneinsicht. Wenn die EU-Kommission Dritten dennoch einzelne Dokumente zur Verfügung stellt, bspw. durch die Veröffentlichung einer nicht vertraulichen Zusammenfassung des Sachverhalts und der beabsichtigten Abhilfemaßnahmen, dürfte dies keine Akteneinsicht, sondern einen Ermittlungsvorgang

---

48 EuGH 16.12.1999 – C-150/98 P, BeckRS 2004, 74464 Rn. 17 – Wirtschafts- und Sozialausschuss.

49 EuGH 2.4.2009 – C-202/07 P, BeckRS 2011, 80008 Rn. 69 – France Télécom.

50 So für kartellrechtliche Beschwerden bei der EU-Kommission zB auch Wiedemann KartellR-HdB/Dieckmann § 47 Rn. 1.

51 Vgl. EU-Kommission, Bericht über die Wettbewerbspolitik 2005, abrufbar unter http://publications.europa.eu/resource/genpub/PUB_KDAA06001DEC_PDF.1.2, Rn. 25.

darstellen.[52] Das Zugänglichmachen von Dokumenten darf aber in jedem Fall keine Geschäftsgeheimnisse beinhaltenden Dokumente umfassen.[53]

Das allgemeine Recht auf Zugang zu Dokumenten der EU-Kommission gemäß Art. 15 AEUV und der VO (EG) Nr. 1049/2001 stellt ebenfalls kein Akteneinsichtsrecht, sondern ein Recht auf Zugang der allgemeinen Öffentlichkeit zu Dokumenten zur Wahrung von Transparenz dar.[54] Demnach hat jeder Unionsbürger sowie jede natürliche oder juristische Person mit Wohnsitz oder satzungsgemäßem Sitz in einem Mitgliedstaat das Recht auf Zugang zu Dokumenten der Organe, Einrichtungen und sonstigen Stellen der Union. Um Wertungswidersprüche mit dem DMA zu verhindern, dürften dieselben Grundsätze wie in Kartellbußgeldsachen gelten. Demnach dürften Anträge auf Zugang zu Dokumenten der EU-Kommission in DMA-Sachen **regelmäßig** aufgrund der Ausschlussgründe von Art. 4 Abs. 2 erster und zweiter Gedankenstrich und Abs. 3 VO (EG) Nr. 1049/2001 **abgelehnt** werden, da zu vermuten ist, dass der Schutz der geschäftlichen Interessen der DMA-Adressaten und der Schutz der Rechtsberatung und des Entscheidungsprozesses der EU-Kommission andernfalls beeinträchtigt wird. Der Antragsteller kann diese Vermutung jedoch für einzelne Dokumente widerlegen.[55] 59

52 Vgl. zB zur nichtvertraulichen Fassung der Beschwerdepunkte in Kartellsachen EuGH 24.6.1986 – C-53/85, BeckRS 2004, 73286 Rn. 27 – AKZO Chemie.
53 Vgl. zB EuGH 17.11.1987 – 142 und 156/84, ECLI:EU:C:1987:490 Rn. 21 – British American Tobacco/ Reynolds Industries.
54 Siehe Erwgr. 1 ff. VO (EG) Nr. 1049/2001.
55 Vgl. zB EuG 5.2.2018 – T-611/15, BeckRS 2018, 721 Rn. 62 ff. – Edeka.

§ 11 Rolle nationaler Behörden und Gerichte

Literatur: *Achleitner*, Digital Markets Act beschlossen: Verhaltenspflichten und Rollen nationaler Wettbewerbsbehörden, NZKart 2022, 359; *Basedow*, Das Rad neu erfunden: Zum Vorschlag für einen Digital Markets Act, ZEuP 2021, 217; *Gerpott*, Neue Pflichten für große Betreiber digitaler Plattformen – Vergleich von § 19a GWB und DMA-Kommissionsvorschlag, NZKart 2021, 273; *Gerpott*, Wer reguliert zukünftig Betreiber großer Online-Plattformen?, WuW 2021, 481; *Grünwald*, Gekommen um zu bleiben? – § 19a GWB im Lichte des DMA-Entwurfs, NZKart 2021, 496; *Haus*, Digital Markets Act – „duty to deal" für digitale Werbung?, WuW 2021, 478; *Kumkar*, Plattform-Recht revisited: Umgang mit den Marktordnungen digitaler Plattformen de lege lata et ferenda, RDi 2022, 347; *Podszun/Bongartz/Kirk*, Digital Markets Act – Neue Regeln für Fairness in der Plattformökonomie, NJW 2022, 3249; *Podszun/Bongarzt/Langenstein*, The Digital Markets Act: Moving Away from Competition Law to Regulation for Large Gatekeepers, EuCML 2021, 60; *Polley/Konrad*, Der Digital Markets Act – Brüssels neues Regulierungskonzept für Digitale Märkte, WuW 2021, 198; *Schweitzer/Gutmann*, Unilateral Practices by Digital Platforms: Facts and Myths about the Reach and Effectiveness of Competition Law, 2021, abrufbar unter https://dx.doi.org/10.2139/ssrn.3857751; *Westermann*, Der geplante Digital Markets Act: Europäische Regulierung zentraler Plattformdienste außerhalb des Kartellrechts?, ZHR 186 (2022), 325; *Wissenschaftliche Dienste des Deutschen Bundestages*, Sachstand – Die Anwendbarkeit von § 19a GWB im Lichte des europäischen Gesetzgebungsverfahrens zum „Digital Markets Act", WD 7 – 3000 – 114/21; PE 6 – 3000 – 067/21, 7.1.2022, abrufbar unter https://www.bundestag.de/resource/blob/880748/856d83cb24c61822c508aa47f27e18e7/WD-7-114-21-PE-6-067-21-pdf-data.pdf; *Zegler*, The Principle of ne bis in idem in EU Competition Law, WuW 2021, 261; *Zimmer/Göhsl*, Vom New Competition Tool zum Digital Markets Act: Die geplante EU-Regulierung für digitale Gatekeeper, ZWeR 2021, 29; *Zober*, Durchsetzung des DMA-E und dessen Verhältnis zum Kartellrecht, NZKart 2021, 611.

A. Überblick

1 Der DMA soll einen einheitlichen Regelungsrahmen für Torwächter etablieren (vgl. Art. 1 Abs. 1 DMA und Erwgr. 8 DMA). Zugleich soll die Bestreitbarkeit und Fairness der Märkte im digitalen Sektor gewährleistet und eine Fragmentierung des Binnenmarktes durch eine Vielzahl nationaler Regelungen verhindert werden (vgl. Erwgr. 6 und 7 DMA). Zu diesen Zwecken legt der DMA auf behördlicher Ebene ein zentralisiertes Rechtsdurchsetzungssystem durch die EU-Kommission fest (sog. **Public**

Enforcement, vgl. auch Erwgr. 91 DMA). Den nationalen Behörden kommt dabei insbesondere eine Kooperations- und „Hilfsfunktion" zu, dh diese sollen die EU-Kommission bei ihren Durchführungsmaßnahmen unterstützen (dazu → Rn. 8 ff.). Die nationalen Gerichte sollen ebenfalls sicherstellen können, dass sie keine Entscheidungen treffen, die im Widerspruch zu einer DMA-Entscheidung der EU-Kommission stehen (hierfür haben sie umfangreiche Informationsrechte). In jedem Fall wird den nationalen Gerichten eine maßgebliche Rolle bei der Durchsetzung des DMA im Rahmen des sog. Private Enforcement zukommen (siehe dazu § 13 in diesem Band).

B. Nationale Behörden im Verhältnis zur EU-Kommission

2 Um ein einheitliches Regelwerk im Hinblick auf die Bewertung von digitalen Märkten und Torwächtern zu gewährleisten, sieht der DMA als **zentrale zuständige Stelle und Kontrollorgan** die **EU-Kommission** vor (dazu → Rn. 3 ff.). Den nationalen Behörden kommt keine eigenständige Aufgabe, sondern lediglich eine unterstützende Funktion bei der Durchsetzung des DMA zu (dazu → Rn. 8 ff.). In diesem Rahmen ist auch auf das Verhältnis zwischen DMA und der Anwendung europäischer und nationaler (insbesondere wettbewerbsrechtlicher) Regelungen, die ebenfalls digitale Sachverhalte erfassen sollen (allen voran das sog. „Digitalkartellrecht"), durch die nationalen Behörden einzugehen (dazu → Rn. 17 ff.).

I. Zentralisierte Durchsetzung durch die EU-Kommission

3 Grundlegend gilt Folgendes: Die EU-Kommission ist für die behördliche Durchsetzung des DMA zuständig (mittels einer neuen Einheit, die bei der GD Wettbewerb und Connect angesiedelt ist). Die nationalen Behörden werden nur begrenzt und unterstützend tätig (vgl. Art. 37, 38 DMA). Der **EU-Kommission** obliegen daher die **zentralen Aufgaben**, Torwächter zu ernennen (Art. 3 DMA), die Voraussetzungen einer Benennung nachzuprüfen (Art. 4 DMA), Marktuntersuchungen durchzuführen (Art. 16 ff. DMA) und nicht zuletzt Buß- und Zwangsgelder zu verhängen (Art. 29 ff. DMA).

4 Durch die **Zuständigkeitskonzentration** bei der EU-Kommission soll eine rasche und effektive Anwendung und Durchsetzung des DMA ermöglicht werden (vgl. Art. 1 Abs. 1 und Erwgr. 28, 91 und 92 DMA). Der DMA betont, dass diese Zuständigkeitskonzentration notwendig für die einheitliche Anwendung, Durchsetzung und Durchführung des DMA sei (vgl. Erwgr. 99 und im Umkehrschluss Erwgr. 92 DMA).

5 Die Konzentration ist zugleich Ausdruck der gewünschten und vorgesehenen **Vollharmonisierung** durch den DMA (vgl. dessen Art. 1 Abs. 1). Der DMA betont, dass Torwächter EU-weit agieren (vgl. Erwgr. 7 DMA), weswegen entsprechend eine EU-weite harmonisierte Regulierung erforderlich sei, um Hindernisse auszuräumen, die der freien Erbringung und dem freien Empfang von Dienstleistungen, wie Einzelhandelsdienstleistungen, im Binnenmarkt entgegenstehen (vgl. Erwgr. 8 DMA). Die Harmonisierung soll dadurch unterstützt werden, dass die Anwendung von nationalen Vorschriften durch nationale Behörden, die in den Anwendungsbereich des DMA fallen und dieselben Ziele wie der DMA verfolgen, verhindert wird (vgl. Erwgr. 9 und 92

DMA). Der europäische Gesetzgeber möchte auf diese Weise eine **Fragmentierung des Binnenmarktes** verhindern (vgl. Erwgr. 7 und 9 DMA). Zugleich senke die Harmonisierung anfallende Compliance-Kosten von Unternehmen, da EU-weit ein einheitlicher Maßstab gilt und keine nationalen Besonderheiten zu beachten sind (vgl. Erwgr. 6 DMA), und komme damit auch der Wirtschaft der Europäischen Union durch einen „reibungslos funktionierenden" Binnenmarkt und damit zugleich auch den Verbrauchern zugute (vgl. Erwgr. 8 DMA).

6 Der **zentralen Rolle** der EU-Kommission standen von Anfang des legislativen Prozesses an **kritische Stimmen** – namentlich auch aus Deutschland – gegenüber.[1] Lehren aus der Entwicklung des EU-Wettbewerbsrechts zeigten, dass die Zentralisierung schnell zur Überlastung führen kann. So legte bspw. die erste Verordnung zur Durchführung des EU-Kartellrechts (die VO (EWG) Nr. 17/62) zunächst eine zentralisierte Durchsetzung des EU-Kartellrechts durch die EU-Kommission fest. Ab 1965 wurden dann aber schrittweise Mechanismen zur Entlastung der EU-Kommission eingeführt, wodurch etwa das Prinzip der Selbsteinschätzung durch Unternehmen sowie die Dezentralisierung der Durchsetzung durch parallele Zuständigkeiten der EU-Kommission, nationaler Wettbewerbsbehörden und Gerichte etabliert wurden.[2] Folge dessen war die Implementierung eines Verweisungssystems, das für einige Mitgliedstaaten auch im Rahmen des DMA vorzugswürdig erschien.[3] Befürchtet wird insoweit, dass die Zentralisierung dazu führt, dass die Durchsetzung vom „politischen Willen" der EU-Kommission abhängen könnte.[4]

7 Organisatorisch werden im Binnenverhältnis der EU-Kommission die beiden **Generaldirektionen Connect und Wettbewerb** mit der Durchsetzung des DMA betraut sein – unter Federführung der DG Connect.[5] Die EU-Kommission plant 55 interne und 25 externe Vollzeitstellen zur Erfüllung ihrer Aufgaben aus dem DMA einzurichten (100 neue Stellen insgesamt für die Durchsetzung des Digital Services Act (DSA) und des DMA).[6] Außerdem ist die Besetzung eines Chief Technology Officers vorgesehen. Ob diese Aufstockung angesichts der zahlreichen zentral durch die EU-Kommission zu erledigenden Aufgaben ausreichen wird, erscheint zweifelhaft.[7] Die Gefahr besteht,

---

1 Gemeinsames Positionspapier „Friends of an effective Digital Marktes Act" von Frankreich, den Niederlanden und Deutschland vom 27.5.2021 (Teil 1) und 8.9.2021 (Teil 2), abrufbar unter https://www.bmwk.de/Redaktion/DE/Downloads/M-O/non-paper-friends-of-an-effective-digital-markets-act.pdf (Teil 1) und https://www.bmwk.de/Redaktion/DE/Downloads/XYZ/zweites-gemeinsames-positionspapier-der-friends-of-an-effective-digital-markets-act.pdf (Teil 2); Kumkar RDi 2022, 347; Gerpott WuW 2021, 481.

2 Basedow ZEuP 2021, 217.

3 Gemeinsames Positionspapier „Friends of an effective Digital Marktes Act" von Frankreich, den Niederlanden und Deutschland vom 8.9.2021 (Teil 2), abrufbar unter https://www.bmwk.de/Redaktion/DE/Downloads/XYZ/zweites-gemeinsames-positionspapier-der-friends-of-an-effective-digital-markets-act.pdf.

4 Podszun/Bongarzt/Langenstein EuCML 2021, 60.

5 Breton, Sneak peek: How the Commission will enforce the DSA & DMA, Blog, 5.7.2022, abrufbar unter https://ec.europa.eu/commission/presscorner/detail/en/STATEMENT_22_4327.

6 Breton, Sneak peek: How the Commission will enforce the DSA & DMA, Blog, 5.7.2022, abrufbar unter https://ec.europa.eu/commission/presscorner/detail/en/STATEMENT_22_4327, und Gerpott WuW 2021, 481.

7 Siehe auch Gerpott WuW 2021, 481.

dass bei unzureichenden Ressourcen die durch den DMA vorgesehene rasche und effektive Durchsetzung nicht erfüllt werden kann (vgl. Erwgr. 28 DMA).[8]

II. Keine eigenständige Rolle für nationale Behörden

Eine in diesem Sinne eigenständige Rolle nationaler Behörden hinsichtlich Anwendung, Fortentwicklung und Durchsetzung des DMA besteht nicht, wenngleich die EU-Kommission und die nationalen Behörden eng zusammenarbeiten sollen.[9] Die nationalen Behörden dürfen daher **keine Entscheidungen** erlassen, die einem von der EU-Kommission nach dem DMA erlassenen **Beschluss zuwiderlaufen**. Dies ist den nationalen Behörden (einschließlich der nationalen Gerichte) allerdings nur möglich, wenn sie über alle erforderlichen Informationen verfügen, um sicherstellen zu können, dass ihre Entscheidungen nicht im Widerspruch stehen (vgl. Art. 1 Abs. 7 und Erwgr. 92 DMA). Die EU-Kommission kann die nationalen Behörden zu allen Angelegenheiten im Zusammenhang mit der Anwendung des DMA konsultieren (zur Zusammenarbeit zwischen nationalen Behörden und EU-Kommission vgl. insbes. Art. 37 DMA). Vorbild war hier Art. 11 der Durchführungsverordnung des EU-Kartellrechts (VO (EG) Nr. 1/2003), der die Zusammenarbeit zwischen der EU-Kommission und den nationalen Wettbewerbsbehörden regelt.[10] 8

Der DMA sieht für sämtliche nationalen Behörden eine lediglich **unterstützende Funktion** vor. Sie sollen der EU-Kommission insbesondere Informationen zur Verfügung stellen (vgl. Erwgr. 82 und 90 DMA). Ausdrücklich genannt wird auch die Möglichkeit der EU-Kommission, auf die **Expertise von Sachverständigen** der nationalen Datenschutz- und Verbraucherschutzbehörden zuzugreifen (vgl. Erwgr. 85 DMA). Da der EU-Kommission aber eine Konsultationsmöglichkeit der nationalen Behörden zu allen Angelegenheiten bzgl. der Anwendung des DMA als Instrument an die Hand gegeben wird (Art. 37 Abs. 2 DMA), hat die EU-Kommission auch die Möglichkeit, die Expertise anderer sachverständiger Behörden einzuholen. 9

Für eine „kohärente, wirksame und komplementäre Durchsetzung der verfügbaren Rechtsinstrumente gegenüber Torwächtern" ist im Rahmen der unterstützenden Funktion eine **enge Zusammenarbeit** und Koordinierung zwischen EU-Kommission und nationalen Behörden notwendig (vgl. Art. 1 Abs. 7 S. 2 und Erwgr. 90 DMA). Die EU-Kommission und die nationalen Behörden sollen ihre Durchsetzungsbemühungen abstimmen (vgl. Erwgr. 86 DMA). Dabei ist die **loyale Zusammenarbeit** der Behörden zu beachten (Grundsatz des Art. 4 EUV, vgl. Erwgr. 90 DMA). Nationale Behörden sind ermächtigt, Informationen über Verhaltensweisen von Torwächtern entgegenzunehmen (vgl. Art. 27 Abs. 1 DMA), müssen die EU-Kommission aber in- 10

8 Bundeskartellamt Hintergrundpapier DMA S. 39; Diverse Organisationen, Offener Brief, 2022, abrufbar unter https://content.mlex.com/Attachments/2022-06-27_B97EYT02886KX3PW/beuc-x-2022-068_open_civil_society_letter_-_resources_to_ensure_effective_enforcement_of_the_dma.pdf; Mlex, EU's Gatekeeper law needs bigger enforcement team to be effective, 2022, abrufbar unter https://mlexmarketinsight.com/news/insight/eu-s-gatekeeper-law-needs-bigger-enforcement-team-to-be-effective-microsoft-chief-says; Achleitner NZKart 2022, 359 und Podszun/Bongarzt/Langenstein EuCML 2021, 60.

9 Siehe auch Monopolkommission, XXIV. Hauptgutachten: Wettbewerb 2022, Juli 2022, abrufbar unter https://www.monopolkommission.de/images/HG24/HGXXIV_Gesamt.pdf.

10 Achleitner NZKart 2022, 359 (364).

formieren, wenn sie Hinweise auf eine Nichteinhaltung des DMA erkennen (Art. 27 Abs. 3 DMA).

11 Ferner ist vorgesehen, dass die EU-Kommission nationale Behörden unterstützend um **Hilfe bei Marktuntersuchungen** (→ § 8 Rn. 31) ersuchen kann (Art. 16 Abs. 5 DMA). Dies ist erforderlich, um personelle Kapazitätsengpässe auf Ebene der EU-Kommission abzumildern und vom Sachverstand der nationalen Behörden zu profitieren. Zudem kann die EU-Kommission **Unterstützung von nationalen Behörden bei Nachprüfungen** (siehe § 5 in diesem Band) anfordern (Art. 23 DMA, insbes. Abs. 3).

12 **Kooperation** und **Koordination** mit den **nationalen Wettbewerbsbehörden** werden durch den DMA näher konkretisiert (Art. 38 DMA zur Zusammenarbeit mit Wettbewerbsbehörden und Art. 37 DMA zur allgemeinen Zusammenarbeit mit nationalen Behörden). Als Instrumente werden ein umfangreicher Informationsaustausch mit nationalen Wettbewerbsbehörden vorgesehen (Art. 38 Abs. 1 DMA) sowie Pflichten der nationalen Wettbewerbsbehörden zur Unterrichtung der EU-Kommission festgesetzt (Art. 38 Abs. 2, 3 und 7 DMA).

13 Zur **Unterstützung der EU-Kommission** können die Mitgliedstaaten ihre Wettbewerbsbehörden ermächtigen, **Untersuchungen** zwecks möglicher Verstöße gegen den DMA einzuleiten (vgl. Art. 38 Abs. 2 und 7 und Erwgr. 91 DMA).[11] Sofern die EU-Kommission nach Mitteilung dieser Untersuchungen eigene Ermittlungen einleitet, müssen die mitgliedstaatlichen Untersuchungen allerdings eingestellt werden (vgl. Art. 38 Abs. 7 Hs. 2 DMA). Die EU-Kommission kann die nationalen Behörden aber ersuchen, sie bei ihren eigenen Ermittlungen zu unterstützen (vgl. Art. 38 Abs. 7 Hs. 2 DMA).

14 Dieses Vorgehen erscheint sinnvoll (und notwendig), da die nationalen Wettbewerbsbehörden durch ihre bisherige Fallpraxis bereits maßgebliche **Expertise** vorweisen können (so hat bspw. das Bundeskartellamt in den letzten Jahren digitale Sachverhalte sehr intensiv untersucht, vgl. etwa das Verfahren gegen Facebook). Nicht zuletzt beruht der DMA auch auf der Entscheidungspraxis nationaler Wettbewerbsbehörden.[12] Diese Expertise sollen die nationalen Wettbewerbsbehörden einbringen. Dafür sieht der DMA zudem bestimmte Gremien vor: So ist beispielsweise ein beratender Ausschuss vorgesehen (vgl. Art. 50 Abs. 1 und Erwgr. 101 DMA), bei dem die Mitgliedstaaten über die Zusammensetzung ihrer Delegationen entscheiden können und diese auch aus Mitgliedern der nationalen Wettbewerbsbehörden, die für bestimmte Fragen über das einschlägige Fachwissen verfügen, bestehen können. Der DMA sieht zudem eine Kooperation über das Netzwerk der Europäischen Wettbewerbsbehörden (ECN) vor (vgl. Art. 38 Abs. 1 DMA), in dessen Rahmen sich die Behörden gegenseitig unterrichten sollen (einschließlich vertraulicher Informationen).

15 Erste Äußerungen der zuständigen Behörden lassen erwarten, dass bei der Durchsetzung des DMA eng kooperiert werden wird. So haben zahlreiche Wettbewerbsbehör-

---

11 Aktuell so in Deutschland vorgesehen, aber zum Bearbeitungszeitpunkt noch nicht umgesetzt, siehe § 32g GWB in der Fassung des Referentenentwurfs des Bundesministeriums für Wirtschaft und Klimaschutz für ein Wettbewerbsdurchsetzungsgesetz, Stand: 15.9.2022, abrufbar unter https://www.bmwk.de/Redaktion/DE/Meldung/2022/20220920-bmwk-legt-entwurf-zur-verscharfung-des-wettbewerbsrechts-vor.html.

12 Bundeskartellamt Hintergrundpapier DMA S. 39.

den das **Kooperationsgebot** ausdrücklich begrüßt und bereits Hilfe für die Zusammenarbeit angeboten.[13] Auch die Geschäftsführende Vizepräsidentin der EU-Kommission und Kommissarin für Wettbewerb, Margrethe Vestager, hat die Notwendigkeit der **zentralen Durchsetzung bei gleichzeitiger enger Kooperation** mit nationalen Wettbewerbsbehörden und anderen Behörden betont.[14]

Vor diesem Hintergrund ist zu erwarten, dass den nationalen Behörden, insbesondere den Wettbewerbsbehörden, eine nicht zu unterschätzende Aufgabe bei der **effektiven Durchsetzung** und Fortentwicklung des DMA zukommen wird, auch wenn diese als rein „unterstützend" zu bezeichnen ist. Sie können ihre vorhandene Expertise einbringen, obgleich sie keine originären Durchsetzungsbefugnisse haben. Ob die Einbindung der nationalen Behörden stark genug sein wird, um die Friktionen zwischen der Anwendung des DMA einerseits und der Anwendung des (nationalen) Wettbewerbsrechts andererseits zu vermeiden, bleibt abzuwarten.[15] Es ist aber davon auszugehen, dass alle Behörden DMA und Wettbewerbsrecht entschlossen durchsetzen werden. 16

III. Anwendung nationaler Regelungen des „Digitalkartellrechts" durch nationale Behörden

Der DMA unterscheidet zwischen der **Anwendung nationaler Regelungen**, die in den Anwendungsbereich des DMA fallen (vgl. Art. 1 Abs. 5 und Erwgr. 9 DMA – insofern „sperrt" Art. 1 Abs. 5 DMA Maßnahmen der Mitgliedstaaten, die ebenfalls auf bestreitbare und faire Märkte zielen), und anderen Regelungen (vgl. Art. 1 Abs. 6 und Erwgr. 10 DMA – insofern lässt Art. 1 Abs. 6 DMA die Anwendung „originär" kartellrechtlicher Vorschriften (Kartellverbot und Marktmachtmissbrauchsverbot) unberührt). Dabei stellt sich die Frage, welche konkreten Anforderungen an die Anwendung bestehender oder zu erlassender nationaler Regelungen durch nationale Behörden gestellt werden und inwieweit der DMA deren Anwendung (oder Erlass) sperrt. 17

1. Vorrang des DMA gegenüber nationalen Regelungen mit dem Ziel bestreitbarer und fairer Märkte (Art. 1 Abs. 5 S. 1 DMA)

Mitgliedstaaten bzw. nationale Behörden dürfen gegenüber Torwächtern keine weiteren Regelungen schaffen, Maßnahmen treffen oder Regelungen anwenden, die ebenfalls das Ziel verfolgen, bestreitbare und faire Märkte zu garantieren (Art. 1 Abs. 5 DMA – **„Sperrwirkung"** bzgl. derselben Ziele – bestreitbare und faire Märkte – des DMA). Der DMA verbietet die Anwendung nationaler Regelungen durch nationale Behörden, die in den Anwendungsbereich des DMA fallen und dieselbe Zielrichtung verfolgen (vgl. Art. 1 Abs. 5 S. 1 und Erwgr. 9 DMA). Für Regelungen, die nicht in den Anwendungsbereich des DMA fallen und einen anderen Schutzzweck als bestreitbare und faire Märkte verfolgen, ist der Weg für die Mitgliedstaaten grundsätzlich frei, ihr Recht anzuwenden. Erforderlich ist aber, dass solche Verpflichtungen mit 18

13 European Competition Network, Gemeinsames Papier, 23.6.2021, abrufbar unter https://www.bundeskartellamt.de/SharedDocs/Publikation/EN/Others/DMA_ECN_Paper.pdf.
14 Margrethe Vestager, Data Protection and Competition: enforcement synergies and challenges, Speech, 2022, abrufbar unter https://ec.europa.eu/commission/presscorner/detail/en/SPEECH_22_3786.
15 Bundeskartellamt Hintergrundpapier DMA S. 39.

dem Unionsrecht vereinbar und nicht darauf zurückzuführen sind, dass die betreffenden Unternehmen den Status eines Torwächters im Sinne des DMA haben (vgl. Art. 1 Abs. 5 S. 2 DMA). Diese „Sperrwirkung“ soll eine Vollharmonisierung sicherstellen (vgl. Erwgr. 8 und 31 DMA) und verhindern, dass Mitgliedstaaten einen „nationalen DMA“ verabschieden und durchsetzen (vgl. Erwgr. 6 DMA). Ebenso dürfen nationale Behörden keine Regelungen erlassen, die Beschlüssen, die nach dem DMA erlassen wurden, widersprechen (vgl. Art. 1 Abs. 7 DMA). Insofern soll der DMA in Bezug auf bestreitbare und faire Märkte im digitalen Sektor den – vereinheitlichenden, also harmonisierenden – Maßstab setzen.

2. Konkurrenzregelungen bzgl. Wettbewerbsrecht (Art. 1 Abs. 6 DMA)

19 Das **Verhältnis des DMA zum europäischen und nationalen Wettbewerbsrecht** wird gesondert geregelt (Art. 1 Abs. 6 DMA). Das Kartellverbot (Art. 101 AEUV bzw. nationale Regelungen wie § 1 GWB) bleibt uneingeschränkt anwendbar (Art. 1 Abs. 6 lit. a DMA). Art. 1 Abs. 6 lit. b DMA stipuliert zudem, dass das kartellrechtliche Marktmachtmissbrauchsverbot (Art. 102 AEUV bzw. nationale Regelungen wie § 19 GWB) auch anwendbar bleibt und nicht durch den DMA „gesperrt“ wird, wenn es andere Unternehmen als Torwächter (also Unternehmen, die keine Adressaten des DMA sind) adressiert oder den Torwächtern zusätzliche – dh über die Art. 5–7 DMA hinausgehende – Pflichten auferlegt und der DMA daher ohnehin nicht greift.

20 Der DMA sieht sich auf der einen Seite als **Ergänzung des Wettbewerbsrechts** und auf der anderen Seite als **unterschiedliches Rechtsinstitut** an (vgl. Erwgr. 11 DMA). Um diese Auffassung hervorzuheben, stützt sich der DMA nicht auf Art. 103 AEUV als **Ermächtigungsgrundlage** (wie etwa die Durchführungsverordnung des EU-Kartellrechts VO (EU) 1/2003), sondern auf Art. 114 AEUV (vgl. Erwgr. 67 und 73 DMA).[16] Ein wesentlicher Beweggrund für die Ergänzung des Wettbewerbsrechts ist dabei, dass das Wettbewerbsrecht lediglich auf gewisse Arten von **Marktmacht** Anwendung findet, dh dass insbesondere die missbräuchliche Ausnutzung einer beherrschenden Stellung in einem spezifischen Markt verlangt wird und in einem solchen Fall lediglich eine **ex-post Durchsetzung** möglich ist. Demzufolge gehe das Wettbewerbsrecht nicht oder nur unzureichend auf die **Herausforderungen** ein, die sich für das wirksame Funktionieren des **„digitalen“ Binnenmarktes** aus dem Verhalten von Torwächtern ergeben, die keine beherrschende Stellung im Sinne des Wettbewerbsrechts haben (vgl. Erwgr. 5 DMA; gemeint sind hier insbesondere Herausforderungen, die sich im Zusammenhang mit digitalen Märkten stellen).

21 Der DMA und das „klassische“ europäische und nationale **Wettbewerbsrecht** sind mithin parallel anwendbar. Diese parallele oder komplementäre Anwendbarkeit begründet der DMA mit den **unterschiedlichen Zielrichtungen** der beiden Rechtsinstitute (vgl. Art. 1 Abs. 1 und Erwgr. 10 und 11 DMA). Der DMA verfolgt das Ziel der Sicherstellung von bestreitbaren und fairen Märkten, während das Wettbewerbsrecht den unverfälschten Wettbewerb auf dem Markt schützen soll.

16 Kritisch zur Wahl der Rechtsgrundlage Basedow ZEuP 2021, 217; Polley/Konrad WuW 2021, 198, Zimmer/Göhsl ZWeR 2011, 29.

Diese **„komplementäre" Anwendung** des nationalen Wettbewerbsrechts und des DMA wird auch von Stimmen aus der Praxis favorisiert.[17] Betont wird, dass die komplementäre Anwendung des nationalen Wettbewerbsrechts im DMA ausdrücklich vorgesehen sei und mit dessen Zielen im Einklang stehe. Explizit formuliere der DMA, dass europäisches und nationales Wettbewerbsrecht keiner Sperrwirkung unterliegen. Dies gelte insbesondere für die relevanten Verbote unilateraler Verhaltensweisen von Unternehmen, soweit das nationale Wettbewerbsrecht über den DMA hinausgehende Verpflichtungen auferlege.[18] 22

In Konsequenz der komplementären Anwendung eröffnet sich somit die Möglichkeit einer **parallelen Verfolgung bzw. Sanktionierung** der Torwächter (nach DMA einerseits und Kartellrecht andererseits). Das in Art. 50 GRCh normierte Doppelbestrafungsverbot hindert eine kumulative Verhängung von Bußgeldern nach dem DMA und dem Kartellrecht für die gleiche Verhaltensweise auch nicht (dazu → § 10 Rn. 19 ff.). Wie dort beschrieben, kann sich allerdings eine bereits bestehende Sanktionierung mindernd auf die Bemessung einer weiteren Sanktion auswirken (dazu → § 10 Rn. 22). 23

Der DMA-Verordnungsgeber hat die Herausforderung der doppelten Sanktionierung gesehen, da er die Auferlegung von Sanktionen im Einklang mit dem **Verhältnismäßigkeits- und ne bis in idem Grundsatz** (Verbot der Doppelbestrafung) fordert. Zu diesen Zwecken wird eine Abstimmung zwischen nationalen Behörden und EU-Kommission postuliert (vgl. Erwgr. 86 DMA). Insbesondere sollen nationale Behörden und EU-Kommission ihre Durchsetzungsmaßnahmen koordinieren und bereits ergangene Sanktionsentscheidungen auf Grundlage desselben Sachverhalts berücksichtigen (vgl. Art. 37 und Erwgr. 86 DMA). Wie die Abstimmung zwischen nationalen Behörden und EU-Kommission konkret auszugestalten ist, wird letztlich der EuGH klarstellen müssen (vgl. Erwgr. 94 DMA). 24

3. „Deutsches Digitalkartellrecht" und DMA – Einordnung des § 19a GWB

Wie schwierig eine Einordnung in die **Konkurrenzregelungen** des Art. 1 Abs. 5 und 6 DMA bisweilen werden dürfte, zeigt sich besonders deutlich am Beispiel des § 19a GWB, dem „deutschen Digitalkartellrecht". Diese im Rahmen der 10. GWB-Novelle im Jahr 2020 eingefügte und seit dem 19.1.2021 geltende Vorschrift betrifft Unternehmen mit „überragender marktübergreifender Bedeutung". Der Gesetzgeber hat hier ebenfalls die großen Tech-Unternehmen im Blick. Die Verstöße gegen § 19a Abs. 2 GWB sind den Verboten der Art. 5 und 6 DMA sehr ähnlich bzw. mit ihnen teils identisch.[19] Allerdings arbeitet der DMA mit einem quantitativen Ansatz (Erreichen von Schwellenwerten, bei deren Vorliegen ein Unternehmen als Torwächter qualifiziert wird, → § 3 Rn. 1 ff.), wohingegen § 19a GWB mit qualitativen Kriterien im 25

17 Bspw. Mundt (Präsident des Bundeskartellamtes), Stellungnahme, 2022, abrufbar unter https://www.bundestag.de/resource/blob/891308/f13edcf322cc218da602e6dc4b58391b/ADrs-20-9-59_Stellungnahme-Mundt-data.pdf – insofern nimmt er Bezug auf Art. 1 Abs. 5 im Gegensatz zu Art. 1 Abs. 6 DMA, da Letzterer das Kartellrecht für unverändert anwendbar erklärt.

18 Mundt, Stellungnahme, 2022, abrufbar unter https://www.bundestag.de/resource/blob/891308/f13edcf322cc218da602e6dc4b58391b/ADrs-20-9-59_Stellungnahme-Mundt-data.pdf.

19 Vgl. zur Gegenüberstellung die Tabelle in Gerpott NZKart 2021, 273.

Rahmen eines zweistufigen Verfahrens arbeitet: Zuerst entscheidet das Bundeskartellamt, ob ein Unternehmen überragende marktübergreifende Bedeutung hat und dann in einem zweiten Schritt, ob ein Verstoß gegen die Verhaltenspflichten vorliegt. Dies ermöglicht eine eher einzelfallbezogene Klassifikation.[20] Zudem fordert § 19a GWB in Bezug auf die Pflichten – anders als der DMA – ein Tätigwerden des Bundeskartellamts, dh die Verhaltenspflichten sind nicht self-executing.

26 Nach dem eingangs Geschilderten (→ Rn. 18 ff.) dürfte entscheidend sein, welchen **Schutzzweck § 19a GWB** verfolgt und ob die Norm „regulierungsrechtlicher" oder „kartellrechtlicher" Natur ist.[21] Würde § 19a GWB als nationale Wettbewerbsvorschrift qualifiziert, dann unterfiele sie Art. 1 Abs. 6 DMA. Würde § 19a GWB hingegen als Norm anerkannt, mit der faire und bestreitbare Märkte gesichert werden sollen, unterfiele sie dem Regelungsbereich des DMA und somit der Sperre des Art. 1 Abs. 5 DMA.[22] Gegen die Einordnung des § 19a GWB in die von Art. 1 Abs. 5 DMA erfassten Fälle spricht insbesondere, dass die Pflichten nach § 19a Abs. 2 GWB gerade nur auf Anordnung nach einer Einzelfallentscheidung und nicht ex lege gelten.[23] Zudem verbietet Art. 1 Abs. 7 DMA ohnehin mit dem DMA in Widerspruch stehende nationale Entscheidungen, sodass auch insoweit durch § 19a GWB grundsätzlich keine Fragmentierung der Entscheidungspraxis zu erwarten ist. Insofern wird betont, dass § 19a GWB sowohl in persönlicher als auch in sachlicher Hinsicht weitergehende Eingriffsbefugnisse für den Digitalbereich vorsehe und somit als Ergänzung des DMA im Rahmen des Art. 1 Abs. 6 DMA eingestuft werden könne.[24]

27 Sofern § 19a GWB dem nationalen Wettbewerbsrecht nach Art. 1 Abs. 6 DMA unterfiele, wäre eine **Koexistenz mit dem DMA** grundsätzlich denkbar.[25] Aufgrund der gleichartigen Adressaten des DMA und § 19a GWB (Torwächter vs. Unternehmen mit überragender marktübergreifender Bedeutung für den Wettbewerb, mithin also die sog. GAFMA-Unternehmen) und der überwiegenden Deckungsgleichheit zwischen den sich aus Art. 5, 6 und 7 DMA ergebenden Pflichten und den Pflichten nach § 19a Abs. 2 GWB dürfte der DMA wegen des Anwendungsvorrangs des Unionsrechts eine Anwendung des § 19a GWB in Bezug auf Torwächter erheblich einschränken.[26] Die unmittelbar geltenden Vorgaben des DMA schließen (bei Einhaltung) somit ein Verhalten aus, gegen das das Bundeskartellamt nach § 19a GWB vorgehen

20 Gerpott NZKArt 2021, 273.

21 Wissenschaftliche Dienste des Deutschen Bundestages, Sachstand – Die Anwendbarkeit von § 19a GWB im Lichte des europäischen Gesetzgebungsverfahrens zum „Digital Markets Act", WD 7 - 3000 - 114/21; PE 6 - 3000 - 067/21, 7.1.2022, abrufbar unter https://www.bundestag.de/resource/blob/880748/856d83cb24c61822c508aa47f27e18e7/WD-7-114-21-PE-6-067-21-pdf-data.pdf, S. 9 ff.

22 Vgl. Westermann ZHR 186 (2022), 325; zudem ausführlich Grünwald NZKart 2021, 496 und Zimmer/Göhsl ZWeR 2021, 29; vgl. ferner Polley/Konrad WuW 2021, 198 (29); MüKoWettbR/Wolf GWB § 19a Rn. 97 – Wolf betont, dass der DMA als eine auf Art. 114 AEUV gestützte Verordnung eher lauterkeitsrechtliche Züge trage, da sie einen allgemeinen Rahmen für faire Geschäftspraktiken von Gatekeepern setzen solle und deshalb davon auszugehen sei, dass das nationale Recht – trotz etwaiger Überschneidungen – nicht generell verdrängt werde.

23 Bundeskartellamt Hintergrundpapier DMA S. 43.

24 Mundt, Öffentliche Anhörung zum Thema „Digital Markets Act" v. 27.4.2022, BT-Ausschuss-Drs. 20(9)59, 5.

25 Grünwald NZKart 2021, 496.

26 Monopolkommission, XXIV. Hauptgutachten: Wettbewerb 2022, Juli 2022, abrufbar unter https://www.monopolkommission.de/images/HG24/HGXXIV_Gesamt.pdf.

könnte. Sollte der DMA aber bspw. nicht eingehalten werden, käme auch ein Vorgehen nach § 19a GWB in Betracht.[27]

Zudem greift § 19a GWB unverändert dort, wo der DMA nicht anwendbar ist. Entweder weil das Unternehmen kein Torwächter ist oder weil die Pflichten nicht in den Art. 5–7 DMA enthalten sind. Denn die Pflichten des § 19a GWB und die Verhaltenspflichten des DMA unterscheiden sich, da **§ 19a GWB über die Pflichten des DMA hinausgeht.** Das ist besonders für § 19a Abs. 2 GWB relevant, da diese Vorschrift teilweise zumindest weiter gefasste Pflichten enthält als der DMA. Beispielsweise dürften die Selbstbevorzugung (§ 19a Abs. 2 Nr. 1 GWB), die Bestimmungen zur unzulässigen Behinderung auf Absatz- und Beschaffungsmärkten (§ 19a Abs. 2 Nr. 2 GWB), das Aufrollen von Märkten durch schnell wachsende Unternehmen (§ 19a Abs. 2 Nr. 3 GWB) sowie die Regelbeispiele im Hinblick auf das Fordern „unzulässiger“ Vorteile (§ 19a Abs. 2 Nr. 7 GWB) sprachlich weiter zu verstehen sein als Art. 5, 6 und 7 DMA.[28] Bedeutung wird § 19a GWB ferner auch dann zukommen, wenn ein betroffener Dienst noch nicht als Torwächter aufgeführt wird sowie wenn ein zentraler Plattformdienst vorliegt, der DMA aber mangels Torwächter-Charakters nicht anwendbar ist.[29] 28

Im Ergebnis ist die Vorschrift des § 19a GWB jedenfalls dann weiterhin anwendbar, wenn entweder (i) zwar die Verhaltenspflichten des DMA materiell greifen, der DMA aber nicht anwendbar ist, weil das Unternehmen kein Torwächter ist, oder falls (ii) das Unternehmen zwar Torwächter ist, es sich aber um nicht „DMA-relevantes“ Verhalten handelt (also nicht um Verhalten im Sinne der Pflichten der Art. 5–7 DMA). 29

4. Umsetzungsmaßnahmen in Deutschland (Wettbewerbsdurchsetzungsgesetz-Entwurf, 11. GWB-Novelle)

Die nationalen Gesetzgeber dürften Maßnahmen ergreifen, um die Wirksamkeit des DMA zu unterstützen. So plant bspw. der deutsche Gesetzgeber eine Anpassung des GWB – also des nationalen Kartellrechts – durch die 11. GWB Novelle (Wettbewerbsdurchsetzungsgesetz), um eine effektive Durchsetzung des DMA in Deutschland zu gewährleisten und einen Beitrag zur effektiven Durchsetzung des DMA durch die EU-Kommission zu leisten, indem dem Bundeskartellamt diejenigen Ermittlungsbefugnisse eingeräumt werden sollen, die nach dem DMA den nationalen Wettbewerbsbehörden eröffnet werden können.[30] Aktuell liegt allein der Referentenentwurf des zuständigen Ministeriums vor. Änderungen sind daher wahrscheinlich, jedenfalls 30

27 Monopolkommission, XXIV. Hauptgutachten: Wettbewerb 2022, Juli 2022, abrufbar unter https://www.monopolkommission.de/images/HG24/HGXXIV_Gesamt.pdf.

28 Monopolkommission, XXIV. Hauptgutachten: Wettbewerb 2022, Juli 2022, abrufbar unter https://www.monopolkommission.de/images/HG24/HGXXIV_Gesamt.pdf.

29 Mundt, Öffentliche Anhörung zum Thema „Digital Markets Act“ v. 27.4.2022, BT-Ausschuss-Drs. 20(9)59, 5.

30 Referentenentwurf des Bundesministeriums für Wirtschaft und Klimaschutz für ein Wettbewerbsdurchsetzungsgesetz, Stand: 15.9.2022, abrufbar unter https://www.bmwk.de/Redaktion/DE/Meldung/2022/20220920-bmwk-legt-entwurf-zur-verscharfung-des-wettbewerbsrechts-vor.html (im Folgenden: GWB-RefE). Die Befugnisse sind nicht unumstritten: vgl. Stellungnahme der Studienvereinigung Kartellrecht eV zu den mit dem GWB-RefE vorgeschlagenen Änderungen, 28.10.2022, abrufbar unter https://www.studienvereinigung.de/sites/default/files/2022-11/20221028_Stellungnahme_Wettbewerbsdurchsetzungsgesetz.PDF.

nicht auszuschließen. Der GWB-RefE sieht im Hinblick auf den DMA u.a. Folgendes vor (dazu auch § 13 in diesem Band):

- Untersuchungsbefugnisse des Bundeskartellamts bei Nichteinhaltung der Art. 5–7 DMA mit der Möglichkeit, selbst Ermittlungen durchzuführen mit der Pflicht, der EU-Kommission über die Erkenntnisse Bericht zu erstatten (§ 32g GWB-RefE);
- Verstöße gegen Art. 5–7 DMA begründen einen Beseitigungs- und Unterlassungsanspruch (§ 33 Abs. 1 GWB-RefE);
- die Bindungswirkung im Falle privater Schadensersatzforderungen erstreckt sich auch auf Entscheidungen der EU-Kommission im Hinblick auf Art. 5–7 DMA (§ 33b S. 1 GWB-RefE);
- Verjährungshemmung auch im Falle von behördlichen Ermittlungsmaßnahmen im Zusammenhang mit dem DMA (§ 33h Abs. 6 Nr. 3 GWB-RefE).

C. Nationale Gerichte

31 Neben der Überwachung von Torwächtern durch die EU-Kommission in Kooperation mit den nationalen (Wettbewerbs-)Behörden werden auch **nationale Gerichte** in die Anwendung und Durchsetzung des DMA einbezogen. Der DMA bestimmt verschiedene Funktionen der nationalen Gerichte, wobei sich diese einerseits auf die Zusammenarbeit mit der EU-Kommission beziehen (dazu → Rn. 32 ff.). Andererseits werden die nationalen Gerichte maßgeblich für das Private Enforcement – also die private Rechtsdurchsetzung Dritter – verantwortlich sein (dazu → Rn. 36 ff.).

I. Zusammenarbeit der EU-Kommission mit nationalen Gerichten (Art. 39 DMA)

32 Bei der Zusammenarbeit der EU-Kommission mit den nationalen Gerichten (Art. 2 Nr. 33 DMA) steht der **Informationsaustausch** im Vordergrund (vgl. Art. 39 DMA). Der DMA sieht insofern eine Koordination und Kooperation zwischen EU-Kommission und nationalen Gerichten vor. So können die nationalen Gerichte bei Fragen zur Anwendung des DMA die EU-Kommission zur Übermittlung von Informationen oder Stellungnahmen bitten (Art. 39 Abs. 1 DMA). Zugleich übermitteln die Mitgliedstaaten die schriftlichen Urteile im Hinblick auf den DMA (Art. 39 Abs. 2 DMA).[31]

33 Die EU-Kommission hat zudem die Möglichkeit, nationalen Gerichten eine schriftliche oder – mit Erlaubnis des betreffenden Gerichts – mündliche **Stellungnahme** zu übermitteln, wenn dies zur kohärenten Anwendung des DMA erforderlich ist (Art. 39 Abs. 3 DMA).[32] Dabei kann die EU-Kommission die Gerichte ersuchen, ihr alle zur Beurteilung des Falls notwendigen Schriftstücke zu übermitteln oder für eine solche Übermittlung zu sorgen (Art. 39 Abs. 4 DMA).[33] Aufgrund des Grundsatzes der **richterlichen Unabhängigkeit** sind die Gerichte jedoch nicht an diese Stellungnahmen gebunden. Dies ergibt sich auch aus dem Umkehrschluss zu Art. 1 Abs. 7 DMA,

31 Siehe die gleichlautende Regelung des Art. 15 Abs. 2 VO (EG) Nr. 1/2003 für das Wettbewerbsrecht.
32 Siehe die gleichlautende Regelung des Art. 15 Abs. 3 VO (EG) Nr. 1/2003 für das Wettbewerbsrecht.
33 Siehe die gleichlautende Regelung des Art. 15 Abs. 3 VO (EG) Nr. 1/2003 für das Wettbewerbsrecht.

der eine entsprechende Bindung ausschließlich für Beschlüsse der EU-Kommission, nicht aber für Stellungnahmen, statuiert.[34]

Der DMA schafft mithin unterschiedliche Mechanismen im Bereich des Informationsaustauschs, welche maßgeblich die **einheitliche Anwendung und Durchsetzung** des DMA gewährleisten sollen. Die Möglichkeit nationaler Gerichte, die EU-Kommission um Informationen oder Stellungnahmen zu ersuchen, sowie die Übermittlungspflichten seitens der nationalen Gerichte sollen die einheitliche Anwendung und Durchsetzung des DMA sicherstellen und so einer Fragmentierung der Rechtsanwendung entgegenwirken (vgl. Erwgr. 92 DMA). 34

Die nationalen Gerichte dürfen allerdings keine Entscheidungen erlassen, die einem von der EU-Kommission im Rahmen des DMA gefassten Beschluss zuwiderlaufen (Art. 39 Abs. 5 DMA). In einem Konfliktfall soll das betreffende Gericht daher auch die Möglichkeit prüfen, das Verfahren auszusetzen. Dieser Regelungsmechanismus steht im Einklang mit dem zentralen Grundsatz der Gewährleistung der **Einheitlichkeit des Unionsrechts** (Art. 267 AEUV). Die Möglichkeit der nationalen Gerichte, den Europäischen Gerichtshof im Rahmen eines Vorabentscheidungsverfahrens anzurufen, bleibt daher weiterhin eröffnet. 35

II. Nationale Gerichte und Durchsetzung von Ansprüchen Dritter (Private Enforcement)

Zudem sollen nationale Gerichte eine **Anlaufstelle für die Geltendmachung von Bedenken** wegen unfairer Praktiken von Torwächtern, die Fragen der Nichteinhaltung des einschlägigen Unionsrechts oder nationalen Rechts aufwerfen, sein (vgl. Erwgr. 42 DMA). 36

Es ist zu erwarten, dass Private Enforcement – also die Durchsetzung der im DMA enthaltenen Rechtspflichten für Torwächter durch private Akteure wie Unternehmen oder auch private Endnutzer – zukünftig eine **wesentliche Rolle der nationalen Gerichte** sein wird (dazu umfassend § 13 in diesem Band). In diesem Zusammenhang ist die Ansicht der Monopolkommission erwähnenswert, die sogar fordert, dass der DMA durch nationale Regelungen ergänzt werden sollte, um die Durchsetzung von Unterlassungs- oder Schadensersatzklagen zu erleichtern (zum aktuellen GWB-Referentenentwurf auch oben → Rn. 30 sowie § 13 in diesem Band).[35] Beispielsweise könnte die Schadensfeststellung für Nutzer dadurch erleichtert werden, dass eine Schadensvermutung sowie Regelungen für eine Schadensschätzung und für die Verzinsung von Schadensersatzansprüchen eingeführt werden.[36] 37

Torwächter dürfen gewerbliche Nutzer oder Endnutzer nicht direkt oder indirekt daran hindern, einem nationalen Gericht eine etwaige Nichteinhaltung des Unionsrechts oder nationalen Rechts durch den Torwächter mitzuteilen (vgl. Art. 5 Abs. 6 DMA). Dafür sollten Praktiken, die es gewerblichen Nutzern oder Endnutzern er- 38

34 Zober NZKart 2021, 611.
35 Monopolkommission, XXIV. Hauptgutachten: Wettbewerb 2022, Juli 2022, abrufbar unter https://www.monopolkommission.de/images/HG24/HGXXIV_Gesamt.pdf.
36 Monopolkommission, XXIV. Hauptgutachten: Wettbewerb 2022, Juli 2022, abrufbar unter https://www.monopolkommission.de/images/HG24/HGXXIV_Gesamt.pdf.

schweren, ihre Bedenken geltend zu machen oder bestehende Rechtsmittel einzulegen, verboten werden (vgl. Erwgr. 42 DMA). Zur Unterstützung soll ein unionsbasierter alternativer **Streitbeilegungsmechanismus** ins Leben gerufen werden, der für die gewerblichen Nutzer gebührenfrei ist. Dieser Mechanismus soll aber das Recht der Nutzer unberührt lassen, im Einklang mit dem Unionsrecht und nationalem Recht Rechtsmittel bei Justizbehörden einzulegen (vgl. Erwgr. 62 DMA).

III. Amtshilfe

39 Der DMA sieht ferner eine Rolle der nationalen Gerichte bei der potenziell erforderlichen **gerichtlichen Genehmigung** für die Amtshilfe im Rahmen der Nachprüfung aus Art. 23 Abs. 8 DMA vor (vgl. Art. 23 Abs. 9 und 10 DMA). Das nationale Gericht überprüft beispielsweise vor Erteilung der Genehmigung, ob der Beschluss der EU-Kommission echt ist und die Zwangsmaßnahmen weder willkürlich noch unverhältnismäßig sind. Der DMA stellt aber auch klar, dass das Gericht weder die Notwendigkeit der Nachprüfung untersuchen noch Auskünfte aus den Akten der EU-Kommission verlangen kann.

IV. Bewertung

40 Nationale Gerichte werden eine nicht zu unterschätzende Rolle bei der **Anwendung und Durchsetzung** des DMA spielen. Zwar regelt der DMA umfassend die Zusammenarbeit und Kooperation zwischen Gerichten und der EU-Kommission und nimmt dabei nicht ausdrücklich auf das Private Enforcement Bezug; dies ist aber in Erwgr. 42 DMA angelegt und ein Grundpfeiler des Europarechts (dazu → § 13 Rn. 2).

41 Den Gerichten wird nicht zuletzt im Rahmen des Private Enforcement eine **Auslegungsrolle** zukommen. Auch Stimmen aus der Praxis betonen, dass nicht alle Bestimmungen des DMA so klar formuliert seien, dass eine weitere Klärung durch Gerichte oder Behörden in jedem Fall überflüssig wäre.[37]

37 So etwa Mundt, Präsident des Bundeskartellamtes,"Self enforcing" DMA provisions will trigger litigation, Mlex, 6.4.2022, abrufbar unter https://mlexmarketinsight.com/news/insight/self-enforcing-dma-provisions-will-trigger-litigation-mundt-says.

§ 12 Rechte Dritter vor der EU-Kommission und nationalen Behörden

A. Bedeutung der Beteiligung Dritter für die Rechtsdurchsetzung

1 Für die behördliche Durchsetzung des europäischen Beihilfe-, Fusionskontroll- und Kartellrechts haben die **Beteiligungs- und Beschwerdemöglichkeiten Dritter** eine **wichtige Bedeutung.** Kartellrechtliche Beschwerden werden in Art. 7 Abs. 2 VO (EG) Nr. 1/2003[1] ausdrücklich anerkannt; weitere Bestimmungen finden sich in der VO (EG) Nr. 773/2004[2] (Verfahrensverordnung zu Art. 101 und 102 AEUV). Schließlich bietet die Bekanntmachung der EU-Kommission „Beschwerde"[3] weitere Orientierungshilfen an.

2 Insbesondere im Bereich der Missbrauchsaufsicht gem. Art. 102 AEUV sind es oft **Kunden, Lieferanten und Wettbewerber**, welche die für rechtswidrig erachteten Geschäftspraktiken marktbeherrschender Unternehmen der EU-Kommission zur Kenntnis bringen, wesentlich zur Sachaufklärung beitragen und dadurch administratives Tätigwerden (mit-)initiieren.

3 Der DMA enthält **kein eigenständiges Beschwerderecht** Dritter. Dieser Befund überrascht zunächst vor dem Hintergrund, dass gewerbliche Nutzer und Endnutzer von den Verhaltenspflichten, die der DMA den Torwächtern auferlegt, direkt profitieren sollen. Vor allem die **gewerblichen Nutzer** werden das **größte wirtschaftliche Interesse** daran haben, dass die Torwächter die Ge- und Verbote vollumfänglich einhalten. Des Weiteren können gerade die gewerblichen Nutzer qua geschäftlicher Nähe zu den Torwächtern und technischem Verständnis der zentralen Plattformdienste dazu beitragen, die eklatante **Informationsasymmetrie** zu beheben, die zwischen den Torwächtern einerseits und den Dienststellen der EU-Kommission andererseits besteht.

4 Der Verordnungsgeber hat sich aber dem Nutzen, den Dritte für ein effektives Public Enforcement entfalten können, nicht verschlossen und den Compliance-, Monitoring- und Berichtspflichten der Torwächter (vgl. § 7) etliche **Beteiligungsmöglichkeiten**

1 Verordnung (EG) Nr. 1/2003 des Rates vom 16. Dezember 2002 zur Durchführung der in den Artikeln 81 und 82 des Vertrags niedergelegten Wettbewerbsregeln (ABl. 2003 L 1, 1).

2 Verordnung (EG) Nr. 773/2004 der Kommission vom 7. April 2004 über die Durchführung von Verfahren auf der Grundlage der Artikel 81 und 82 EG-Vertrag durch die Kommission (ABl. 2004 L 123, 4).

3 Bekanntmachung der Kommission vom 27.4.2004 über die Behandlung von Beschwerden durch die Kommission gemäß Artikel 81 und 82 EG-Vertrag (2004/C 101/05).

Dritter beiseitegestellt. Zudem werden Dritten gegenüber der EU-Kommission und nationalen Wettbewerbsbehörden auch **informelle Wege** offenstehen, um eine Nichteinhaltung der DMA-Verpflichtungen zu adressieren.

B. Beteiligungsrechte Dritter

I. Information über Praktiken oder Verhaltensweisen von Torwächtern (Art. 27 DMA)

5 Art. 27 Abs. 1 DMA verleiht Dritten das mit Abstand **wichtigste Recht**, vom DMA adressierte Praktiken oder Verhaltensweisen – in praxi: für rechtswidrig erachtete Praktiken oder Verhaltensweisen – von Torwächtern den zuständigen **nationalen Behörden** oder direkt der **EU-Kommission** zur **Kenntnis zu bringen**, mit anderen Worten: sich bei Behörden über das geschäftliche Verhalten der Torwächter zu beschweren.

1. Dritte

6 Das Informationsrecht haben Dritte, einschließlich **gewerblicher Nutzer, Wettbewerber** oder **Endnutzer** der in dem Benennungsbeschluss (vgl. Art. 3 Abs. 9 DMA) aufgeführten zentralen Plattformdienste sowie deren Vertreter. Der Terminus „Dritte" ist im DMA nicht legaldefiniert; aus Syntax und dem Wort „einschließlich" folgt aber bereits, dass er nicht auf gewerbliche Nutzer, Wettbewerber oder Endnutzer beschränkt ist. Nach hiesiger Auffassung sind bspw. auch **Interessensverbände** und **Verbraucherverbände** umfasst.

7 Eine **weite Auslegung** des Begriffs **Dritte** ist vor dem Hintergrund gerechtfertigt, dass der Durchsetzungserfolg des DMA maßgeblich davon abhängen wird, ob die nationalen Behörden und letztlich die allein zur Entscheidung berufene EU-Kommission personell und technisch in der Lage sein werden, die Einhaltung der Verhaltenspflichten faktisch zu prüfen, juristisch zu beurteilen und administrativ effizient durchzusetzen. Die Einbindung von Dritten, die mit **Sachnähe, technischem Verstand** und der Zurverfügungstellung von für die Prüfung **essenziellen Daten** und **Informationen** den Behörden bei Aufdeckung, Beurteilung und Verfolgung von Compliancedefiziten helfen können, erscheint daher sachgemäß.

8 Auch im **Kartellverfahrensrecht**, bei dem ein von der EU-Kommission recht **großzügig ausgelegtes „berechtigtes Interesse"** an der Einreichung einer Beschwerde notwendig ist (vgl. Art. 7 Abs. 2 VO (EG) Nr. 1/2003, Art. 5 Abs. 1 S. 1 VO (EG) Nr. 773/2004), ist anerkannt, dass neben Kunden und Wettbewerbern auch Unternehmens-[4] und Verbraucherverbände eine Beschwerde einlegen dürfen.[5] Die EU-Kommission verneint allein ein berechtigtes Interesse, wenn sich Personen oder Organisationen auf das Gemeinwohl berufen, ohne darzutun, dass die Zuwiderhandlung geeignet ist, sie oder ihre Mitglieder unmittelbar zu verletzen (pro bono publico).[6]

4 EuG 24.1.1995 – T-114/92, ECLI:EU:T:1995:11 Rn. 28 – BEMIM/Kommission.
5 EuG 18.5.1994 – T-37/92, ECLI:EU:T:1994:54 Rn. 36 – BEUC/Kommission.
6 Bekanntmachung der Kommission vom 27.4.2004 über die Behandlung von Beschwerden durch die Kommission gemäß Artikel 81 und 82 EG-Vertrag (2004/C 101/05), Rn. 38.

Im Kontext des Informationsrechts Dritter gem. Art. 27 DMA ist ein **berechtigtes Interesse** an der Unterrichtung **nicht notwendig.** Das Informationsrecht über Praktiken und Verhaltensweisen von Torwächtern verleiht Dritten **weniger Verfahrensrechte** als dem Beschwerdeführer in einem kartellrechtlichen Verfahren. Beispielsweise haben Dritte im DMA-Verfahren kein Recht auf Akteneinsicht in die Unterlagen, die im kartellrechtlichen Verfahren der vorläufigen Beurteilung der EU-Kommission zugrunde liegen (vgl. Art. 8 VO (EG) Nr. 773/2004) – ein Recht, das seitens der EU-Kommission mit hohem Aufwand administriert werden muss. Ebenso wenig haben Dritte ein Recht auf individuelle Einbeziehung in das Verfahren wie beim Kartellverfahren, das die EU-Kommission nach Erhalt und Auswertung der Beschwerde initiiert. Den geringeren Verfahrensrechten entspricht daher eine **niedrige Anforderung** an die Befugnis zur Unterrichtung der Behörden. Jedenfalls werden bei einer auch im DMA-Kontext angezeigten **großzügigen Auslegung** Dritte im Regelfall eine unmittelbare Betroffenheit von Interessen darlegen können. 9

2. Inhalt der Information

Dritte können nationale Behörden oder die EU-Kommission gem. Art. 27 Abs. 1 DMA nur über solche **Praktiken** oder **Verhaltensweisen** informieren, die in den Anwendungsbereich des **DMA** fallen. Dazu zählen zunächst die in Art. 5, 6 und 7 DMA normierten Ge- und Verbote sowie auch die **Compliance-, Reporting- und Monitoring-Maßnahmen**, da sie essenziell für die Einhaltung und deren Nachvollziehbarkeit durch Dritte sind (vgl. nur Art. 11 Abs. 2 S. 3 DMA – öffentliche Bereitstellung des nichtvertraulichen Jahresberichts). 10

3. Verfahren

Die Information über Praktiken oder Verhaltensweisen von Torwächtern ist an **keine Frist** oder **Form** gebunden. Anders als im Kartellverfahrensrecht, in dem die Beschwerde mittels „Formblatt C" einzureichen ist, sieht der DMA eine bestimmte Form nicht vor. Gleichwohl wird es sinnvoll sein, den nationalen Behörden und/oder der EU-Kommission eine **substantiierte Beschreibung** der Praktiken oder Verhaltensweisen einzureichen. Die bisher bekannte Entwurfsfassung der noch zu erlassenden DMA-Durchführungsverordnung enthält dazu keine direkt anwendbaren Vorgaben. 11

4. Information einer nationalen Behörde oder der EU-Kommission (Wahlrecht)

Nach Art. 27 Abs. 1 DMA können Dritte die für die Durchsetzung der in Art. 1 Abs. 6 DMA genannten Vorschriften die zuständige **nationale Behörde** oder direkt die **EU-Kommission** informieren. Die in Art. 1 Abs. 6 DMA genannten Vorschriften betreffen das allgemeine Kartellverbot, die kartellrechtliche Missbrauchsaufsicht und die Fusionskontrolle; die in Deutschland für diese Bereiche zuständige Behörde ist das **Bundeskartellamt** (vgl. auch § 32g GWB-RefE). Der Umstand, dass allein die EU-Kommission die Kompetenz hat, Entscheidungen gemäß dem DMA zu erlassen, könnte einerseits dafür sprechen, dass Dritte allein die EU-Kommission informieren. Andererseits mögen nationale Behörden mit größerer Sachnähe zu bestimmten Geschäftspraktiken und potenziell verfügbaren Ressourcen die für Dritte attraktivere Anlaufstelle sein, um mögliche Untersuchungen zu initiieren. 12

5. Folge der Information

13 Nach Unterrichtung können die für die Durchsetzung des nationalen Kartellrechts zuständigen nationalen Behörden und die EU-Kommission nach freiem Ermessen über **geeignete Maßnahmen** entscheiden; die nationalen Behörden und die EU-Kommission sind **nicht verpflichtet, Folgemaßnahmen** zu den erhaltenen Informationen zu ergreifen (Art. 27 Abs. 2 DMA). Sollte die jeweilige **nationale Behörde** aber der Meinung sein, dass die Informationen den Schluss zulassen, dass möglicherweise eine Nichteinhaltung des DMA vorliegt, so **übermittelt** sie diese Informationen der **EU-Kommission**, da allein Letztere zu Entscheidungen gegenüber den Torwächtern ermächtigt ist (→ § 11 Rn. 3 ff.).

II. Stellungnahme zu Compliance-Maßnahmen von Torwächtern (Art. 8 DMA)

14 Der Torwächter muss gem. Art. 8 Abs. 1 DMA die Einhaltung der Verpflichtungen aus den Art. 5, 6 und 7 DMA sicherstellen und nachweisen (→ § 7 Rn. 10). Dabei kann der Torwächter die EU-Kommission ersuchen, ein Verfahren einzuleiten („regulatorischer Dialog", → § 7 Rn. 12), um festzustellen, ob das Ziel der betreffenden Verpflichtung durch die ergriffenen oder beabsichtigten **Maßnahmen** wirksam erreicht wird (Art. 8 Abs. 3 DMA). Diesem Ersuchen muss der Torwächter eine **nichtvertrauliche Begründung** beifügen, in der die Maßnahmen erläutert werden.

15 Bei Mitteilung ihrer vorläufigen Beurteilung an den Torwächter oder so bald wie möglich danach veröffentlicht die EU-Kommission eine **nichtvertrauliche Zusammenfassung** des **Falls** und der **Maßnahmen**, die sie zu ergreifen beabsichtigt oder die der betreffende Torwächter ihrer Ansicht nach ergreifen sollte. Interessierte **Dritte** können sodann innerhalb einer von der Kommission festgesetzten angemessenen Frist eine **Stellungnahme** abgeben (vgl. Art. 8 Abs. 6 DMA).

16 Auch wenn dies im DMA nicht ausdrücklich vorgesehen ist, dürfte die EU-Kommission offen sein für **begleitende Gespräche** mit Dritten, die ähnlich wie bei Verfahren im Bereich der Missbrauchsaufsicht, der Fusionskontrolle oder des Beihilferechts auf Basis eines **Briefing Paper** vorbereitet werden sollten.

III. Stellungnahme im Rahmen einer Marktuntersuchung bei systematischer Nichteinhaltung (Art. 18 DMA)

17 Nach Art. 18 Abs. 1 DMA kann die Kommission eine **Marktuntersuchung** durchführen, um zu prüfen, ob ein Torwächter seine **Verpflichtungen** systematisch nicht einhält (→ § 8 Rn. 14 ff.). Die EU-Kommission teilt dem Torwächter ihre vorläufige Beurteilung mit, insbesondere, ob nach ihrer vorläufigen Auffassung eine systematische Non-Compliance vorliegt und welche Abhilfemaßnahmen sie vorläufig für erforderlich und angemessen erachtet.

18 Zeitgleich mit der Mitteilung an den Torwächter oder so bald wie möglich danach veröffentlicht die EU-Kommission **eine nichtvertrauliche Zusammenfassung** des **Falls** und der von ihr erwogenen **Abhilfemaßnahmen**. Interessierte **Dritte** können dazu gem. Art. 18 Abs. 5 DMA innerhalb eines von der EU-Kommission festgelegten angemessenen Zeitraums **Stellungnahmen** abgeben. Sofern die EU-Kommission beabsich-

tigt, vom Torwächter angebotene **Verpflichtungszusagen** für bindend zu erklären (→ § 8 Rn. 18), veröffentlicht die EU-Kommission ebenfalls eine **nichtvertrauliche Zusammenfassung** des **Falls** sowie den wichtigsten Inhalt der **Zusagen**, zu denen **Dritte** ebenfalls eine **Stellungnahme** innerhalb eines angemessenen Zeitraums abgeben können (Art. 18 Abs. 6 DMA).

Wie für den Fall des Art. 8 DMA ausgeführt (→ Rn. 16), dürfte die EU-Kommission auch im Rahmen der Marktuntersuchung für **flankierende Gespräche** mit Dritten offen sein, die auf Basis eines **Briefing Paper** vorbereitet werden sollten. 19

IV. Konsultation im Rahmen einer Marktuntersuchung wegen neuer Dienste und neuer Praktiken (Art. 19 DMA)

Gem. Art. 19 Abs. 1 DMA kann die EU-Kommission eine **Marktuntersuchung** durchführen, um zu prüfen, ob **weitere zentrale Plattformdienste** in den Anwendungsbereich des DMA aufgenommen werden sollten, oder um **Praktiken** aufzudecken, die die Bestreitbarkeit zentraler Plattformdienste beschränken oder unfair sind und denen durch den DMA nicht wirksam begegnet wird (→ § 8 Rn. 20 ff.). 20

Dritte können von der EU-Kommission bei der Durchführung der Marktuntersuchung **konsultiert** werden (vgl. Art. 19 Abs. 2 DMA), u.a. gewerbliche Nutzer und Endnutzer von Diensten des digitalen Sektors, die Gegenstand der Untersuchung sind, sowie gewerbliche Nutzer und Endnutzer, die Praktiken unterliegen, die Gegenstand der Untersuchung sind. Im Rahmen der Konsultation werden **Dritte** die Gelegenheit haben, **Stellungnahmen** einzureichen sowie begleitende Gespräche mit der EU-Kommission zu führen. 21

V. Konsultation bei Nichteinhaltungsbeschluss (Art. 29 DMA)

Gemäß Art. 29 DMA kann die EU-Kommission einen **Nichteinhaltungsbeschluss** erlassen, wenn sie feststellt, dass der Torwächter den Verhaltenspflichten aus Art. 5, 6 und 7 DMA oder von der EU-Kommission angeordneten Maßnahmen nicht nachkommt (→ § 10 Rn. 6). Dabei kann die EU-Kommission gem. Art. 29 Abs. 4 DMA **Dritte konsultieren**, wenn sie beabsichtigt, einen Nichteinhaltungsbeschluss zu erlassen. Im Rahmen der Konsultation werden Dritte die Gelegenheit haben, **Stellungnahmen** einzureichen sowie begleitende Gespräche mit der EU-Kommission zu führen. 22

§ 13 DMA als Gegenstand von Private Enforcement

Literatur: *Achleitner*, Selbstbegünstigung als Konzept des Marktmissbrauchs unter Art. 102 AEUV. Das Grundsatzurteil des EuG zu Google Shopping als Initialzündung für einen Wandel in der Digitalwirtschaft?, EuR 2022, 253; *Achleitner*, Digital Markets Act beschlossen: Verhaltenspflichten und Rolle nationaler Wettbewerbsbehörden, NZKart 2022, 359; *Albrecht*, Digital Markets Act kommt – Regulierung von Plattformen und Auswirkungen auf Unternehmen, GWR 2022, 181; *Basedow*, Das Rad neu erfunden: Zum Vorschlag für einen Digital Markets Act, ZEuP 2021, 217; *Grewe/Stegemann*, EU-Verbandsklagerichtlinie, ZD 2021, 183; *Haus/Rudel*, Neue Missbrauchsaufsicht für digitale Ökosysteme, RDi 2022, 125; *Herbers*, Der Digital Markets Act (DMA) kommt – neue Dos and Don'ts für Gatekeeper in der Digitalwirtschaft, RDi 2022, 252; *Karbaum/Schulz*, „Antitrust Litigation 2.0" – Private Enforcement beim DMA?, NZKart 2022, 107; *Koenig/Mezey*, Zu guter Letzt ... schießt die Regulierung digitaler Märkte über das Ziel hinaus?, NuR 2022, 192; *Komninos*, The Digital Markets Act and Private Enforcement: Proposals for an Optimal System of Enforcement, in Charbit/Gachot (Hrsg.), Liber Amicorum Eleanor M. Fox, 2021, S. 425 (zit.: Charbit/Gachot Liber Amicorum Fox/Komninos); *Koolen*, The Refusal to Allow Interoperability Between Android Auto and Third-Party Apps – A Deep Dive into Enel X Italia v. Google, IIC 2022, 758; *Körber*, Lessons from the Hare and the Tortoise: Legally imposed self-regulation, proportionality and the right to defence under the DMA – Part 2, NZKart 2021, 436; *Kumkar*, Der Digital Markets Act nach dem Trilog-Verfahren, RDi 2022, 347; *Lundqvist*, The Proposed Digital Markets Act and Access to Data: A Revolution, or Not?, IIC 2021, 239; *Marsden/Podszun*, Restoring Balance to Digital Competition – Sensible Rules, Effective Enforcement, Gutachten für die KAS, 2020, abrufbar unter https://www.kas.de/de/einzeltitel/-/content/restoring-balance-to-digital-competition; *Matos/Torres-Sarmiento*, FRAND for Dominant Digital Platforms: Enhancing the Way Essential Inputs are Accessed, Transferred and Shared, GRUR-Int 2022, 516; *Paal/Kieß*, Digitale Plattformen im DSA-E, DMA-E und § 19a GWB, ZfDR 2022, 1; *Podszun*, The Digital Markets Act: What's in it for Consumers?, EuCML 2022, 1; *Polley/Konrad*, Der Digital Markets Act – Brüssels neues Regulierungskonzept für Digitale Märkte, WuW 2021, 198; *Sack*, Die Kognitionsbefugnis nach Art. 7 Nr. 2 EuGVVO und das internationale Lauterkeitsrecht, WRP 2018, 897; *Schläfke/Lühmann/Stegemann*, Vorschlag des BMJ zur Umsetzung der EU-Verbandsklagenrichtlinie, PHi 2022, 138; *Westermann*, Der geplante Digital Markets Act: Europäische Regulierung zentraler Plattformdienste außerhalb des Kartellrechts?, ZHR 186 (2022), 325; *Zimmer/Göhsl*, Vom New Competition Tool zum Digital Markets Act: Die geplante EU-Regulierung für digitale Gatekeeper, ZWeR 2021, 29; *Zober*, Durchsetzung des DMA-E und dessen Verhältnis zum Kartellrecht, NZKart 2021, 611.

A. Private Enforcement – eine wesentliche Umsetzungsmechanik des DMA

1 Hauptziel des DMA ist es, den Markt der Torwächter fair und bestreitbar zu gestalten (Art. 1 Abs. 1 DMA). Bereits heute wird, wenngleich in der Regel gestützt auf Art. 102 AEUV bzw. § 19 GWB, zivilrechtlich um fairen Zugang, hilfsweise Schadensersatz gestritten.[1] Die internationale Perspektive zeigt, dass sich eine aktive Klageindustrie gegen die großen Plattformbetreiber wendet.[2] Es ist zu erwarten, dass **Private Enforcement** – also die Durchsetzung der im DMA enthaltenen Rechtspflichten für Torwächter durch private Akteure wie Unternehmen oder auch private Endnutzer[3] – auch **zukünftig eine wesentliche Rolle einnimmt.**

2 Zwar fehlt dem DMA eine ausdrückliche Bezugnahme auf das sog. Private Enforcement. Dieses ist jedoch ein **Grundpfeiler des Europarechts:** Wo aus dem europäischen Recht auch Rechte des Einzelnen folgen, stellt die Wachsamkeit der an der Wahrung ihrer Rechte interessierten Einzelnen – und die individuelle Rechtsdurchsetzung – eine weitere Ebene der wirksamen Kontrolle dar.[4] Auf Ebene des nationalen Rechts

1 Vgl. zB die Klage von Idealo gegen Google wegen der angeblichen Bevorzugung des Google-eigenen Preisvergleichsservices, hierzu LTO vom 15.4.2019, abrufbar unter https://www.lto.de/recht/kanzleien-unternehmen/k/freshfields-bruckhaus-deringer-hausfeld-idealo-klage-google-preisvergleich/. Im Bereich der öffentlichen Durchsetzung siehe auch die Abmahnung der Deutschen Bahn durch das Bundeskartellamt aufgrund möglicher Behinderungen im Wettbewerb um digitale Mobilitätsdienstleistungen: Bundeskartellamt, Fairer Wettbewerb um digitale Mobilitätsdienstleistungen – Bundeskartellamt mahnt Deutsche Bahn wegen möglicher Behinderung von Mobilitätsplattformen ab, Meldung vom 20.4.2022, abrufbar unter https://www.bundeskartellamt.de/SharedDocs/Meldung/DE/Pressemitteilungen/2022/20_04_2022_Bahn.html.

2 Siehe etwa die Kollektivklagen gegen Apple in den Niederlanden (Peterson, Apple facing new $5.5 billion App Store antitrust lawsuit in the Netherlands, AppleInsider, 29.3.2022, abrufbar unter https://appleinsider.com/articles/22/03/29/apple-facing-new-55-billion-app-store-antitrust-lawsuit-in-the-netherlands) oder Portugal (Becker, iPhone-Leistungsdrosselung: Neue Klage wirft Apple geplante Obsoleszenz vor, heise online, 1.3.2021, abrufbar unter https://www.heise.de/news/iPhone-Leistungsdrosselung-Neue-Klage-wirft-Apple-geplante-Obsoleszenz-vor-5068727.html). Im Vereinigten Königreich wurden jeweils vor dem Competition Appeal Tribunal Sammelklagen gegen Apple (Case no. 1403/7/7/21, Dr. Rachael Kent v. Apple Inc. and Others), Google (Case no. 1408/7/7/21, Elisabeth Helen Call v. Alphabet Inc. et al.) und Meta (Case no. 1433/7/7/22, Dr Liza Lovdahl Gormsen v. Meta Platforms Inc. et al.) eingereicht.

3 Im Folgenden werden die Begriffe „Private Enforcement“ und „private Durchsetzung“ alternativ und synonym verwendet.

4 Grundlegend EuGH 5.2.1963 – 26/62, Slg. 1963, 7 – Van Gend und Loos. Siehe auch den Referentenentwurf des BMWK zum Wettbewerbsdurchsetzungsgesetz (11. GWB-Novelle), Stand 15.9.2022, abrufbar unter https://www.bmwk.de/Redaktion/DE/Meldung/2022/20220920-bmwk-legt-entwurf-zur-verscharfung-des-wettbewerbsrechts-vor.html, S. 17: „zweites Standbein neben der behördlichen Durchsetzung“.

beabsichtigt der Gesetzgeber, mit dem Wettbewerbsdurchsetzungsgesetz (11. GWB-Novelle) die Möglichkeit einer gerichtlichen Dursetzung des DMA in Deutschland einzuführen.[5]

3 Das vorliegende Kapitel erläutert die grundsätzlichen Strukturen dieser europarechtlich ungeschriebenen Durchsetzungsmechanik des DMA und die beabsichtigte Umsetzung im deutschen Recht.[6] In einem ersten Schritt werden hierzu die Grundlagen für das Private Enforcement des DMA dargestellt (→ Rn. 4 ff.). Danach werden Einzelheiten zur privaten Durchsetzung des DMA durch gewerbliche Nutzer (→ Rn. 44 ff.) und Verbraucher erläutert (→ Rn. 74 ff.). Zuletzt werden prozessuale Aspekte beleuchtet (→ Rn. 79 ff.). Dabei richtet sich der Blick auch auf die Möglichkeiten für Verbandsklagen (→ Rn. 84 ff.). Zwar ist sie in der Grundkonzeption nicht Teil des Private Enforcement im klassischen Sinne.[7] Gleichwohl dürfte gerade dieser Aspekt für die Durchsetzung des DMA wichtige Impulse senden.[8]

B. Grundlagen für das Private Enforcement des DMA

I. Direkte Anwendbarkeit als Basis des Private Enforcement

4 Der DMA richtet sich zunächst an Torwächter und erlegt diesen Verpflichtungen auf, die dem ordnungsgemäßen Funktionieren des Binnenmarktes dienen.[9] Um diese Pflichten zum Gegenstand von Private Enforcement machen zu können, müssen sie **direkt anwendbar** sein. Die allgemeine Geltung der Vorschriften des DMA ist grundsätzlich mit Art. 288 Abs. 2 AEUV bereits angeordnet.[10] Als Verordnung kommt dem DMA wie jedem anderen Gesetz direkte Wirkung in den Mitgliedstaaten zu.

5 Um in direkter Anwendbarkeit auch Rechte für den Einzelnen erzeugen zu können, muss die jeweilige Rechtsnorm im Einzelfall **konkret genug** sein.[11] Maßgebliches Abgrenzungskriterium in diesem Zusammenhang ist, ob es zur Umsetzung der jeweiligen Vorschrift weiterer Maßnahmen der Unionsorgane oder der Mitgliedstaaten bedarf oder ob die Norm als **self-executing** – also aus sich selbst heraus anwendbar – angesehen werden kann.[12] Diese inhaltliche Bestimmtheit muss schließlich den

5 Siehe den Referentenentwurf zur 11. GWB-Novelle (im Folgenden: GWB-RefE).

6 Zu den Mechanismen der Durchsetzung durch die EU-Kommission siehe etwa Basedow ZEuP 2021, 217 (222–224); Polley/Konrad WuW 2021, 198 (205); → § 10 Rn. 1 ff.

7 Zum Verhältnis Private Enforcement und Verbandsklage am Beispiel des Datenschutzrechts, siehe Grewe/Stegemann ZD 2021, 183.

8 Siehe etwa Marsden/Podszun, Restoring Balance to Digital Competition – Sensible Rules, Effective Enforcement, Gutachten für die KAS, 2020, abrufbar unter https://www.kas.de/de/einzeltitel/-/content/restoring-balance-to-digital-competition, S. 19, die auf die Chancen kollektiver Rechtsdurchsetzung im Angesicht der Marktmacht einiger Torwächter hinweisen.

9 Vgl. Art. 1 Abs. 1 DMA; hierzu → § 2 Rn. 1 ff.

10 Vgl. allgemein MüKoBGB/Wagner BGB § 823 Rn. 539.

11 So schon EuGH 5.2.1963 – 26/62, Slg. 1963, 7 Rn. 25 – Van Gend und Loos; s. auch Charbit/Gachot Liber Amicorum Fox/Komninos S. 425 (428) mwN; Streinz/W. Schroeder AEUV Art. 288 Rn. 45; Calliess/Ruffert/Ruffert AEUV Art. 288 Rn. 21.

12 S. EuGH 16.6.1966 – 57/65, Slg. 1966, 239 (266) – Lütticke; Streinz/W. Schroeder AEUV Art. 288 Rn. 45; Charbit/Gachot Liber Amicorum Fox/Komninos S. 425 (428).

Schluss zulassen, dass gerade auch beim Individuum – dh beim gewerblichen Nutzer oder dem Endnutzer[13] – Rechte oder Pflichten geschaffen werden können.[14]

Der **Referentenentwurf zur 11. GWB-Novelle** geht davon aus, dass die in den Art. 5 bis 7 DMA enthaltenen Verpflichtungen für Torwächter entsprechende Rechte erzeugen.[15] Entsprechend ordnet § 33 Abs. 1 GWB-RefE an, dass Verstöße gegen die Pflichten aus den Art. 5 bis 7 DMA Ansprüche begründen können. Eine weitergehende Differenzierung nimmt der Entwurf nicht vor. Unklar bleibt insofern, ob die Gerichte trotzdem im Einzelfall prüfen müssen, ob die im DMA enthaltenen Verpflichtungen dem Einzelnen Rechte verleihen. Dies ist, wie im Folgenden zu zeigen sein wird, nicht immer eindeutig. 6

1. Bestimmtheit der einzelnen Vorschriften

a) Pflichten aus Art. 5 DMA

Insbesondere die in **Art. 5 DMA enthaltenen Pflichten** sind im oben benannten Sinne weitestgehend als **self-executing** anzusehen. Dort werden spezielle Pflichten für Torwächter bezeichnet, die sogar direkt die jeweils Berechtigten (gewerbliche Nutzer oder Endnutzer) benennen. Sie lassen sowohl Anspruchsschuldner und -gläubiger als auch den Anspruchsinhalt deutlich erkennen.[16] 7

Auch soweit zunächst auf den Benennungsbeschluss der EU-Kommission verwiesen wird, dürfte dies an der Klarheit der Verpflichtungen nichts ändern (siehe etwa Art. 5 Abs. 8 DMA). Denn eine **Einstufung als Torwächter ist stets Voraussetzung für die Anwendbarkeit** der Art. 5 ff. DMA. Soweit auf die zugehörige Entscheidung verwiesen wird, ist damit kein Umsetzungsspielraum der Mitgliedstaaten oder der EU-Kommission eröffnet, der einer direkten Anwendbarkeit im Wege stünde.[17] Vielmehr wird nur in mehr Detailtiefe an die ursprüngliche – stets nötige – Entscheidung angeknüpft. 8

b) Pflichten aus Art. 6 DMA

Nur auf den ersten Blick stellen genau diese Umsetzungsspielräume jedoch ein Problem für eine direkte horizontale Anwendbarkeit der Vorgaben aus Art. 6 DMA dar. Diese Pflichten sind als „[m]öglicherweise [gemäß Art. 8 DMA] noch näher auszuführende Verpflichtungen" überschrieben. Jedoch liegen auch insoweit die Voraussetzungen 9

---

13 Art. 2 Nr. 21 DMA definiert als gewerbliche Nutzer alle natürlichen oder juristischen Personen, die im Rahmen einer geschäftlichen oder beruflichen Tätigkeit die zentralen Plattformdienste der Torwächter zum Zweck oder im Zuge der Bereitstellung von Waren oder Dienstleistungen an Endnutzer nutzen. Endnutzer werden in Art. 2 Nr. 22 DMA als natürliche oder juristische Personen definiert, die zentrale Plattformdienste „nicht als gewerbliche Nutzer" – das heißt zur Anbahnung und Durchführung von Verträgen über Waren oder Dienstleistungen – nutzen. Damit ist der Endnutzer vor allem, aber nicht nur, Verbraucher, vgl. auch Erwgr. 14 DMA. Vorliegend soll der Fokus primär auf Verbrauchern im engeren Sinne liegen. Art. 5 Abs. 9–10 sowie Art. 6 Abs. 7 S. 1 und Abs. 8, 11 DMA sehen jeweils noch besondere Rechte für Verlage und Werbetreibende, Anbieter von Suchmaschinen oder sonstige Dienstleister oder Hardwareanbieter vor. Diese werden hier nicht vertieft besprochen. Letztlich gelten die beschriebenen Grundsätze jedoch entsprechend.

14 Vgl. EuGH 20.9.2001 – C-453/99, Slg. 2001, I-06297 Rn. 23 – Courage zu den Vorgängernormen der Art. 101 und 102 AEUV.

15 Siehe GWB-RefE S. 32.

16 Siehe auch Westermann ZHR 186 (2022), 325 (329).

17 Westermann ZHR 186 (2022), 325 (330). Vgl. auch Podszun EuCML 2022, 1, der betont, dass die Verpflichtungen des DMA „ex ante", dh ganz grundsätzlich wirksam sind und keiner Aktivierung durch die Behörden bedürfen.

zungen einer **direkten horizontalen Anwendbarkeit** vor. Denn die jeweiligen Verpflichtungen werden bereits in Art. 6 DMA zum größten Teil spezifisch mit entsprechenden Handlungsvorgaben ausbuchstabiert.[18] Dabei werden auch in Art. 6 DMA jeweils die Berechtigten benannt.

10 Zudem wird nicht die eigentliche Verpflichtung aus Art. 6 DMA durch die EU-Kommission näher ausgestaltet, sondern es werden lediglich die Umsetzungsmaßnahmen auf ihre Kompatibilität mit diesen Pflichten hin untersucht.[19] Denn wie ein Blick in Art. 8 Abs. 2, 7 und auch Abs. 8 DMA zeigt, bezieht sich der Verweis auf die „nähere Ausführung" der in Art. 6 DMA enthaltenen Vorschriften auf eine Kontrolle der durch die Torwächter ergriffenen Umsetzungsmaßnahmen.[20] Sofern Bedarf besteht, kann die EU-Kommission bei Abweichungen entsprechende Umsetzungsmaßnahmen anordnen. Sinn und Zweck dieses Regelungskonzepts ist es, einen **Dialog zwischen der EU-Kommission und Torwächtern** zu ermöglichen, um die Erfüllung der Vorgaben aus Art. 6 DMA sicherzustellen.[21]

c) Pflichten aus Art. 7 DMA

11 Schließlich könnte auch der im Gesetzgebungsverfahren erst später eingefügte Art. 7 DMA, der eine **Pflicht zur Interoperabilität** von zwischenmenschlichen (nummernunabhängigen) Kommunikationsdiensten vorsieht, dahin gehend verstanden werden, dass damit – etwa für Endnutzer solcher Dienste – konkrete Ansprüche geschaffen werden sollen.[22] So lassen sich die Pflicht der Ermöglichung von Interoperabilität, aber auch die Vorgaben zu deren konkreter Ausgestaltung etwa im Hinblick auf die Funktionen (Art. 7 Abs. 2 lit. a DMA) und die Datensicherheit (Art. 7 Abs. 3 DMA) als horizontal anwendbare Rechte verstehen. Der Referentenentwurf zur 11. GWB-Novelle scheint hiervon auszugehen. Soweit er die private Durchsetzung des DMA regelt, wird auch Art. 7 DMA erfasst (siehe § 33 Abs. 1 GWB-RefE).

12 Freilich stellt sich hier die Frage, in welchem Umfang konkrete Rechtsfolgen aus einem abstrakten Anspruch auf Interoperabilität hergeleitet werden können, da diese regelmäßig nicht nur auf eine konkrete Weise technisch herstellbar sein wird. Insofern erscheint es **fraglich, ob** der in Art. 7 DMA enthaltene **Anspruch auf Interoperabilität** für sich genommen selbstständig **privat durchgesetzt werden kann.** Er wird daher auch in den weiteren Ausführungen ausgeklammert.

2. Rechte gewerblicher Nutzer aus dem DMA

13 Im Einzelnen ergeben sich aus Art. 5 und 6 DMA die folgenden Rechte für gewerbliche Nutzer, die sich in Zugangs- und Nutzungsrechte (hierzu nachfolgend → Rn. 14 ff.), Nutzungs- und Ausnutzungsverbote (hierzu nachfolgend → Rn. 20 ff.) sowie Gestaltungsgebote (hierzu nachfolgend → Rn. 23 ff.) unterteilen lassen.

---

18 Zimmer/Göhsl ZWeR 2021, 29 (43); weniger eindeutig positioniert sich aber Podszun EuCML 2022, 1 (4).

19 Siehe auch Erwgr. 65 DMA: „[…] kann es angezeigt sein, dass die Kommission […] *einige der Maßnahmen präzisiert, die der betreffende Torwächter ergreifen sollte*, um möglicherweise noch näher auszuführende Verpflichtungen oder – im Falle der Umgehung – alle Verpflichtungen wirksam zu erfüllen" (Hervorhebung durch die Verfasser).

20 Charbit/Gachot Liber Amicorum Fox/Komninos S. 425 (430).

21 Siehe Erwgr. 65 DMA; Zimmer/Göhsl ZWeR 2021, 29 (42 f.).

22 Siehe ausführlich zu Art. 7 DMA Herbers RDi 2022, 252 (257 f.).

a) Zugangs- und Nutzungsrechte

Die erste Gruppe konkreter Rechte besteht aus **Zugangs- und Nutzungsrechten**, die gewerblichen Nutzern gegenüber dem jeweiligen Torwächter zustehen. Sind sie im Einzelfall hinreichend konkret, sind sie einem Private Enforcement zugänglich und können auch einklagbare Ansprüche begründen (hierzu nachfolgend → Rn. 46 ff.). 14

Gewerbliche Nutzer haben gegenüber Torwächtern das **Recht auf Kommunikation mit Endnutzern** nach Art. 5 Abs. 4 DMA. Sie dürfen mit diesen ohne Kosten kommunizieren, um Angebote, auch zu verschiedenen Konditionen, zu übermitteln. Dies gilt für Endnutzer, die über die Plattformdienste des Torwächters oder über andere Kanäle akquiriert wurden, und unabhängig davon, ob die gewerblichen Nutzer für die Kommunikation die Plattformdienste nutzen. Dieses Recht kann im Rahmen des Private Enforcement durchgesetzt werden. So können etwa entgegenstehende Nutzungsbedingungen oder technisch implementierte Hindernisse der Torwächter Gegenstand von Unterlassungsansprüchen sein. 15

Auch das Recht aus Art. 6 Abs. 4 UAbs. 1 DMA, wonach Torwächter die **Installation und effektive Nutzbarkeit von Software oder Software-Stores von Dritten** erlauben und technisch ermöglichen müssen, ist dem Private Enforcement zugänglich. Dabei wird hier nicht speziell zwischen gewerblichen Nutzern und Endnutzern differenziert, sodass beide Gruppen hieraus individuelle Rechte ableiten können. Soweit UAbs. 2 und 3 Ausnahmen zur technischen Sicherheit vorsehen, steht dies dem nicht entgegen, da derartige Einschränkungen nicht ungewöhnlich sind (vgl. zB § 58a ZAG). 16

Gewerbliche Nutzer haben weiterhin aus Art. 6 Abs. 7 DMA ein **Recht auf Interoperabilität** ihrer Dienstleistungen mit den Hardware- oder Softwarefunktionen einschließlich des Betriebssystems der Plattformdienste des Torwächters. Auch steht ihnen ein Recht auf Zugang zu diesen Systemen zu.[23] Es ist jedoch fraglich, ob der konkrete Anspruch auf Zugang im Rahmen des Private Enforcement durchsetzbar ist, da sich das Maß des Zugangs danach bemisst, wie der Torwächter Zugang auch eigenen, entsprechenden Dienstleistungen gewährt. Insoweit könnte die technische Unbestimmtheit dieser Vorgabe[24] der praktischen Durchsetzung entgegenstehen.[25] 17

Art. 6 Abs. 10 DMA verleiht gewerblichen Nutzern ein umfangreiches **Zugangsrecht zu** den im Kontext ihrer Dienstleistungen **generierten oder weitergegebenen Daten.**[26] Dies betrifft insbesondere auch personenbezogene Daten, die bei der Nutzung der Plattformdienste im Rahmen der Beziehungen zwischen gewerblichen Nutzern und Endnutzern bereitgestellt oder generiert werden. Der Zugang muss kostenfrei, effektiv und von hoher Qualität sein, andauern und in Echtzeit möglich sein. Personenbezogene Daten werden gemäß S. 2 nur dann bereitgestellt, wenn sie aus einer Beziehung zum jeweiligen gewerblichen Nutzer stammen und der Endnutzer dem zuge- 18

23 Ein Beispiel aus der jüngeren Zeit, welches künftig hiernach zu beurteilen sein dürfte, ist die fehlende Interoperabilität von Google Auto mit Drittanbieter-Apps, die von der italienischen Marktaufsichtsbehörde sanktioniert wurde. Siehe hierzu Koolen IIC 2022, 758.

24 Vgl. zur Kritik an der Aufnahme dieser Vorschrift im Rahmen des Gesetzgebungsverfahrens Achleitner NZKart 2022, 359 (361, 362).

25 Vgl. auch zu Art. 7 DMA oben → Rn. 11 ff.

26 Siehe allgemein zu diesem Aspekt Lundqvist IIC 2021, 239; Achleitner NZKart 2022, 359 (361).

stimmt hat.[27] Auch die Durchsetzung dieses Zugangsanspruchs kann im Rahmen von Private Enforcement erfolgen. Das Recht der gewerblichen Nutzer ist durch die Vorgaben des Art. 6 Abs. 10 DMA hinreichend konturiert.

19 Ein für das Private Enforcement hinreichend konkretes **Recht auf Zugang** folgt auch aus Art. 6 Abs. 11 DMA. Danach müssen Anbieter von Online-Suchmaschinen **zu fairen Bedingungen** Zugang zu bestimmten Daten gewähren.

b) Nutzungs- und Ausnutzungsverbote

20 Eine zweite Gruppe hinreichend konkreter individueller Rechte stellen **Nutzungs- und Ausnutzungsverbote** dar. Insoweit zielt der zivilrechtliche Anspruch im Rahmen eines Private Enforcement in der Regel auf Unterlassung oder Schadensersatz.

21 Gemäß Art. 6 Abs. 2 UAbs. 1 DMA ist es Torwächtern **verboten**, im Wettbewerb mit gewerblichen Nutzern solche **Daten zu nutzen**, die der Torwächter von den gewerblichen Nutzern erhalten hat oder die gewerbliche Nutzer bei der Nutzung von Plattformdiensten generiert haben. Dies gilt nur, sofern diese Daten nicht öffentlich verfügbar sind, und bezieht sich ausdrücklich auch auf die von Endnutzern bereitgestellten oder genierten Daten. In UAbs. 2 wird klargestellt, dass nichtöffentliche Daten auch solche sind, die aus den kommerziellen Aktivitäten der gewerblichen Nutzer oder ihrer Endnutzer abgeleitet werden können, zB über Click- oder Suchdaten.

22 Nach Art. 6 Abs. 5 DMA dürfen Torwächter ihre **eigenen Produkte und Dienstleistungen in Rankings und Indizes nicht besser behandeln** als die von Dritten. Die Bedingungen für entsprechende Rankings müssen transparent, fair und ohne Diskriminierung von den Torwächtern angewandt werden. Auch wenn der Begriff des „Dritten“ in der Vorschrift nicht definiert wird, dürfte die Vorschrift vornehmlich auf gewerbliche Nutzer Anwendung finden. Der DMA greift damit das Problem der sog. **Selbstbegünstigung** auf, das seit Langem kartellrechtlich diskutiert und behördlich verfolgt wird.[28] Berührungspunkte bestehen mit der VO (EU) 2019/1150, die in Art. 5 bestimmte Transparenzpflichten für Online-Vermittlungsdienste aufstellt.[29] Nach Erwgr. 11 DMA gilt dies unbeschadet weiter.

c) Gestaltungsgebote

23 Eine dritte Gruppe von Rechten umfasst Gestaltungsgebote hinsichtlich zivilrechtlicher Regelungen. Hier kann im Rahmen eines Private Enforcement die Unterlassung eines bestimmten Verhaltens angestrebt werden, gegebenenfalls auch die Nichtigkeit bestimmter Vertragsklauseln; ferner kann eine Indizwirkung im Rahmen einer AGB-Kontrolle begehrt werden. Freilich **bedürfen einzelne Gestaltungsgebote einer erheblichen Konkretisierung**, die erst die EU-Kommission leisten kann, da sie allein zur Konkretisierung berufen ist (vgl. Art. 12 Abs. 1 und Art. 46 Abs. 1 lit. b DMA).

27 Siehe in diesem Kontext auch Art. 13 Abs. 5 DMA.

28 Siehe aus kartellrechtlicher Perspektive vor allem EuG 10.11.2021 – T-612/17, BeckEuRS 2021, 748284 – Google und Alphabet/Kommission (Google Shopping). Google hat gegen das Urteil Rechtsmittel eingelegt. Achleitner EuR 2022, 253 (268) weist darauf hin, dass das Urteil des EuG trotzdem auf die Auslegung des DMA ausstrahlen könnte. Siehe auch Reumann/Weber NZKart 2022, 314.

29 Verordnung (EU) 2019/1150 des Europäischen Parlaments und des Rates vom 20. Juni 2019 zur Förderung von Fairness und Transparenz für gewerbliche Nutzer von Online-Vermittlungsdiensten (ABl. L 186, 57).

Ein klares **Gebot** enthält hingegen **Art. 5 Abs. 3 DMA,** wonach Torwächter sich vertraglich nicht zusichern lassen können, dass gewerbliche Nutzer ihre Waren oder Dienstleistungen bei Dritten oder **in eigenen Online-Verkaufskanälen nicht zu anderen Preisen oder Konditionen anbieten** dürfen, als sie dies beim Torwächter tun.[30] Dies kann direkt in Private Enforcement-Verfahren durchgesetzt werden. 24

Eine ebenso konkrete Pflicht sieht **Art. 5 Abs. 6 DMA** vor, der Torwächter verpflichtet, **Beschwerden über die Nichteinhaltung relevanter unions- oder nationalrechtlicher Vorgaben** vor zuständigen öffentlichen Stellen nicht zu ver- oder behindern.[31] Gleiches gilt, soweit Torwächter (auch) von gewerblichen Nutzern **nicht verlangen dürfen**, bestimmte **Anwendungen des Torwächters im Kontext von Zahlungen zu nutzen**, wenn dies im Zusammenhang mit Dienstleistungen steht, die die gewerblichen Nutzer den Endnutzern bei der Verwendung von Plattformdiensten anbieten (**Art. 5 Abs. 7 DMA**). Auch die Pflicht der Torwächter aus **Art. 5 Abs. 8 DMA,** von gewerblichen oder Endnutzern **nicht verlangen zu dürfen, sich für einen Plattformdienst anzumelden,** um einen anderen Plattformdienst des Torwächters zu nutzen, kann direkt privat durchgesetzt werden. 25

Interpretationsbedürftiger ist das Gebot aus **Art. 6 Abs. 12 DMA,** wonach Torwächter verpflichtet sind, **faire, angemessene und nicht-diskriminierende allgemeine Zugangsbedingungen** gegenüber gewerblichen Nutzern zu verwenden, um ihnen Zugang zu ihren Software-Anwendungs-Stores, Online-Suchmaschinen und sozialen Netzen zu gewähren, die in einer Entscheidung nach Art. 3 Abs. 9 DMA aufgezählt sind.[32] Konkretisiert wird dies jedoch, indem allgemeine Zugangsbedingungen veröffentlicht werden müssen. Ob die allgemeinen Zugangsbedingungen mit der Vorschrift übereinstimmen, wird durch die EU-Kommission kontrolliert, Art. 6 Abs. 12 UAbs. 3 DMA. Im Ergebnis dürfte daher auch das Gebot der Verwendung allgemeiner Zugangsbedingungen privat durchgesetzt werden können. Soweit diese Zugangsbedingungen einen alternativen Streitbeilegungsmechanismus enthalten sollen, zeigt sich hier ein weiteres Element des Private Enforcement. 26

Soweit in **Art. 6 Abs. 13 DMA** allgemein vorgegeben ist, dass der Torwächter keine **„unangemessenen" Bedingungen für die Beendigung der Nutzung eines Plattformdienstes** aufstellt, ist auch dies ein Prinzip, dem im Rahmen zivilrechtlicher Auseinandersetzungen Geltung verschafft werden kann. 27

3. Rechte von Endnutzern aus dem DMA

Für Endnutzer ergeben sich aus den Art. 5 und 6 DMA die folgenden Rechte, die sich erneut in Zugangs- und Nutzungsrechte (hierzu nachfolgend → Rn. 29), Nutzungs- und Ausnutzungsverbote (hierzu nachfolgend → Rn. 30 f.) sowie Gestaltungsgebote (hierzu nachfolgend → Rn. 32 ff.) unterteilen lassen. 28

30 Achleitner NZKart 2022, 359 (362). Vgl. etwa für sog. „enge Bestpreisklauseln" BGH 18.5.2021 – KVR 54/20, BeckRS 2021, 21209 – Booking.com. Der dortige Sachverhalt dürfte nunmehr (auch) von Art. 5 Abs. 3 DMA abgedeckt sein.

31 Siehe in Bezug auf Art. 5 Abs. 6 DMA auch Art. 13 Abs. 6 DMA.

32 Für diese Bedingungen wird gelegentlich der Begriff „FRAND" verwendet („fair, reasonable and non-discriminatory"), siehe etwa Achleitner NZKart 2022, 359 (362) und allgemein für das Wettbewerbsrecht Matos/Torres-Sarmiento GRUR-Int 2022, 516.

a) Zugangs- und Nutzungsrechte

29 Endnutzer haben nach **Art. 5 Abs. 5 DMA** ein **Recht**, über die Plattformdienste auch **auf Inhalte, Abonnements, Funktionen oder andere Elemente zuzugreifen** und diese zu nutzen, wenn sie für diesen Zugriff Software-Anwendungen von einem gewerblichen Nutzer nutzen. Dies soll insbesondere auch dann gelten, wenn die Endnutzer die jeweiligen Elemente von dem gewerblichen Nutzer erworben haben, ohne die Plattformdienste des Torwächters zu nutzen. Mit Blick auf die Vielzahl möglicher Interaktionen, die insoweit auch in technischer Hinsicht abgestimmt werden müssen, ist es derzeit unklar, ob hieraus ein konkretes, privat durchsetzbares Recht erwächst. Insoweit ist aber auch hier zumindest das Recht der Endnutzer enthalten, dass Torwächter **Nutzungsmöglichkeiten nicht aktiv beschränken.** Das Recht zur **Nutzung von Drittsoftware und Software-Stores Dritter** aus **Art. 6 Abs. 4 UAbs. 1 DMA** gilt auch für Endnutzer. Schließlich steht Endnutzern aus **Art. 6 Abs. 9 DMA** gegen den Plattformdienst ein Recht auf **kostenfreie Portabilität von Daten** zu, die die Endnutzer dem Plattformdienst zur Verfügung gestellt oder in dessen Kontext generiert haben. Dabei sollen auch kostenlose Tools zur Verfügung gestellt werden, um dieses Recht effektiv wahrnehmen zu können. Dies umfasst einen dauerhaften Zugriff in Echtzeit auf entsprechende Daten. Die Portabilität der erfassten Daten ist auch im Hinblick auf unterschiedliche technische Umsetzungsmöglichkeiten im Kern bestimmt genug, um Gegenstand von Private Enforcement zu sein.

b) Nutzungs- und Ausnutzungsverbote

30 Besonders ausgeprägt sind die Vorgaben für die Nutzung von **Daten** der Endnutzer.[33] Art. 5 Abs. 2 UAbs. 1 lit. a bis d DMA schreiben vor, dass Torwächter

- personenbezogene Daten von Endnutzern **nicht zum Zwecke der Online-Werbung** verarbeiten dürfen, sofern diese Daten bei der Nutzung von Dienstleistungen gesammelt wurden, die Dritte unter Nutzung der Plattformdienste des Torwächters anbieten (lit. a);
- personenbezogene Daten von Endnutzern, die von relevanten Plattformdiensten stammen, **nicht mit personenbezogenen Daten verbinden dürfen**, welche von anderen Plattformdiensten oder sonstigen anderen Diensten des Torwächters stammen, oder mit personenbezogenen Daten aus Diensten Dritter verbinden dürfen (lit. b);
- personenbezogene Daten von Endnutzern aus einem Plattformdienst **nicht für andere Dienstleistungen**, einschließlich anderer Plattformdienste des Torwächters, **verwenden dürfen** (oder umgekehrt) (lit. c);
- Endnutzer **nicht in anderen Diensten des Torwächters anmelden dürfen**, um personenbezogene Daten zusammenzuführen (lit. d).

31 Diese Vorgaben gelten nicht, wenn den Endnutzern die Wahl gegeben wurde und sie in die jeweilige Verarbeitung der Daten durch den Torwächter **eingewilligt** haben

33 Achleitner NZKart 2022, 359 (362); Herbers RDi 2022, 252 (256). Kritisch hierzu Koenig/Mezey NUR 2022, 192.

(Art. 5 Abs. 2 UAbs. 2 DMA).[34] Wird die Zustimmung verweigert oder entzogen, dürfen Torwächter nicht mehr als einmal innerhalb eines Jahres erneut um Zustimmung für denselben Zweck der Datenverarbeitung bitten (Art. 5 Abs. 2 Uabs. 3 DMA). Insgesamt sind diese Vorgaben klar formuliert und legen den Torwächtern eindeutige Pflichten auf, die Endnutzer privat durchsetzen können.

c) Gestaltungsgebote

Wie auch bei den gewerblichen Nutzern sind die **Gestaltungsgebote** mit Blick auf Endnutzer teilweise **konkretisierungsbedürftig.** Die in Art. 5 Abs. 6, 7 und 8 DMA sowie Art. 6 Abs. 13 DMA enthaltenen Vorschriften (→ Rn. 7 ff.) gelten, mutatis mutandis, auch für Endnutzer. Zusätzlich werden Torwächter in Art. 6 Abs. 3 UAbs. 1 DMA dazu verpflichtet, Endnutzern die leichte **Deinstallation jeder Software-Anwendung** vom Betriebssystem zu erlauben und technisch zu ermöglichen. Dabei darf die Deinstallation für technisch notwendige Anwendungen beschränkt werden, sofern es technisch nicht möglich ist, diese durch Angebote von Dritten zu ersetzen. Die private Durchsetzbarkeit dieser stark von den technischen Einzelheiten abhängigen Vorgabe ist fraglich. Möglich erscheint aber auch hier, dass der Kern der Pflicht – die Vorhaltung einer Deinstallationsmöglichkeit – Gegenstand des Private Enforcement ist. 32

Art. 6 Abs. 3 UAbs. 2 DMA ordnet weiter an, dass es Endnutzern ermöglicht werden muss, auf einfache Art und Weise die **Grundeinstellungen von Betriebssystemen** und ähnlichen grundlegenden Anwendungen (etwa des Webbrowsers) **zu ändern**, wenn diese den Endnutzer zu bestimmten Produkten oder Dienstleistungen des Torwächters führen. Dies umfasst auch eine Aufforderung an Endnutzer bei erstmaliger Verwendung (etwa einer Suchmaschine) auszuwählen, auf welche Suchmaschine künftig automatisch verwiesen werden soll. Soweit es um die konkrete Ausgestaltung dieser Pflicht geht, erscheint ein Private Enforcement eher schwer umsetzbar. Jedoch enthält auch Art. 6 Abs. 3 UAbs. 2 DMA eine konkrete Grundpflicht, entsprechende Einstellungsmöglichkeiten überhaupt vorzusehen. 33

Dies gilt auch für Art. 6 Abs. 6 DMA. Hierin wird vorgegeben, dass es nicht erlaubt ist, Endnutzer technisch oder auf andere Weise darin einzuschränken, zwischen verschiedenen Software-Anwendungen zu wechseln oder diese zu abonnieren, sofern auf diese Anwendungen über die Plattformdienste des Torwächters zugegriffen wird. Dies umfasst insbesondere auch die **Wahl von Internet-Zugangsdiensten.** 34

II. Keine durchgreifenden Argumente gegen Private Enforcement des DMA

Sofern zuweilen dennoch vertreten wird, dass der DMA einem unmittelbaren Private Enforcement nicht oder nur sehr begrenzt zugänglich sei, tragen die hierfür angeführten Begründungen letztlich nicht. Auch der **Referentenentwurf zur 11. GWB-Novelle positioniert sich jedenfalls klar für die private Durchsetzbarkeit des DMA,**[35] sodass das Private Enforcement des DMA in Deutschland voraussichtlich auch unabhängig 35

34 Hier wird explizit auf die Art. 4 und 7 DS-GVO verwiesen. Art. 5 Abs. 2 UAbs. 4 DMA stellt zudem klar, dass die Anwendbarkeit von Art. 6 Abs. 1 lit. c, d und e DS-GVO nicht berührt wird.

35 Siehe GWB-RefE S. 2, 14 und 17.

von europarechtlichen Regelungen schon aufgrund des nationalen Rechts gewährleistet sein wird.

1. Die fehlende Regulierung als Argument gegen Private Enforcement

36 Einzelne Stimmen sehen im **Fehlen einer positiven Regelung des Private Enforcement im DMA** ein hinreichendes Indiz, die Möglichkeit der privaten Durchsetzung der Verpflichtungen grundsätzlich zu bezweifeln.[36] Insoweit lasse sich mit Blick auf das artverwandte Wettbewerbsrecht und die in diesem Bereich Art. 101 ff. AEUV flankierenden ausdrücklichen Regelungen zum Private Enforcement[37] argumentieren, dass das Fehlen derartiger flankierender Regelwerke für den DMA bedeute, dass dort ein Private Enforcement gerade nicht infrage kommt.[38] Ebenfalls mittels eines Umkehrschlusses könne angeführt werden, dass die umfassende Regelung des *Public* Enforcement im DMA darauf hindeute, dass das nicht explizit normierte *Private* Enforcement gerade nicht Teil der Durchsetzungsmechanik der Verordnung werden solle.[39]

37 Beiden Ansätzen stehen klare Aussagen im Rechtsetzungsverfahren entgegen.[40] Zumindest gesetzgebungshistorisch spricht daher nichts dafür, die legislatorische Zurückhaltung bei der Ausgestaltung des Private Enforcement im Kontext des DMA als impliziten „Ausschluss" entsprechender Möglichkeiten – und damit als ein Abweichen von grundlegenden Prinzipien effektiver Durchsetzung von Europarecht – zu werten. Zudem wird die **Rolle der nationalen Gerichte** nunmehr in Erwgr. 42 DMA entsprechend hervorgehoben. Diese sind schlechterdings nur im Rahmen des Private Enforcement zur Entscheidung berufen. Ebenso macht der erst später eingefügte Art. 39 DMA, der die **Kooperation der EU-Kommission mit nationalen Gerichten** regelt, deutlich, dass ein Private Enforcement möglich ist.[41] Anders lässt sich die Kooperationsmöglichkeit nicht erklären, da die EU-Kommission selbst mit der Durchsetzung des DMA beauftragt ist. Dies gilt umso mehr, als die Regelung teilweise dem Wortlaut der Art. 15 und 16 der kartellrechtlichen Verfahrensverordnung VO (EG) Nr. 1/2003 nachgebildet ist, die ein Private Enforcement zulässt.[42] Auch der Referen-

---

36 Siehe Charbit/Gachot Liber Amicorum Fox/Komninos S. 425 (431). Zurückhaltend auch Basedow ZEuP 2021, 217 (223, 225–226) und Podszun EuCML 2022, 1 (5). Äußerst ablehnend Körber NZKart 2021, 436 (442): es wäre ein „serious mistake", das Private Enforcement zu ermöglichen oder zu fördern.

37 Vgl. nur die Richtlinie 2014/104/EU des Europäischen Parlaments und des Rates vom 26. November 2014 über bestimmte Vorschriften für Schadensersatzklagen nach nationalem Recht wegen Zuwiderhandlungen gegen wettbewerbsrechtliche Bestimmungen der Mitgliedstaaten und der Europäischen Union (ABl. L 349, 1) und die Verordnung (EG) Nr. 1/2003 des Rates vom 16. Dezember 2002 zur Durchführung der in den Artikeln 81 und 82 des Vertrags niedergelegten Wettbewerbsregeln (ABl. 2003 L 1, 1) (im Folgenden: Schadensersatz-Richtlinie).

38 So klingt es zumindest an bei Basedow ZEuP 2021, 217 (223). Die Art. 101 ff. AEUV werden insbesondere durch die RL 2014/104/EU und die VO (EG) Nr. 1/2003 konkretisiert, wobei die Richtlinie vor allem den Bereich des Private Enforcement genauer ausgestaltet.

39 Siehe Charbit/Gachot Liber Amicorum Fox/Komninos S. 425 (431).

40 Siehe etwa Deutschland, Frankreich und die Niederlande als „Friends of an effective Digital Markets Act", https://www.bmwk.de/Redaktion/DE/Downloads/M-O/non-paper-friends-of-an-effective-digital-markets-act.pdf; Gemeinsame Stellungnahme der nationalen Wettbewerbsbehörden in der Europäischen Union vom 23.6.2021, abrufbar unter https://www.bundeskartellamt.de/SharedDocs/Publikation/EN/Others/DMA_ECN_Paper.pdf; EU-Kommission im FAQ zum DMA, speziell zu Schadensersatz, abrufbar unter https://ec.europa.eu/commission/presscorner/detail/de/QANDA_20_2349; Charbit/Gachot Liber Amicorum Fox/Komninos S. 425 (427–428) mwN.

41 Kumkar RDi 2022, 347 (353).

42 Vgl. auch Zober NZKart 2021, 611 (614), dort noch zu einem entsprechenden Vorschlag im Entwurf des Parlaments.

tenentwurf zur 11. GWB-Novelle geht davon aus, dass mit Art. 39 DMA – mindestens implizit – vorausgesetzt werde, dass der DMA auch dem Private Enforcement zugänglich sein soll.[43] Zudem ging auch im Bereich des Wettbewerbsrechts zunächst der EuGH mit seiner Entscheidung in der Rechtssache Courage[44] voraus. Das macht deutlich, dass Private Enforcement nicht etwa von einer ausdrücklichen Ermächtigung durch den Unionsgesetzgeber abhängt.

Die Unsicherheiten im Hinblick auf die Private Enforcement-Zugänglichkeit des DMA, die insofern bleiben, mögen weitere Änderungen am DMA oder zusätzliche Rechtsakte der EU wünschenswert erscheinen lassen. Dieses rechtspolitische Argument **reicht jedoch nicht aus, um die private Durchsetzungsfähigkeit des DMA in Abrede zu stellen.** Sollte der Referentenentwurf zur 11. GWB-Novelle in der jetzigen Fassung Gesetz werden, wäre jedenfalls für Deutschland die private Durchsetzbarkeit des DMA im Rahmen der Anwendung deutschen Rechts gegeben. 38

2. Kein Risiko einer Fragmentierung

Auch das am weitesten verbreitete Argument gegen eine private Durchsetzbarkeit des DMA greift nicht durch: **das Risiko einer Fragmentierung der Durchsetzung des DMA.**[45] Insofern wird häufig auf die Erfahrungswerte aus dem Wettbewerbsrecht verwiesen, wo das Private Enforcement erst behutsam, sprichwörtlich im Windschatten einer vorangehenden und vereinheitlichenden EU-Kommissions- und EuGH-Praxis zugelassen bzw. durch weitere Rechtsakte attraktiver gestaltet wurde.[46] Ein ähnliches Vorgehen sei auch für den DMA sinnvoll.[47] Auch der Rückgriff auf Art. 114 AEUV als Rechtsgrundlage und das generelle Streben nach einer Vereinheitlichung des Rechtsrahmens für Torwächter werden in diesem Kontext argumentativ gegen ein Private Enforcement in Stellung gebracht.[48] 39

Obwohl das Argument der Fragmentierung grundsätzlich von einigem Gewicht ist, kann es auf rechtlicher Ebene den oben beschriebenen Möglichkeiten des Private Enforcement nicht die Grundlage entziehen. Denn der DMA selbst adressiert die Frage der Fragmentierung und löst diese durch einen **Anwendungsvorrang des Europarechts und der Entscheidungen der EU-Kommission.** Art. 1 Abs. 5 DMA statuiert, dass die Mitgliedstaaten zur Vermeidung einer Zersplitterung des Binnenmarktes grundsätzlich keine weiteren Verpflichtungen für Torwächter vorsehen dürfen. Erwgr. 9 DMA weist darauf hin, dass nationale Regelungen, die den Anwendungsbereich des DMA tangieren, nicht zur Anwendung gelangen dürfen. 40

Auch Art. 39 DMA widerlegt, dass Fragmentierungs-Befürchtungen dem Private Enforcement des DMA im Wege stehen, indem er durch eine **Zusammenarbeit der EU-Kommission mit den nationalen Gerichten** eine einheitliche Anwendung und Durch- 41

43 GWB-RefE S. 17.
44 EuGH 20.9.2001 – C-453/99, Slg. 2001, I-6297 – Courage.
45 Vgl. Charbit/Gachot Liber Amicorum Fox/Komninos S. 425 (435 ff.); Karbaum/Schulz NZKart 2022, 107 (111 ff.); Zober NZKart 2021, 611 (614).
46 Vgl. etwa Charbit/Gachot Liber Amicorum Fox/Komninos S. 425 (436); Zimmer/Göhsl ZWeR 2021, 29 (52).
47 Zimmer/Göhsl ZWeR 2021, 29 (52); äußerst kritisch auch Körber NZKart 2021, 436 (442).
48 Vgl. Zimmer/Göhsl ZWeR 2021, 29 (51).

setzung gewährleisten soll (näher hierzu → § 11 Rn. 32). Schließlich ist mit Art. 47 DMA der EU-Kommission die Möglichkeit eröffnet, Leitlinien (guidelines) zum DMA zu veröffentlichen, um dessen effektive Anwendung und Durchsetzung zu erleichtern.

42 Mit Blick auf die **Genese des DMA,** die zudem über die verschiedenen Entwurfsstadien hinweg ein Mehr an Anklängen an das Private Enforcement mit sich gebracht hat, kann folglich nicht davon ausgegangen werden, dass die Gefahr einer Fragmentierung der privaten Durchsetzung des DMA im Wege stünde. Dieser Gefahr kann vielmehr auf Grundlage des DMA mittels der Beteiligung der EU-Kommission und, wo nötig, des EuGH über Art. 267 AEUV begegnet werden.[49]

43 Der Referentenentwurf zur 11. GWB-Novelle schwächt das Risiko einer Fragmentierung bei der Durchsetzung des DMA weiter ab. Die bereits bestehende **Kooperationspflicht der Gerichte mit der Europäischen Kommission** aus § 90a GWB **soll sich künftig auch auf Verfahren mit DMA-Bezug erstrecken.**[50] Zudem sind die deutschen Gerichte nach § 33b GWB-RefE an Entscheidungen der Kommission zum DMA gebunden, sodass auch insoweit eine einheitliche Auslegung des DMA sichergestellt wird.[51] Eine Fragmentierung ist vor diesem Hintergrund eher nicht zu erwarten.

C. Zivilrechtliche Ansprüche gewerblicher Nutzer aus dem DMA

44 Das Private Enforcement spielt primär dann eine Rolle, wenn die aus dem DMA fließenden Rechte verletzt werden. Wird etwa gegen eines der Ausnutzungsverbote verstoßen, können hieraus **Unterlassungs- und Schadensersatzansprüche erwachsen.** Mit Blick auf die Zugangsrechte gewerblicher Nutzer kommen zudem Klagen auf Verschaffung der nötigen **Zugriffsmöglichkeiten oder Duldung** entsprechender Maßnahmen der gewerblichen Nutzer in Betracht.

45 Letztlich muss also im Einzelfall analysiert werden, ob gewerblichen Nutzern entsprechende Anspruchsgrundlagen zur Verfügung stehen.[52] Hierfür ergeben sich bereits aus dem DMA selbst einklagbare Rechte für gewerbliche Nutzer (→ Rn. 46 ff.). Sekundäransprüche, wie etwa Schadensersatz, folgen jedoch nicht aus dem Unionsrecht direkt (→ Rn. 49 f.). Hierfür ist auf nationale Anspruchsgrundlagen zurückzugreifen, die nach den Plänen des Bundesministeriums für Wirtschaft und Klimaschutz vor allem im GWB zu finden sein werden (→ Rn. 53 ff.). Soweit grundsätzlich auch Ansprüche aus dem BGB und UWG infrage kommen, werden diese durch die geplanten Änderungen des GWB verdrängt (→ Rn. 62 ff.).

I. Einklagbare Rechte aus dem DMA

46 Der DMA spricht gewerblichen Nutzern explizit verschiedene Rechte zu. Hierbei können unterschiedliche Arten von Rechten bzw. – aus der Perspektive der Torwäch-

49 Siehe auch Erwgr. 92 DMA, in dem darauf hingewiesen wird, dass die in Art. 39 DMA enthaltenen Harmonisierungsmechanismen nicht zulasten von Art. 267 AEUV gehen.
50 Siehe § 90a GWB-RefE und hierzu S. 38 der Begründung zum Entwurf.
51 Siehe hierzu GWB-RefE S. 32 f.
52 Vgl. auch Achleitner NZKart 2022, 359 (363).

ter – Pflichten identifiziert werden. Namentlich verpflichtet der DMA Torwächter, für gewerbliche Nutzer **Zugangs- und Nutzungsmöglichkeiten** zu schaffen. Auf der anderen Seite stehen gewisse **Verbote**, etwa in Bezug auf die Nutzung von Daten. Schließlich wird in verschiedenen Regelungen auch die **Gestaltung der vertraglichen Beziehungen** zwischen Torwächtern und gewerblichen Nutzern angesprochen.

47 Diese Rechte und Pflichten können aus sich heraus bereits geeignet sein, einklagbare Individualrechte zu gewähren.[53] Der DMA ist als Verordnung iSv Art. 288 Abs. 2 AEUV in all seinen Bestandteilen verbindlich. Mit Blick auf die beschriebene **direkte horizontale Anwendbarkeit** der einzelnen in den Art. 5, 6 und 7 DMA enthaltenen Vorschriften folgt hieraus, dass sich diese direkt auf die Rechtsbeziehungen zwischen privaten Akteuren auswirken.[54] Einen staatlichen Umsetzungsakt braucht es hierfür gerade nicht.

48 Vielmehr können die jeweiligen **Vorschriften der Verordnung selbst als Anspruchsgrundlagen** herangezogen werden.[55] Insofern bieten sich vor allem die Zugangs- und Nutzungsrechte für die Geltendmachung mittels einer Leistungsklage an. Wird etwa der Zugang zu bestimmten Daten beansprucht, kann sich ein gewerblicher Nutzer neben etwaigen vertraglichen Ansprüchen auf Art. 6 Abs. 10 DMA als originäre Anspruchsgrundlage stützen.

II. Sekundäransprüche aus Unionsrecht

49 **Schwieriger** ist es hingegen, auch **sekundäre Ansprüche** – also vor allem auf Schadensersatz – direkt **aus dem Unionsrecht abzuleiten**. Im Wettbewerbsrecht hat der EuGH für die Art. 101 und 102 AEUV angenommen, dass den darin enthaltenen Vorschriften auch ein Anspruch innewohnt, den individuell entstandenen Schaden nach Zuwiderhandlungen geltend machen zu können. Dies sei für die effektive Wirkung der Vorgaben nötig.[56] Die Frage nach dem „Ob" eines Schadensersatzanspruchs wurde damit dem Unionsrecht zugeordnet.[57]

50 Gleichzeitig verweist der Gerichtshof hingegen darauf, dass „[i]n Ermangelung einer einschlägigen Unionsregelung […] die Regelung der Modalitäten für die Ausübung des Rechts, Ersatz des sich aus einem nach Art. 101 AEUV verbotenen Kartell oder Verhalten ergebenden Schadens zu verlangen, […] Aufgabe der innerstaatlichen Rechtsordnung des einzelnen Mitgliedstaats [ist], wobei der **Äquivalenz- und der Effektivitätsgrundsatz** zu beachten sind".[58] **Anspruchsgrundlage** ist damit regelmäßig das **innerstaatliche Recht**, nicht etwa die Art. 101, 102 AEUV selbst.[59] Das „Wie"

53 AA etwa Albrecht GWR 2022, 181 (182).

54 Siehe allgemein von der Groeben/Schwarze/Geismann AEUV Art. 288 Rn. 33; Grabitz/Hilf/Nettesheim/Nettesheim AEUV Art. 288 Rn. 98; Streinz/W. Schroeder AEUV Art. 288 Rn. 41.

55 Lundqvist IIC 2021, 239 (240). Vgl. zu einem direkten Rückgriff auf Unionsrecht als Anspruchsgrundlage etwa EuGH 17.9.2002 – C-253/00, Slg. 2002, I-07289 Rn. 30–32 – Muñoz und Superior Fruiticola. Auch die DS-GVO enthält direkt anwendbare Anspruchsgrundlagen, vgl. etwa OLG Schleswig 3.6.2022 – 17 U 5/22 Rn. 47, NZI 2022, 714.

56 EuGH 20.9.2001 – C-453/99, Slg. 2001, I-6297 Rn. 26 – Courage; EuGH 6.10.2021 – C-882/19, NJW 2021, 3583 Rn. 33 – Sumal SL/Mercedes Benz Trucks España SL.

57 Grabitz/Hilf/Nettesheim/Stockenhuber AEUV Art. 101 Rn. 260.

58 EuGH 14.3.2019 – C-724/17, EuZW 2019, 374 Rn. 27 – Skanska.

59 Grabitz/Hilf/Nettesheim/Stockenhuber AEUV Art. 101 Rn. 252.

des Schadensersatzes bleibt folglich – vorkonditioniert durch das Unionsrecht – dem nationalen Recht vorbehalten. Für das Kartellrecht hat dies der Unionsgesetzgeber zum Anlass genommen, mit der **RL 2014/104/EU** detaillierte Vorgaben zu erlassen. Die dort enthaltene Formulierung in Art. 3 Abs. 1 RL 2014/104/EU, wonach die Mitgliedstaaten „gewährleisten, dass jede natürliche oder juristische Person, die einen durch eine Zuwiderhandlung gegen das Wettbewerbsrecht verursachten Schaden erlitten hat, den vollständigen Ersatz dieses Schadens verlangen und erwirken kann", deutet darauf hin, dass die Grundlage des Schadensersatzanspruchs nicht im Unions-, sondern im mitgliedstaatlichen Recht liegt.[60]

51 Vor diesem Hintergrund scheint es zweifelhaft, ob der DMA neben originären Rechten auch aus diesen abgeleitete Ansprüche ermöglichen soll. Hiergegen spricht, dass entsprechende Regelungen nicht explizit vorgesehen sind.[61] Zwar kann die Argumentation des EuGH zur Notwendigkeit eines Schadensersatzanspruchs im Kartellrecht auch auf die artverwandten Regelungen des DMA übertragen werden.[62] Hieraus folgt jedoch allenfalls, dass **das nationale Recht die nötigen Regelungen vorsehen und anhand des Effektivitäts- und Äquivalenzgedankens ausrichten muss.** Rechtliche Grundlage für entsprechende Ansprüche bleibt insoweit allerdings das nationale Recht.

III. Anspruchsgrundlagen aus nationalem Recht

52 Damit spielen die im deutschen Recht vorhandenen Anspruchsgrundlagen eine wesentlich bedeutendere Rolle beim Private Enforcement des DMA. Der **Referentenentwurf zur 11. GWB-Novelle** sieht zu diesem Zweck vor, die für die zivilrechtliche Durchsetzung von Kartellrechtsverstößen geltenden **Vorschriften des GWB auf Verstöße gegen den DMA zu erweitern.**[63] Soweit daneben auch Ansprüche aus § 823 Abs. 2 und § 1004 BGB sowie §§ 3, 3a in Verbindung mit §§ 8 ff. UWG in Betracht kämen,[64] würden sie durch dieses Regelungskonzept jedenfalls in der Praxis verdrängt. Weitere Einfallstore für die vom DMA vorgegebene rechtliche Wertung sind im Rahmen vertraglicher Beziehungen sodann – soweit eine Vorschrift des DMA Verbotsgesetz ist – auch § 134 BGB und – insbesondere, wenn eine Vorschrift des DMA ein Gestaltungsgebot oder Leistungspflichten postuliert – eine AGB-Kontrolle, insbesondere nach § 307 Abs. 2 Nr. 1 BGB.

1. Ansprüche nach dem GWB-RefE

53 Ansprüche nach dem GWB werden sich erst nach Inkrafttreten der 11. GWB-Novelle ergeben. Bis dahin scheidet das GWB hingegen als Anspruchsgrundlage für ein Private Enforcement aus. Zwar weisen der DMA und das Kartellrecht einige Gemeinsam-

---

60 Vgl. insgesamt hierzu auch Grabitz/Hilf/Nettesheim/Stockenhuber AEUV Art. 101 Rn. 261; Calliess/Ruffert/Weiß AEUV Art. 101 Rn. 150.

61 Zober NZKart 2021, 611 (614).

62 So mit Rückgriff auch auf EuGH 17.9.2002 – C-253/00, Slg. 2002, I-07289 – Muñoz und Superior Fruiticola: Charbit/Gachot Liber Amicorum Fox/Komninos S. 425 (432).

63 GWB-RefE S. 32.

64 Zu den möglichen Anspruchsgrundlagen außerhalb des GWB siehe auch Karbaum/Schulz NZKart 2022, 107 (110).

keiten auf. Trotz der engen Verwandtschaft ist jedoch zu beachten, dass der **DMA** seinen Ursprung gerade nicht in Art. 103 AEUV hat, sondern **auf Art. 114 AEUV fußt.** Entsprechend stehen wettbewerbsrechtliche Vorschriften neben dem System des DMA (Art. 1 Abs. 6 DMA, siehe auch Erwgr. 11 DMA; näher hierzu → § 2 Rn. 43 ff.). Dieser systematische Unterschied und die dahinterstehenden kompetenzrechtlichen Erwägungen verbieten einen Rückgriff auf die Regelungen des Kartellrechts.[65] Die in den §§ 33 ff. GWB enthaltenen Anspruchsgrundlagen nehmen entsprechend nur auf Art. 101 und Art. 102 AEUV Bezug und stehen damit in der aktuell gültigen Fassung für die Durchsetzung des DMA nicht zur Verfügung.

Dies soll künftig anders sein. Der **Referentenentwurf zur 11. GWB-Novelle** überträgt dieses für das **Private Enforcement des Kartellverbotes** und die Durchsetzung von Kartellschadensersatzansprüchen entwickelte System **weitestgehend parallel auch auf Verstöße gegen den DMA.** Für Verstöße gegen das Kartellrecht und den DMA bestünden dann die gleichen zivilrechtlichen Ansprüche. Der Referentenentwurf erkennt ausdrücklich Parallelen des Kartellrechts und des DMA an.[66] Dabei sollen auch viele für das Kartellschadensersatzrecht infolge der Umsetzung der Schadensersatz-Richtlinie bestehende Erleichterungen der privaten Durchsetzung künftig auch für die Durchsetzung des DMA gelten.[67] 54

Betroffenen Nutzern stehen gemäß § 33 Abs. 1 GWB-RefE hiernach auch bei Verstößen gegen die Art. 5 bis 7 DMA **Beseitigungs- und Unterlassungsansprüche** gegen den Torwächter zu. Begeht der Torwächter den Verstoß vorsätzlich oder fahrlässig, erwachsen den Betroffenen darüber hinaus auch **Schadensersatzansprüche** aus § 33a Abs. 1 GWB-RefE.[68] Dabei bleiben die weiteren Anspruchsvoraussetzungen im Übrigen identisch, da im Normtext der Verstoß gegen die Art. 5 bis 7 DMA dem Kartellrechtsverstoß schlicht gleichgestellt wird. 55

Zur Durchsetzung der Ansprüche sollen sich die Nutzer dem Referentenentwurf zufolge ebenso auf die bereits bei Kartellrechtsverstößen geltende **Bindungswirkung von Entscheidungen der Europäischen Kommission** berufen können (§ 33b GWB-RefE). Insbesondere Follow-on-Klagen dürften damit auch im Bereich der DMA-Durchsetzung eine große Rolle spielen. Nach § 89b Abs. 5 GWB-RefE kann die Herausgabe der Kommissionsentscheidung vom Torwächter im Wege des einstweiligen Rechtsschutzes durchgesetzt werden. Freilich ist eine vorherige Entscheidung der Europäischen Kommission keine Voraussetzung, sodass auch die Stand-alone-Klage möglich ist, bei der es jedoch dem Nutzer obliegt, den Verstoß gegen Art. 5 bis 7 DMA nachzuweisen. 56

Da auch § 33a Abs. 3 GWB anwendbar sein soll, fände hinsichtlich der **Bemessung des Schadens** – sowohl bezüglich der Höhe als auch seiner Entstehung[69] – der **Maßstab des § 287 ZPO** Anwendung, der dem Gericht einen erheblichen Spielraum ein- 57

65 So auch Basedow ZEuP 2021, 217 (223); Karbaum/Schulz NZKart 2022, 107 (110); Zober NZKart 2021, 611 (614); Zimmer/Göhsl ZWeR 2021, 29 (34); Albrecht GWR 2022, 181 (183); Kumkar RDi 2022, 347 (353).
66 Vgl. GWB-RefE S. 37.
67 GWB-RefE S. 2.
68 GWB-RefE S. 32.
69 BGH 28.1.2020 – KZR 24/17, BGHZ 224, 281 Rn. 25 – Schienenkartell II.

räumt. Ein wichtiger Unterschied zum Kartellschadensersatzrecht bestünde jedoch darin, dass sich Betroffene nicht auf die Schadensvermutung des § 33a Abs. 2 GWB stützen könnten. Freilich findet diese Vermutung in den aktuell die Rechtsprechung zum Kartellschadensersatz prägenden Altfällen ebenso keine Anwendung.

58 Ebenso wie Kartellschäden sind Verstöße gegen den DMA nach § 33a Abs. 4 GWB-RefE iVm § 288 BGB seit ihrer Entstehung **mit fünf Prozentpunkten über dem jeweiligen Basiszinssatz zu verzinsen.** Soweit der Verstoß gegen den DMA die Entgeltforderung gewerblicher Nutzer betrifft, kann uU auch ein Zinssatz von neun Prozentpunkten über dem jeweiligen Basiszinssatz nach § 288 Abs. 2 BGB einschlägig sein.

59 Eine Erleichterung ist jedoch durch die Anwendbarkeit von § 33g GWB und den darin enthaltenen materiellrechtlichen Anspruch auf **Zugang zu Beweismitteln** geplant. § 33g soll dem GWB-RefE zufolge künftig auch für Ansprüche infolge von DMA-Verstößen gelten.[70] Nutzer könnten mithin vom Torwächter und Dritten die Auskünfte und Beweismittel verlangen, die zur Durchsetzung und Bezifferung ihres Anspruches erforderlich sind (§ 33g Abs. 1 GWB-RefE). Torwächtern stünde ein entsprechender Anspruch auf Auskunft und Herausgabe von Beweismitteln zu, die für die Anspruchsabwehr erforderlich sind (§ 33g Abs. 2 GWB-RefE). Soweit die verfahrensrechtlichen Vorschriften der §§ 89a ff. GWB nicht ohnehin über ihre Anknüpfung an §§ 33a, 33g GWB Anwendung finden, sollen ihre Anwendbarkeit klargestellt und Spezifika ergänzt werden.

60 Schließlich sollen auch die **Verjährungsregeln aus § 33h GWB** für das Private Enforcement des DMA anwendbar sein,[71] sodass Ansprüche kenntnisabhängig erst fünf Kalenderjahre nach Beendigung des Verstoßes gegen den DMA und Kenntnis oder grobfahrlässiger Unkenntnis und kenntnisunabhängig frühestens zehn Jahre nach Beendigung des Verstoßes den DMA verjähren würden.

61 Trotz dieser weitgehenden Parallelität der Anspruchsnormen kann es hinsichtlich der sich in gerichtlichen Streitigkeiten stellenden Fragen zu **Überlappungen zwischen dem Kartellrecht und dem DMA** kommen. Das Verhalten eines Torwächters kann im Einzelfall sowohl den Missbrauch einer marktbeherrschenden Stellung darstellen als auch gegen den DMA verstoßen. Der Referentenentwurf zur 11. GWB-Novelle erkennt diese Parallelität und **konzentriert** deshalb Streitigkeiten für beide Regelungsgebiete **bei denselben Gerichten** (§§ 87, 89 GWB-RefE).[72]

2. Weitere Anspruchsgrundlagen

62 Soweit der Referentenentwurf die private Durchsetzung des DMA umfangreich im GWB verorten will, dürfte sich die Frage, aus welchen bestehenden Vorschriften sich zivilrechtliche Ansprüche ergeben können, mit Inkrafttreten der 11. GWB-Novelle erledigen. Für das Kartellschadensersatzrecht geht die herrschende Meinung nämlich davon aus, dass etwa Ansprüche aus **§ 823 Abs. 2 BGB oder dem UWG durch die im**

70 GWB-RefE S. 33.
71 GWB-RefE S. 33.
72 GWB-RefE S. 37. Vgl. auch Haus/Rudel RDi 2022, 125 (131 f.); Paal/Kieß ZfDR 2022, 1 (18); für den Bereich des Kartellrechts vgl. etwa BGH 7.2.2006 – KZR 33/04, GRUR 2006, 773 Rn. 14 – Abonnentenwerbung; LMRKM/Kersting GWB Vor § 33 Rn. 16; Bechtold/Bosch/Bechtold/Bosch GWB § 33 Rn. 43.

GWB enthaltenen Anspruchsgrundlagen für deliktsrechtliche Beseitigungs-, Unterlassungs- und Schadensersatzansprüche **verdrängt** werden.[73] Es liegt nahe, dies für Verstöße gegen den DMA ebenso zu sehen – und auch der Referentenentwurf der 11. GWB-Novelle lässt nicht erkennen, dass eine Parallelität zu weiteren Anspruchsgrundlagen gegeben sein soll.

Selbst wenn dies aber anders wäre, kann mit Blick auf die Erleichterungen, die von DMA-Verstößen betroffenen Nutzern im GWB zur Verfügung stehen sollen, davon ausgegangen werden, dass sonstige Ansprüche in der Praxis keine wesentliche Rolle spielen werden. Jedenfalls **solange die 11. GWB-Novelle noch nicht in Kraft getreten ist**, können jedoch die Anspruchsgrundlagen des **§ 823 Abs. 2 und des § 1004 BGB sowie die des UWG** zur Durchsetzung der im DMA geregelten Rechte in Betracht kommen. 63

a) Schadensersatz nach § 823 Abs. 2 BGB in Verbindung mit Normen des DMA

§ 823 Abs. 2 GWB kann in Verbindung mit Normen des DMA eine deliktische Anspruchsgrundlage darstellen. Hierfür ist Voraussetzung, dass die **Normen des DMA individualschützenden Charakter** haben. Dabei darf der Schutz individueller Interessen nicht bloßer Reflex der Verwirklichung der in Art. 1 Abs. 1 DMA genannten Ziele sein, sondern muss beabsichtigt sein und deshalb im Aufgabenbereich der Norm liegen.[74] Gerade bei potenziellen Schutzgesetzen aus dem Unionsrecht können dabei der Effektivitätsgrundsatz (effet utile) und der Äquivalenzgrundsatz einen individualschützenden Charakter nahelegen.[75] 64

Der DMA hat im Ausgangspunkt vor allem den Zweck, bestreitbare und faire digitale Märkte sicherzustellen (siehe Art. 1 Abs. 1 DMA). Soweit damit die Allgemeinheit, die ein Interesse an ebenjenen Märkten hat, primär geschützt werden soll, genügt dies jedoch nicht, den Schutzgesetzcharakter des DMA insgesamt infrage zu stellen.[76] Wie die vorstehende Analyse von Art. 5 bis 7 DMA zeigt, werden diese Zwecke vor allem durch verschiedene Verpflichtungen der Torwächter vis-à-vis Dritten, also gewerblichen Nutzern oder Endnutzern, gefördert. Mithin ergibt sich schon aus der Gestaltung der Verpflichtungen der Torwächter, die explizit die berechtigten Akteure benennt, dass dem DMA ein **individualschützender Charakter** zukommt.[77] Dieser individualschützende Charakter durchzieht den DMA. Die Erwägungsgründe enthalten eine Vielzahl von Überlegungen, die an den spezifischen Interessen von gewerblichen Nutzern ausgerichtet sind.[78] Auch mit Blick auf die allgemeinen Anforderungen des Unionsrechts zur Effektivität und Äquivalenz nationaler Ausgestaltungen dürfte eine individualschützende Funktion vorgezeichnet sein.[79] Dies entspricht auch dem im Re- 65

---

73 Siehe etwa BGH 7.2.2006 – KZR 33/04, GRUR 2006, 773 Rn. 14 – Abonnentenwerbung; LMRKM/Kersting GWB Vor § 33 Rn. 16; Bechtold/Bosch/Bechtold/Bosch GWB § 33 Rn. 43.

74 So die weit verbreitete Formulierung des BGH, siehe etwa BGH 23.7.2019 – VI ZR 307/18, VersR 2019, 1378 Rn. 12. Hierzu auch MüKoBGB/Wagner BGB § 823 Rn. 562; BeckOK BGB/Förster BGB § 823 Rn. 276.

75 Siehe MüKoBGB/Wagner BGB § 823 Rn. 540.

76 Zober NZKart 2021, 611 (614); Karbaum/Schulz NZKart 2022, 107 (110).

77 Das Fehlen spezifisch Berechtigter wird dementsprechend als Indiz gegen den Individualschutzcharakter gewertet, siehe etwa BGH 13.3.2018 – VI ZR 143/17, NJW 2018, 1671 Rn. 22 und 27.

78 Siehe etwa Erwgr. 7, 31, 33, 39, 40, 42, 43 etc DMA. Zustimmend auch Albrecht GWR 2022, 181 (183).

79 Vgl. MüKoBGB/Wagner BGB § 823 Rn. 541 f.

ferentenentwurf der 11. GWB-Novelle zum Ausdruck gebrachten Verständnis des deutschen Gesetzgebers.

b) Unterlassungsansprüche nach § 1004 BGB

66 **Sofern Unterlassungs- und Beseitigungsansprüche** geltend gemacht werden sollen, kann (neben den originär im DMA verankerten Rechten) auch auf **§ 1004 BGB** zurückgegriffen werden. Ihrem Wortlaut nach zwar auf Beeinträchtigungen des Eigentums beschränkt, wird die Vorschrift nach allgemeiner Meinung insbesondere auch bei Verletzungen von Schutzgesetzen iSv § 823 Abs. 2 BGB angewandt.[80]

67 Mit Blick auf die in Art. 5 bis 7 DMA enthaltenen Vorschriften gilt, dass diese wegen ihrer Eigenschaft als Schutzgesetze bei Verstößen auch **Unterlassungs- oder Beseitigungsansprüche nach § 1004 BGB** nach sich ziehen können.[81] Dies dürfte insbesondere für diejenigen Verpflichtungen gelten, die sich auf spezielle Nutzungs- oder Ausnutzungsverbote für Torwächter beziehen. Auch mit Blick auf die im DMA enthaltenen Gestaltungsvorgaben für die Nutzung von Plattformdienstleistungen können Unterlassungsansprüche relevant sein, sofern Torwächter etwa ihre Nutzungsbedingungen im Widerspruch hierzu ausgestalten.

68 Von besonderem Interesse dürfte hier der **vorbeugende Rechtsschutz** sein: Je nach Konstellation kann es auch vor Eintritt einer Rechtsverletzung zulässig sein, bei Bestehen einer Erstbegehungsgefahr den Störer zu einem Unterlassen zu verpflichten.[82] Vor allem bei laufenden Änderungen an der (rechtlichen wie technischen) Architektur von Plattformdienstleistungen können daher gewerbliche Nutzer, sofern sich entsprechende Verletzungen abzeichnen, schon vorbeugend ihre Rechte wahren.

c) Ansprüche nach dem UWG

69 Schließlich ermöglicht das UWG gewerblichen Nutzern – zumindest solange die 11. GWB-Novelle nicht in der derzeit vorgesehenen Fassung in Kraft getreten ist – die Durchsetzung der Vorschriften aus dem DMA. Verstöße gegen die Pflichten aus dem DMA können als **unlauteres Verhalten der Torwächter** iSv § 3a UWG angesehen werden. Voraussetzung hierfür ist die Verletzung von gesetzlichen Vorschriften, die das Marktverhalten auch im Interesse der Marktteilnehmer regeln.[83] Der Verstoß muss zudem geeignet sein, die Interessen von Verbrauchern, sonstigen Marktteilnehmern oder Mitbewerbern spürbar zu beeinträchtigen.

70 Die erste Voraussetzung kann mit Blick auf das bereits Gesagte klar bejaht werden. Der DMA ist ein Gesetz iSd UWG.[84] Zudem regelt der DMA den Markt für Plattformdienstleistungen nicht nur des Marktes wegen; seine Vorschriften bezwecken gerade auch den **Schutz der Interessen der anderen Teilnehmer an diesem Markt**, insbesondere auch der gewerblichen Nutzer.[85] Die vielen Verweise auf faires und

80 BeckOK BGB/Fritzsche BGB § 1004 (vor der eigentlichen Kommentierung); MüKoBGB/Raff BGB § 1004 Rn. 41; Staudinger/Thole BGB § 1004 Rn. 7.
81 Albrecht GWR 2022, 181 (183).
82 Siehe etwa BeckOK BGB/Förster BGB § 823 Rn. 51.
83 Auch Ohly/Sosnitza/Ohly UWG § 3a Rn. 9, 21 sprechen vom nötigen Drittschutz.
84 Albrecht GWR 2022, 181 (182).
85 Albrecht GWR 2022, 181 (182).

diskriminierungsfreies Verhalten der Torwächter unterstreichen diesen Befund.[86] Im Bereich des DMA ist es auch durchaus vorstellbar, dass Verstöße – je nach Einzelfall – eine spürbare Beeinträchtigung des vom DMA geschützten Marktes darstellen, zumal Verstöße eines Torwächters jeweils eine Vielzahl von Nutzern betreffen werden.

Ein Verstoß nach § 3a UWG, der durch geschäftliche Handlungen begangen wurde (§ 2 Abs. 1 Nr. 2 UWG), stellt gleichzeitig eine **unlautere geschäftliche Handlung** iSv § 3 Abs. 1 UWG dar.[87] In der Folge stehen mit den Vorschriften des § 8 und § 9 UWG – bei Vorliegen weiterer Voraussetzungen – Anspruchsgrundlagen bereit. Hiernach können insbesondere Mitbewerber und Verbände Unterlassung und Beseitigung des Verstoßes verlangen (§ 8 Abs. 1 S. 1, Abs. 3 UWG).[88] Für einzelne gewerbliche Nutzer besteht zudem die Möglichkeit, Schadensersatz geltend zu machen, sofern sie als Mitbewerber der Torwächter anzusehen sind (vgl. § 9 Abs. 1 UWG). Als Gläubiger dieser Schadensersatzansprüche kommen folglich nur Mitbewerber der Torwächter in Betracht. Nach der Legaldefinition des § 2 Abs. 1 Nr. 4 UWG ist dies „jeder Unternehmer, der mit einem oder mehreren Unternehmern als Anbieter oder Nachfrager von Waren oder Dienstleistungen in einem konkreten Wettbewerbsverhältnis steht". Von einem „konkreten Wettbewerbsverhältnis" wird ausgegangen, wenn die Parteien versuchen, gleichartige Waren und Dienstleistungen an denselben Endverbraucherkreis abzusetzen.[89] Weiter muss das fragliche Verhalten des potenziellen Störers geeignet sein, den Mitbewerber in seinem Absatz behindern oder stören zu können.[90] 71

Im DMA sind verschiedene Normen enthalten, die davon ausgehen, dass sich **Torwächter und gewerbliche Nutzer als Wettbewerber** in diesem Sinne begegnen.[91] So knüpft etwa die Interoperabilitätspflicht in Art. 6 Abs. 7 S. 2 DMA an Dienstleistungen an, die sowohl vom Torwächter als auch dem gewerblichen Nutzer erbracht werden. Art. 6 Abs. 5 DMA wiederum sieht für Torwächter ein Verbot der Selbstbegünstigung beim Erstellen von Rankings vor. Entsprechend können bei Zuwiderhandlungen gegen solche Normen gewerbliche Nutzer ihre Rechte mithilfe des UWG durchsetzen. 72

Für bestimmte in § 8 Abs. 3 Nr. 2 bis 4 UWG genannten **Verbände** besteht zudem die Möglichkeit, wegen eines vorsätzlichen Verstoßes gegen § 3 UWG auf **Gewinnabschöpfung** zu klagen (§ 10 Abs. 1 UWG). Da § 34a GWB – der die Vorteilsabschöpfung durch Verbände aufgrund eines Kartellrechtsverstoßes regelt – über den Verweis auf § 34 GWB auch in der Fassung des Referentenentwurfs der 11. GWB-Novelle an einen Kartellrechtsverstoß anknüpft, könnte auch nach Inkrafttreten der 11. GWB-Novelle bei Verstößen gegen die Pflichten aus dem UWG eine weitergehende Verbandsklage auf Gewinnabschöpfung direkt aus dem UWG folgen. 73

86 Vgl. auch Karbaum/Schulz NZKart 2022, 107 (110).
87 MüKoUWG/Schaffert UWG § 3a Rn. 563.
88 Für die verbandsmäßige Durchsetzung dieser Ansprüche unten → Rn. 84 ff.
89 Köhler/Bornkamm/Feddersen/Köhler/Feddersen UWG § 8 Rn. 3.27 mwN.
90 MüKoUWG/Ottofülling UWG § 8 Rn. 412.
91 Vgl. auch Albrecht GWR 2022, 181 (183).

D. Zivilrechtliche Ansprüche von Endnutzern aus dem DMA

74 Der DMA dient neben gewerblichen Nutzern vor allem den Endnutzern von Plattformdienstleistungen (vgl. Erwgr. 7 DMA).

I. Einklagbare Rechte aus dem DMA und sekundäre Ansprüche aus Unionsrecht

75 Für direkte Ansprüche aus dem DMA und sekundäre Ansprüche, etwa auf Schadensersatz oder Unterlassen, **gilt für Endnutzer das bereits zu den gewerblichen Nutzern Gesagte** (→ Rn. 46 ff.). Soweit der DMA direkte Ansprüche der Endnutzer konstituiert, kann die jeweilige Norm unmittelbar als Anspruchsgrundlage herangezogen werden. Begehren Endnutzer hingegen Schadensersatz oder beabsichtigen Unterlassung, sind auch sie auf das nationale Recht verwiesen.

II. Anspruchsgrundlagen aus nationalem Recht

76 Auch hier gelten für Endnutzer **im Wesentlichen die gleichen Rahmenbedingungen wie für die gewerblichen Nutzer**. Die geplanten Änderungen am GWB würden auch ihnen zugutekommen. Dies gilt insbesondere für Verbraucher, die ebenfalls „Betroffene" im Sinne der §§ 33, 33a GWB sein können.[92] Der Referentenentwurf sieht insoweit keine Änderung vor.

77 Zumindest bis zum Inkrafttreten der 11. GWB-Novelle stehen den Endnutzern dagegen zunächst die Ansprüche aus § 823 Abs. 2 und § 1004 BGB zur Verfügung.[93] Insbesondere Verbraucher sind vom **Individualschutz des DMA** erfasst. Dies gilt zum einen deswegen, weil sie direkt aus verschiedenen Normen konkrete Rechte ableiten können. Zum anderen betont der DMA an vielen Stellen, dass der Schutz von Verbraucherinteressen eines seiner Ziele darstellt (siehe etwa Erwgr. 1 und Art. 8 Abs. 1 DMA).

78 Mit Blick auf das UWG greift für Verbraucher vor allem der Anspruch aus § 9 Abs. 2 iVm § 3 Abs. 2 UWG. Der Zweck dieses Schadensersatzanspruchs ist jedoch speziell auf die **Entscheidungsfreiheit des Verbrauchers** gemünzt.[94] Allgemeine Marktbeeinträchtigungen nach § 3a UWG reichen insoweit nicht aus. Die Rechte für Endnutzer im DMA können jedoch auch diesbezüglich herangezogen werden. Nicht selten sollen sie letztlich die Entscheidungsfreiheit von Endnutzern absichern (siehe etwa Art. 6 Abs. 3 UAbs. 2 DMA). Gleichwohl ist die Bandbreite potenziell relevanter Sachverhalte, in denen Verbraucher den DMA mittels des UWG durchsetzen können, geringer als für gewerbliche Nutzer. Für sonstige Endnutzer bleiben die oben (→ Rn. 75) beschriebenen Ansprüche auf Unterlassen oder Schadensersatz, sofern diese Nutzer im Verhältnis zu den Torwächtern als Mitbewerber anzusehen sind.

---

92 MüKoWettbR/Lübbig GWB § 33 Rn. 11.

93 Kritisch zum ursprünglich eher mittelbaren Schutz von Endnutzern: Podszun EuCML 2022, 1 (3). Wie dargestellt greifen aber in der jetzt gültigen Fassung auch viele Rechte direkt für Endnutzer.

94 Siehe die Gesetzesbegründung, BT-Drs. 19/27873, 40.

E. Prozessuale Fragen

I. Internationale Zuständigkeit deutscher Zivilgerichte

Die Regelungsmaterie des DMA legt nahe, dass es regelmäßig zu **grenzüberschreitenden Rechtsstreitigkeiten** über seine Umsetzung kommen wird. Dabei ist insbesondere die Frage der **internationalen Zuständigkeit** zu klären. Vorliegend kann nur schlaglichtartig betrachtet werden, unter welchen Voraussetzungen deutsche Gerichte für das Private Enforcement des DMA international zuständig sind. 79

Maßgeblich ist in diesem Zusammenhang vor allem die **EuGVVO**,[95] zumindest soweit der potenzielle Torwächter auch einen Sitz im Hoheitsgebiet der EU hat (Art. 6 Abs. 1 iVm Art. 63 EuGVVO). Relevant dürfte vor allem der deliktische Gerichtsstand nach Art. 7 Nr. 2 EuGVVO sein.[96] Anknüpfungspunkte für die internationale Zuständigkeit sind danach sowohl der Handlungs- als auch der Erfolgsort.[97] Es dürfte auf der Hand liegen, dass sich in diesem Kontext Fragen nach **Streuschäden** und des **Forum Shopping** ergeben.[98] Die Problematik gleicht den Streudelikten, die auch im Wettbewerbsrecht eine Rolle spielen. In diesen Konstellationen kann der Geschädigte jedenfalls am Mittelpunkt seiner Interessen den vollen Schaden liquidieren.[99] Bemüht sich der gewerbliche Nutzer um vorbeugenden Rechtsschutz, gilt grundsätzlich dasselbe.[100] 80

Vor diesem Hintergrund wird sich die internationale (und damit gleichzeitig auch örtliche) Zuständigkeit für das Private Enforcement des DMA regelmäßig nach **dem Sitz des jeweils betroffenen gewerblichen Nutzers** bestimmen, da hier in der Regel der Mittelpunkt seiner Interessen liegt.[101] 81

Auch Endnutzer können ihre Rechte vor den Zivilgerichten durchsetzen. Für die Frage der internationalen Zuständigkeit ist zu beachten, dass für Verbraucher nach der EuGVVO spezielle Gerichtsstände bestehen (Art. 17 und 18 EuGVVO). Hiernach steht es in Vertragsstreitigkeiten dem Verbraucher offen, vor den **Gerichten seines Wohnortes** zu klagen (siehe Art. 18 Abs. 1 EuGVVO). Daneben bleibt für deliktische Ansprüche aber auch Art. 7 Nr. 2 EuGVVO einschlägig. 82

II. Zuständigkeitskonzentration nach dem GWB-RefE

Der Referentenentwurf zur 11. GWB-Novelle sieht vor, dass Rechtsstreitigkeiten um Verstöße gegen den DMA künftig **bei den auch für Kartellverfahren zuständigen Landgerichten** gebündelt werden (§§ 87, 89 GWB-RefE). Dies ist zu begrüßen. Die inhaltliche Nähe der Materien verspricht Synergieeffekte.[102] Eine zügige Rechtspre- 83

95 Verordnung (EU) Nr. 1215/2012 des Europäischen Parlaments und des Rates vom 12. Dezember 2012 über die gerichtliche Zuständigkeit und die Anerkennung und Vollstreckung von Entscheidungen in Zivil- und Handelssachen (ABl. L 351, 1).

96 Dies gilt auch für Ansprüche nach dem UWG, siehe MüKoUWG/Fritzsche UWG § 9 Rn. 114a.

97 MüKoZPO/Gottwald EuGVVO Art. 7 Rn. 55, sog. „Ubiquitätstheorie".

98 Siehe auch zum Lauterkeitsrecht Sack WRP 2018, 897.

99 MüKoZPO/Gottwald EuGVVO Art. 7 Rn. 61.

100 Vgl. Art. 7 Nr. 2 EuGVVO aE: „[…] an dem das schädigende Ereignis […] einzutreten droht". Siehe auch MüKoZPO/Gottwald EuGVVO Art. 7 Rn. 52.

101 Vgl. Musielak/Voit/Stadler EuGVVO Art. 7 Rn. 20b. Zur Kritik an der Mittelpunkttheorie des EuGH Sack WRP 2018, 897 Rn. 29.

102 GWB-RefE S. 37.

chungsentwicklung innerhalb Deutschlands durch qualifizierte Gerichte stärkt zudem den deutschen Justizstandort. Aber auch für die Gerichte dürfte die Konzentration positiv sein. Der Referentenentwurf weist zu Recht darauf hin, dass in dem komplexen und technischen Bereich, den der DMA erfasst, eine Bündelung von Expertise sinnvoll ist.[103]

III. Kollektives Private Enforcement: die Rolle der Verbandsklage

84 Neben der individuellen Durchsetzung von Ansprüchen dürften Verbandsklagen wichtige Impulse für die Durchsetzung des DMA setzen. Auch bei Verbandsklagen ist dabei zwischen Verbandsklagen zugunsten gewerblicher Nutzer (hierzu nachfolgend → Rn. 85 ff.) und Verbandsklagen zugunsten der Endnutzer zu unterscheiden (hierzu nachfolgend → Rn. 90 ff.).

1. Verbandsklagen zugunsten gewerblicher Nutzer

85 Der DMA sieht für gewerbliche Nutzer keine eigenständigen Möglichkeiten zur verbandsmäßigen Durchsetzung ihrer Interessen vor. Zwar wurde im Rahmen des Gesetzgebungsprozesses die Möglichkeit zur kollektiven Rechtsdurchsetzung von Verbraucherverbänden explizit in Art. 42 DMA aufgenommen (hierzu → Rn. 22). Ähnlich explizite Vorschriften für Wirtschaftsverbände haben hingegen keine Regelung erfahren.

86 Einzig Erwgr. 12 DMA stellt klar, dass der DMA unbeschadet der sich aus der RL 2005/29/EG (UGP-RL)[104] ergebenen Vorschriften gilt. Gleiches gilt für die VO (EU) 2019/1150 (Fairness und Transparenz). Mit Blick auf die UGP-RL folgt für gewerbliche Nutzer hieraus, dass sie insbesondere dann verbandsmäßig gegen Verstöße gegen den DMA vorgehen können, wenn das aus der UGP-RL abgeleitete Recht diese Möglichkeit vorsieht. Dabei ist zu beachten, dass die UGP-RL selbst keine zwingenden Vorgaben zu kollektiven Durchsetzungsmöglichkeiten enthält, diese aber in Art. 11 Abs. 1 UAbs. 2 UGP-RL auch für „Mitbewerber" in das Ermessen der Mitgliedstaaten stellt.[105]

87 Auch insoweit hängen die künftigen Möglichkeiten davon ab, wie man das Verhältnis des GWB-RefE zum UWG bestimmt. Im UWG sind grundsätzlich Verbandsklagen vorgesehen. Aus dem bereits zum UWG Gesagten folgt daher die Möglichkeit, durch entsprechende Verbände auch die Interessen der gewerblichen Nutzer kollektiv umzusetzen (siehe § 8 Abs. 1 S. 1, Abs. 3, § 8b UWG, hierzu oben → Rn. 73). Die Durchsetzung setzt gemäß § 8 Abs. 3 Nr. 2 UWG voraus, dass in den entsprechenden Verbänden Unternehmen organisiert sind, die Waren oder Dienstleistungen gleicher oder verwandter Art auf demselben Markt vertreiben. Damit ist gemeint, dass die Mitgliedschaft des jeweiligen Verbandes letztlich aus Mitbewerbern iSd UWG zusam-

103 GWB-RefE S. 37.
104 Richtlinie 2005/29/EG des Europäischen Parlaments und des Rates vom 11. Mai 2005 über unlautere Geschäftspraktiken im binnenmarktinternen Geschäftsverkehr zwischen Unternehmen und Verbrauchern und zur Änderung der Richtlinie 84/450/EWG des Rates, der Richtlinien 97/7/EG, 98/27/EG und 2002/65/EG des Europäischen Parlaments und des Rates sowie der Verordnung (EG) Nr. 2006/2004 des Europäischen Parlaments und des Rates (Richtlinie über unlautere Geschäftspraktiken) (ABl. L 149, 22).
105 MüKoUWG/Micklitz/Namysłowska UGP-Richtlinie Art. 11 Rn. 6.

mengesetzt sein muss.[106] Weiter muss die Zuwiderhandlung die Interessen der Mitglieder des Verbandes berühren.

Eine Verbandsklagemöglichkeit für gewerbliche Nutzer sieht auch **Art. 14 VO (EU) 2019/1150** vor. Dies wird auch in § 8a UWG nochmals hervorgehoben. Hiernach sind Verbände, die ein berechtigtes Interesse an der Vertretung gewerblicher Nutzer haben, berechtigt, gerichtlich die Nichteinhaltung der in der Verordnung festgelegten Vorgaben beenden oder untersagen zu lassen. Diese Möglichkeit erlaubt es, zumindest indirekt die Vorgaben aus Art. 6 Abs. 5 DMA kollektiv durchzusetzen. Denn diese können sich im Einzelfall mit den Transparenzvorgaben aus Art. 5 VO (EU) 2019/1150 überschneiden (hierzu oben → Rn. 22). Die kollektive Durchsetzung der VO (EU) 2019/1150 bietet somit in diesem Teilbereich die Möglichkeit, mittelbar auch die Vorgaben des DMA zu stützen. 88

Im Ergebnis dürfte aber wesentlich relevanter werden, dass mit **§ 33 Abs. 4 Nr. 1 GWB nach dem GWB-RefE** nunmehr auch **Verbände zur Förderung gewerblicher oder selbstständiger beruflicher Interessen** berechtigt wären, die Unterlassungsansprüche aus § 33 Abs. 1 GWB kollektiv durchzusetzen. Ein Bedürfnis nach den „Umwegen" über das UWG bzw. Art. 14 VO (EU) 2019/1150 dürfte daher unnötig sein, wenn der Referentenentwurf insoweit Gesetz wird. Für die kollektive Durchsetzung von Schadensersatzansprüchen von Unternehmen fehlt es im deutschen Recht hingegen an einem prozessualen Instrument. 89

2. Verbandsklagen zugunsten der Endnutzer

Eine klarere Positionierung enthält der DMA mit Blick auf Verbandsklagen im Interesse der als Endnutzer erfassten **Verbraucher.** Zwar hatte der ursprüngliche Kommissionsentwurf hierzu keine explizite Regelung vorgesehen. Infolge von Änderungen im Rahmen des Gesetzgebungsprozesses nimmt der DMA an mehreren Stellen nunmehr ausdrücklich Bezug auf die sog. **Verbandsklagerichtlinie** (RL (EU) 2020/1828[107]). 90

Die Umsetzung der RL (EU) 2020/1828 soll dabei in Deutschland im Rahmen eines **Verbandsklagerichtlinienumsetzungsgesetzes** erfolgen, dessen Referentenentwurf sich noch in der Ressortabstimmung befindet.[108] Im Kern ist hier vorgesehen, dass qualifizierte Einrichtungen bei gleichartigen Ansprüchen Leistungsklagen – sogenannte Abhilfeklagen – erheben können. Verbraucher und kleine Unternehmen können per **Opt-In** daran teilnehmen. Nachdem der Anspruch dem Grunde nach durch ein Abhilfegrundurteil festgestellt ist, bemüht sich das Gericht um einen Vergleich und – gelingt ein solcher nicht – schätzt den entstandenen Schaden, den es in einem Abhilfeendurteil als kollektiven Gesamtbetrag zusprechen kann. Die Prüfung der Einzelansprüche und die Verteilung des zunächst an einen Umsetzungsfonds gezahlten kollektiven Gesamtbetrages soll im Anschluss durch einen gerichtlich bestellten 91

106 Fezer/Büscher/Obergfell/Büscher UWG § 8 Rn. 253.

107 Richtlinie (EU) 2020/1828 des Europäischen Parlaments und des Rates vom 25. November 2020 über Verbandsklagen zum Schutz der Kollektivinteressen der Verbraucher und zur Aufhebung der Richtlinie 2009/22/EG (ABl. L 409, 1).

108 Vgl. zu der Ausgestaltung der im Referentenentwurf des Verbandsklagerichtlinienumsetzungsgesetztes vorgesehenen neuen Abhilfeklage nach Verbraucherrechtedurchsetzungsgesetz (VDuG) näher Schläfke/Lühmann/Stegemann PHi 2022, 138 ff.

Sachwalter erfolgen.[109] Die Ansprüche aufgrund des DMA können dabei in allen europäischen Staaten im Rahmen der ab Juni 2023 verpflichtend einzuführenden europäischen Verbandsklagen – auch grenzüberschreitend – durchgesetzt werden.

92 Erwgr. 104 DMA verdeutlicht, dass Verbraucher ihre Rechte im Verhältnis zu den Torwächtern auch mittels Verbandsklagen durchsetzen können sollen. Hierfür wird durch Art. 52 DMA der Anhang I zur RL (EU) 2020/1828 durch die Aufnahme des DMA ergänzt.[110] Art. 42 DMA sieht zudem ausdrücklich vor, dass die **RL (EU) 2020/1828 auf Verbandsklagen Anwendung findet, die gegen Torwächter gerichtet sind**, die ihre Pflichten nach dem DMA verletzen und dabei die kollektiven Interessen der Verbraucher verletzen bzw. zu verletzen drohen.

93 Eine zusätzliche, indirekte Möglichkeit, die Pflichten aus dem DMA über Verbandsklagen durchzusetzen, ergibt sich zudem aus Art. 8 Abs. 1 DMA. Hiernach müssen die Torwächter sicherstellen, dass die Maßnahmen, die sie zur Erfüllung ihrer Pflichten aus dem DMA ergreifen, auch das sonst anwendbare Recht beachten. Genannt werden ausdrücklich die VO (EU) 2016/679 (DS-GVO)[111] und die RL 2002/58/EG (ePrivacy-RL)[112] sowie allgemeine Anforderungen des Verbraucherschutzes, der Cybersicherheit und der Produktsicherheit. Auch die beiden genannten Rechtsakte unterfallen dem Anhang I der RL (EU) 2020/1828, sodass eine Überprüfung und Durchsetzung der Einhaltung dieser Regularien im Rahmen der europäischen Verbandsklage zumindest **mittelbar die Überprüfung der Verhaltensweisen von Torwächtern** im Kontext des DMA ermöglicht. Auch die allgemein in Art. 8 Abs. 1 DMA bezeichneten Regelungsbereiche können sich mit einer Vielzahl der in Anhang I der RL (EU) 2020/1828 aufgezählten Vorschriften überschneiden. Hieraus können sich Konvergenzen ergeben, soweit eine Verbandsklage die nach dem DMA vom Torwächter ergriffenen Maßnahmen zum Gegenstand hat.

F. Fazit

94 Mit dem DMA haben Nutzer von Plattformdienstleistungen künftig die Möglichkeit, zielgerichtet die Marktmacht von Torwächtern zu kontrollieren. Ihnen stehen hierfür **individuelle und kollektive Klagemöglichkeiten** zur Verfügung. Dabei ist es vielleicht dem zügigen Gesetzgebungsprozess geschuldet, dass das Private Enforcement nicht eindeutiger und detaillierter geregelt wurde.[113] Dies sollte indes nicht zu dem Schluss verleiten, das Private Enforcement spiele für den DMA keine Rolle. Die Stellungnahmen der am Gesetzgebungsprozess beteiligten Institutionen sprechen insoweit eine andere Sprache. Zudem kann auch für den DMA auf altbekannte Mechanismen zurückgegriffen werden, um eine private Durchsetzung seiner Vorgaben rechtsdog-

109 Ausführlich Schläfke/Lühmann/Stegemann PHi 2022, 138 ff.

110 Siehe zum ursprünglichen Entwurf auch den gleichlautenden Vorschlag bei Podszun EuCML 2022, 1 (5).

111 Verordnung (EU) 2016/679 des Europäischen Parlaments und des Rates vom 27.4.2016 zum Schutz natürlicher Personen bei der Verarbeitung personenbezogener Daten, zum freien Datenverkehr und zur Aufhebung der Richtlinie 95/46/EG (Datenschutz-Grundverordnung) (ABl. L 119, 1).

112 Richtlinie 2002/58/EG des Europäischen Parlaments und des Rates vom 12.7.2002 über die Verarbeitung personenbezogener Daten und den Schutz der Privatsphäre in der elektronischen Kommunikation (Datenschutzrichtlinie für elektronische Kommunikation) (ABl. L 201, 37).

113 Auch Herbers RDi 2022, 252 hebt den intensiven, aber vergleichsweise kurzen Gesetzgebungsprozess hervor.

matisch abzusichern. Der DMA mag in der Systematik des Wettbewerbsrechts einen neuen Ansatz darstellen – die unionsrechtlichen Grundlagen des Private Enforcement bleiben jedoch auch weiterhin gültig.

Deutlich hervor tritt hingegen die Möglichkeit, entsprechende **Durchsetzungsprozesse mittels Verbandsklagen** zu bestreiten. Wirtschaftliche Verbände werden insoweit zwar weniger klar im DMA berechtigt, die Interessen ihrer Mitglieder wahrzunehmen. Großes Potenzial bietet der DMA jedoch durch seine Verzahnung mit der RL (EU) 2020/1828: Verbraucherverbände sind hierdurch in der starken Position, die Vorgaben des DMA flächendeckend durchzusetzen und auch Schadensersatzansprüche von Verbrauchern im Rahmen einer Verbandsklage gebündelt geltend zu machen. 95

Die Möglichkeit zur kollektiven Durchsetzung des DMA folgt europaweit der **Umsetzung der RL (EU) 2020/1828.** Für Deutschland bedeutet dies voraussichtlich, dass qualifizierte Einrichtungen aus dem In- und Ausland Ansprüche von Verbrauchern gegen Torwächter im Rahmen einen Abhilfeklage auf Leistung gebündelt durchsetzen können und auch ein kollektiver Gesamtbetrag möglich ist. 96

Mit dem **Referentenentwurf zur 11. GWB-Novelle** liegt für Deutschland auch bereits **ein Modell zur Implementierung des Private Enforcement des DMA** vor. Hiernach würden auf den DMA die bekannten und erwiesen effektiven privatrechtlichen Durchsetzungsmechanismen aus dem Kartellrecht angewendet, einschließlich vieler durch die Schadensersatzrichtlinie eingeführter Erleichterungen bei der Geltendmachung von Schadensersatzansprüchen. Dabei sollen nach dem Entwurf die Kartellkammern der Landgerichte über die Durchsetzung des DMA wachen. 97

Insgesamt bietet der DMA die Chance, das trägere Wettbewerbsrecht mit seinen speziellen Vorgaben für Plattformbetreiber zu ergänzen.[114] Die Nutzer können durch den ex-ante Ansatz des DMA perspektivisch schneller ihre Rechte durchsetzen. 98

114 Vgl. etwa die Verfahrensdauer im Fall EuG 10.11.2021 – T-612/17, BeckEuRS 2021, 748284 – Google und Alphabet/Kommission (Google Shopping). Siehe hierzu Achleitner EuR 2022, 253 (255).

Stichwortverzeichnis

Fette Zahlen bezeichnen die Kapitel, magere die Randnummern.

FSC
www.fsc.org
MIX
Papier | Fördert
gute Waldnutzung
FSC® C083411

Kolibri 360 GmbH
Ferdinand-Jühlke-Straße 7
99095 Erfurt, Deutschland
produktsicherheit@kolibri360.de